Die Welt des Willi Dungl

Die Welt des Willi Dungl

Aufgezeichnet
von
Heinz Prüller
für die Dungl-Stiftung

Wien · Muenchen · Zuerich
Orac

Bildquellennachweis:

Autor und Verlag haben versucht, alle Urheber der in diesem Buch veröffentlichten Fotos zu eruieren. Das ist nicht in jedem Fall gelungen. Die meisten der Abbildungen stammen aus dem Privatarchiv der Familie Dungl und des Freundeskreises und wurden dem Verlag zur Verfügung gestellt. Bisher nicht eruierte Urheberschaft gelten wir über Nachweis selbstverständlich zu den üblichen Konditionen ab.

Dungl-Privatarchiv: (S. 8, 21,25, 27, 29, 31, 32, 33, 43, 53, 69, 72, 73, 78, 80, 81, 86, 96, 97, 98, 102, 103, 113, 130, 131, 133, 139, 155, 187, 191, 194, 197); Josef Schröpfer, Wien: (S. 39); Ernst Kainerstorfer, Wien: (S. 46, 137, 162); W. Wilhelm: (S. 37, 105): Foto Sündhofer (S. 61, 63, 109, 111, 176); Foto Dussmann (S. 75); Österreichische Fremdenverkehrswerbung: (S. 87); Foto Mattias Schneider, Dortmund: (S. 90); Lang & Lang, Leonding: (S.119); Niederösterreichischer Pressedienst, Foto Boltz: (185); Foto Lindtner: (S.175); Jarmer's Foto Studio: (S. 205); Kronen Zeitung, Clemens Groh: (S. 147); Foto Lechner: (203).

ISBN 3-7015-0474-1

Schutzumschlag: Media & Grafik, Wien
Satz: Zehetner Ges. m. b. H., Oberrohrbach
Druck: Druckerei Ferdinand Berger & Söhne, Gesellschaft m.b.H., Horn

INHALT

Meine Beziehung zu Willi Dungl ist ganz einfach erklärt: Er war immer ein permanenter, sehr wichtiger Bestandteil meiner Rennerfolge. Weil er der erste war, der draufkam, dass in der Formel 1 nicht nur die Technik wichtig ist, sondern genauso das Training, körperlich wie mental, und die Ernährung. Nur dann kann ein Sportler wirklich Höchstleistungen bringen. Ich war der erste Rennfahrer, der dieses System mit Willi Dungl eingefädelt und erfolgreich mit ihm umgesetzt und durchgezogen hat. Dass ich schon fünf Wochen nach meinem Feuerunfall am Nürburgring 1976 und Monza wieder gestartet bin und gleich Vierter werden konnte, hab ich dem Willi zu verdanken.

Ohne jede Übertreibung: Ohne Willi Dungl wäre ich nicht dreifacher Weltmeister geworden. Er hat mir mein Leben und meine Karriere gerettet. Und dafür werde ich ihm immer dankbar sein.

Wien, am 10. September 2004 *Niki Lauda*

Die Willi-Dungl-Story

„Wenn Du die Absicht hast, Dich zu erneuern, tu es jeden Tag."
Konfuzius

„Wen die Götter lieben ..."

Heute sagen viele, ohne sich zu versündigen: „Das hätte der Willi nicht verkraftet. Mit ansehen zu müssen, wie sein Lebenswerk von der Jahrhundertflut im Sommer 2002 fast weggerissen wurde, wie durch sein unvergleichliches Biotrainingszentrum in Gars am Kamp – mit China-Zentrum und Aktivhotel – Rettungsboote fuhren. Prof. Willi Dungl, der österreichische Fitnesspapst und das Gesundheits-Gewissen der Nation, ist drei Monate vor der Überschwemmungskatastrophe an einem Herzinfarkt gestorben. Kurz vor seinem 65. Geburtstag, an einem 1. Mai – wie Ayrton Senna, aber acht Jahre nach dem brasilianischen Autorennfahrer, der ihm so viel zu verdanken hatte.

Willi Dungls Tod warf überallhin Schatten, auch auf die Rennstrecke von Spielberg, einen Tag vor Trainingsbeginn zum Österreich-Grand Prix.

Mit dem Kopf bei den Technik-Meetings und Briefings, mit dem Herzen aber in Gars am Kamp: Die Formel 1 verneigte sich noch einmal vor Willi Dungl, in Trauer und Dankbarkeit. „Willi hat mir das Leben, meine Karriere und meinen dritten WM-Titel gerettet und für mich Dinge getan, die kein anderer Mensch für mich getan hätte", sagt Niki Lauda, und er spricht für viele. Ob für Tennis-Lady Steffi Graf, Gerhard Berger, für Thomas Muster oder Franz Klammer: „Ohne Dungl hätte es kein Comeback gegeben! Und er war immer für alle da, besonders für uns Sportler. Nur auf sich selber hat er dabei vergessen."

Dabei war sein bescheidenes Credo immer: „Man muss den Menschen die Wunder zeigen, die sie selbst bewirken können ..."

… mit Dungl und dank Dungl, gehört dazu gesagt. Und in seinem ganz besonderen Fall: Es war ein aufopfernder, aber nie verzweifelter Wettlauf gegen die Zeit. Denn Dungl lebte seit 1985 mit einer transplantierten Niere.

Schon 1962, als er zu seinem ersten großen Abenteuer als UNO-Sanitäter nach dem Kongo aufbrach, hatte Heeresarzt Dr. Klettenhammer bei Dungl eine Schrumpfniere diagnostiziert und dem jungen Soldaten prophezeit, er würde „im Zinnsarg zurückkommen". Aber der damals berühmte Prof. Anton Fellinger entschied: „Sie sind doch evangelisch", und stellte ihm das Tropentauglichkeitszeugnis aus.

Martin Luther soll einmal gesagt haben: „Und wenn ich wüsste, dass morgen die Welt untergeht, ich würde noch heute ein Apfelbäumchen pflanzen." Die Erfüllung seines letzten Wunsches, gemeinsam mit seinen Töchtern ein Buch mit dem Titel „Gib nicht auf" zu schreiben, in dem er Menschen, die oft kein Ziel mehr sehen, Mut machen wollte (auch an Hand von Schicksalen seiner Patienten), blieb ihm leider verwehrt.

„Nicht liegt es an dir, das Werk zu vollenden – du bist aber auch nicht frei, von ihm abzulassen …" Da ihm seine Familie stets Sinn des Lebens war, gab ihm dieser Ausspruch die Kraft für den mühsamen Weg, und wenn es gar zu schwer wurde, war ein Spruch des Dichters Max Tau ein Trost: „Man muss den Menschen jene Wunder zeigen, die sie selbst vollbringen können" …

Zufällig fand Willi Dungl zu Viktor Frankls Buch „… trotzdem Ja zum Leben sagen" und darin den Satz: „Wer um den Sinn seines Lebens weiß, dem verhilft dieses Bewusstsein mehr als alles andere dazu, äußere Schwierigkeiten und innere Beschwerden zu überwinden." Da ihm die Medizin nicht helfen konnte, nahm er sein Leben selbst in die Hand.

Auch nach seiner Nierentransplantation (1985) folgten immer wieder Rückschläge, trotz allem strahlte er für die Menschen positive Kraft aus und nahm sein Schicksal gelassen. Durch seine Patienten wusste er: „Es gibt immer noch Menschen, denen es schlechter geht als dir", und sah jedes gesundheitliche Problem als Herausforderung, um daraus zu lernen.

Auf Willi Dungl, den Missionar der Natur und des gesunden Lebens, treffen viele Bibelworte zu. In besonderer Weise vielleicht dieses: „Wenn das Weizenkorn in die Erde fällt und stirbt, bringt es vielfache Ernte – wenn es nicht stirbt und nur lange lebt, ist es ohne Nutzen …" Am Ende unserer Tage wird man uns fragen: Welche Ernte hast du mit deinen Talenten beschert – wie hast du deine Chancen genützt?

Für viele war der unermüdliche Helfer Willi Dungl wie eine Kerze, die an zwei Enden brennt. Aber das hat Konfuzius viel schöner formuliert: „Eine Lampe, die an zwei Dochten brennt, leuchtet zwar heller – brennt aber nur halb so lange wie eine Lampe, die nur an einem Docht brennt. Doch was nützt ein langes, schwach brennendes Licht, wenn man damit den Weg nicht findet?"

Das war sein Weg – er wollte mit seinem Leben Menschen helfen, ihnen wieder Mut geben und in ihnen viel bewegen.

„Wer nicht täglich etwas Zeit für seine Gesundheit aufbringt, muss eines Tages sehr viel Zeit für die Krankheit opfern", war ein Leitspruch von Prof. Willi Dungl. Das hatte er schon als Kind erkannt.

Prof. Dungl hat bei weitem nicht nur, aber auch in der Formel 1 seine Spuren hinterlassen – unauslöschlich. Vor ihm gab es nur den Cooper-Test, den Jackie Stewart praktizierte. Dungl aber war der Erste, der mit Niki Lauda an Grand-Prix-Wochenenden am Strand joggte – manche lachten darüber. Heute rennen sie alle. Stundenlang.

„Ich verstehe nicht, dass Teamchefs Millionen ausgeben, um Autobestandteile leichter zu machen – und dann schauen sie zu, wie ihre Fahrer Junk-Food in sich reinstopfen", sagte Dungl und schüttelte den Kopf. Und revolutionierte den Fitness-Faktor der Formel 1 mit seinen drei Säulen: *Training*, *Ernährung* und *positives Denken* – parallel zu seinen „Gleitschienen" für die Schwimmer, den Kraftkugeln und Heizsonnen für die Schispringer.

„Kondition ist kein Problem", erkannte Lauda bald. „Du steigerst deine Laufleistung immer um ein bissl, und dann bist du fit. Aber noch viel wichtiger ist die Psyche, die Seele – und dafür hab ich ein Phänomen: den Willi Dungl."

Nach Laudas bekanntem Traktor-Unglück 1976 („schlimmer

als der Nürburgring") trocknete Dungl in der Box von Jarama das Korsett mit einem Haarfön – das hatte die Formel 1 noch nie gesehen. Aber Niki gewann trotz gebrochener Rippen. Aus Monza kam 1978 ein SOS-Ruf: Große Probleme mit den Rückenwirbeln. Dungl flitzte nach Italien und half – die Eisphiole explodierte und traf genau ins Auge. Dungl verlor kurzfristig die Sehkraft.

Längst brauchte er dringend eine neue Niere, aber zweimal sagte er Transplantantionstermine ab, weil ihm Lauda wichtiger war: Einmal war gerade der Monaco-GP, ein andermal das historische WM-Finale in Estoril. Dungls goldene Hände retteten oft mehr als einen WM-Titel.

Kein Superstar, kein Formel-1-Pilot, den ich nicht irgendwann in Dungls Bio-Trainingscamp getroffen habe. Michael Schumacher strampelte zu Beginn seiner himmelstürmenden Karriere dort stundenlang auf dem Ergometer-Fahrrad – und schaute dazu Video-Filme an. Heinz-Harald Frentzen kam, völlig fertig, mit einer Lebensmittelvergiftung aus Budapest. Sandro Nannini mit bei einem Hubschrauberunglück abgetrenntem, mühsam angenähtem Arm; Martin Donnelly nach seinem bösen Jerez-Unglück; Karl Wendlinger nach der Beinahe-Katastrophe von Monte Carlo; Gerhard Berger nach seinem Imola-Feuerunfall; Thierry Boutsen mit argen Rückenproblemen; die Teams von Sauber und Porsche, als ständige Vorbereitung auf Le Mans …

Ayrton Senna war vielleicht Dungls größter Fan. Oft in Gars, natürlich auch bei Dungls fünfzigstem Geburtstag. Als er abflog, lagen in seiner großen Tasche Mengen von Dungl-Gesundheitsnahrung. „Das ist", lächelte Ayrton, „für mich wie pures Gold …"

Und dann kam der Tag im Mai, an dem der lärmerfüllte Formel-1-Zirkus kurz innehielt: Grand Prix von Österreich in memoriam Willi Dungl. Und in vielen Sprachen haben sie wohl gedacht und gesagt: Danke, Willi.

Der Wunderheiler der Stars ist tot!

Er rettete Steffis Karriere und Laudas Ohren

Herzinfarkt! Willi Dungl wurde 64 Jahre alt. Zwei seiner prominentesten Patienten: Steffi Graf und Niki Lauda Fotos: Action press

Trauer und Bestürzung sind nicht auf Österreich beschränkt, sind weltweit. Die deutsche „Bild-Zeitung" vom 2. Mai 2002:

Der Wunderheiler der Stars ist tot!

Er rettete Steffis Karriere und Laudas Ohren

Der große Heiler der Prominenten ist tot. Steffi Graf, Niki Lauda, Gerhard Berger, Michael Schumacher und viele, viele andere trauern … Österreichs Bio-Papst und Gesundheits-Guru Willi Dungl starb gestern um 0.22 Uhr an den Folgen eines Herzinfarkts. 64 Jahre alt.

Sie nannten ihn ein Leben lang nur: „Willi Wunder"

Dungl rettete Steffi Grafs Karriere, befreite sie 1997 von ihren Schmerzen im Knie. Bis zuletzt besuchte ihn Steffi immer wieder in seinem Bio-Zentrum in Gars am Kamp, eine Autostunde nördlich von Wien.

Dungl rettete auch Niki Laudas Ohren, 1976, nach dessen grauenhaftem Feuerunfall auf dem Nürburgring.

„Ich bin in den Wald, habe Wurzeln ausgestochen, mit Pfefferminzöl einen Sud gekocht", verriet Dungl einmal. „Den habe ich Niki dann aufs vereiterte Ohr gelegt, 16 Stunden, dann war es besser."

Woher er von der Wurzel wusste, wurde er gefragt.

Dungl: „Ich hatte in einem alten Buch gelesen, dass die Kreuzritter ihre Wunden mit Beinwell heilten. Das funktionierte auch bei Niki."

1989 machte er Formel-1-Star Gerhard Berger („Willis Tod ist ein schwerer Schlag") wieder fit. Als er in Imola verunglückt war, mit Verbrennungen und Rippenbrüchen zu ihm kam.

Auch Schumi war nach seinem Silverstone-Unfall bei Dungl. Genauso wie Alt-Kanzler Kohl, Star-Tenor Carreras, Schauspieler Ottfried Fischer oder einst Ayrton Senna oder der göttliche Tänzer Rudolf Nurejew.

Was war Professor Dungls Geheimnis?

„Ich habe mein Wissen in der ganzen Welt zusammengesucht", sagte er einmal. „Bei buddhistischen Mönchen in Thailand lernte ich Entspannungsübungen, in China die Naturheilkunde."

Er war der „Erfinder" des Müslis, ein Vorreiter einer ganzheitlichen Medizin. Er war gelernter Masseur, großer Motivator, Ernährungs- und Kräuterspezialist.

Dungl war der Beste.

Seine Frau Gusti zu BILD: „Willi hatte ein erfülltes Leben, weil er immer für alle Menschen da war."

Nicht nur für die Promis, die ihn so berühmt machten.

Dungl war für alle da

Natürlich half Willi Dungl nicht nur Weltklasseathleten und Hobbysportlern, sondern einfach jedem, der seine Hilfe brauchte. Seine Tochter Andrea weiß zwei klassische Beispiele, wie ihr Vater auch vielen Menschen „von der Straße" geholfen hat.

Da gibt es zum Beispiel einen Herrn, der heute noch sagt, Dungl habe sein Leben gerettet. Er hatte 170 Kilo und stand mehr oder weniger vor dem persönlichen Selbstmord, sein soziales Leben hat nicht mehr stattgefunden, aus seiner Depression heraus konnte er einfach nicht mehr weiter, bis ihn ein guter Freund an Willi Dungl verwies.

Willi Dungl hat ihm neben der Erstellung eines Trainings- und Ernährungsplanes auch viele Gespräche geboten, in denen er ihn psychologisch mit all seinem Wissen unterstützt hat. Wenn man diesen Herrn heute fragt: „Was war denn das Besondere?", so sagt er: „Das Tolle war, dass er eigentlich nichts verboten, sondern gesagt hat, die Menge ist wichtig." Er hat praktische Tipps gegeben, mit denen der Alltag wieder bewältigbar wurde.

Ein einfaches Beispiel: Die Freude an der Bewegung ist zurückgekehrt, indem er zwar zuerst gesagt hat, Radfahren muss sein, aber nach drei oder vier Tagen – nachdem er seinen Schützling durch die erste Zeit des Radfahrens begleitet hatte – hat man gemerkt, dass es besser geht. Und damit ist der Ehrgeiz erwacht, wurde das Training wieder zum Spaß. Oder wenn einmal im Jahr Heißhunger auf einen Hamburger auftauchte, so hat er dies nicht verboten, sondern gesagt: „Wenn es einmal im Jahr ist, so soll's sein, dann besser mittags; und nicht das ganze Big-Mac-Menü, sondern einen einzelnen Burger."

Diese praktischen Tipps haben geholfen, das Leben neu zu meistern und neues Selbstwertgefühl zu entwickeln. Im Erstgespräch stellt er wohl klar, dass man sich bei einer derartigen Gewichtsklasse nicht mehr allein helfen kann, dass lediglich mit Disziplin allein kein Ziel erreicht wird, sondern dass eine gewisse psychologische Unterstützung und Begleitung notwendig ist. Damit gab er seinem Schützling doch das Gefühl, dass man eine Chance hat, sein Leben in die eigene Hände zu nehmen, seinen eigenen inneren Schweinehund oder „iSch", wie es heute heißt, zu überwinden.

Heute zieht unser Patient eine durchaus positive Bilanz: „Letztendlich ist es so, dass ich immer noch mit den üblichen Up-and-downs, die das Leben bietet, unser gemeinsam erreichtes Ziel halte. Und vor allem habe ich gelernt, die Notbremse kurzfristig zu ziehen, sodass ich nicht mehr in dieses tiefe Loch, in dem ich damals gewesen bin, hineinfalle. Wobei ich sagen muss: Die Unterstützung, die ich auch heute noch durch das Haus Dungl erfahre, das von seinen Kindern fortgeführt wird, sei es durch einfache Telefonate oder einmal ein Kurzwochenende, sind Elemente, die meinen Alltag lebenswert machen."

Oder: Das Schicksal einer tapferen Frau. Im Jahr 1996 kam eine verzweifelte Patientin, die bereits 1992 mit einem riesengroßen Zelltumor am unteren Oberschenkelende operiert worden war, mit einem Rezidiv, in Absprache mit Prof. Kotz von der Universitätsklinik für Orthopädie des AKH Wien, zur Erholung.

Die damals sehr verzweifelte Patientin hatte auch die Sorge, nicht in ihren Beruf zurückkehren zu können, da sie nur mit einer Prothese mobil war. Aber sie fasste sehr rasch zu Willi Dungl Vertrauen. Basierend darauf wurde mit Einzelheilgymnastik, Lymphdrainage, Entspannungstraining, Bindegewebsmassagen, aber auch medizinischer Trainingstherapie eine sukzessive Rückkehr in den beruflichen Alltag ermöglicht.

Wenn man sie fragt, was das Besondere an dem Therapieplan von Willi Dungl war, sagt sie: „Er hat einfach nie aufgegeben. Er hat, wann immer man sagte, hier wird es schwierig, oder man selbst das Gefühl hatte, hier geht es nicht weiter, durch seinen persönlichen Einsatz und die Auswahl von Modifikationen der verschiedensten Therapien einen Weg gefunden, auf dem es weiterging.

Das gab einem als Patienten die Sicherheit, dass man nicht alleine ist, sondern dass auch wirklich alles getan und jede Chance genützt wird, um in den Alltag zurückkehren zu können. Er hat keine Wunder versprochen aber was er ohne Worte garantiert hat: Wenn du willst, werde ich dich dabei unterstützen, damit du wieder dein Ziel erreichen kannst, dein Ziel, ein vollwertiger Mensch in deinem Umfeld zu sein, unabhängig von anderen, mit viel neuer Lebensfreude."

Heute darauf angesprochen, was für sie das Wichtigste ist, sagt sie einfach: „Er hat mir ein neues Gefühl fürs Leben gegeben mit seinem Satz: ‚Gib nie auf, das Leben lohnt es sehr', der auch heute noch mein Lebensmotto ist. Damit kann ich auch noch Jahre nach den tragischen Ereignissen neue Energien tanken. Wobei es sicherlich etwas Besonderes war, dass Herr Dungl sich auch Menschen, die nicht berühmt waren, zugewandt und ihnen das Gefühl gegeben hat, dass sie sich hier an diesem Ort fallen lassen können: wie in einem zweiten Zuhause."

Bei schwierigen, bei großen oder auch bei kleineren Problemen – die aber alle wehtun können.

Wer also geglaubt hätte, Willi Dungl kümmere sich nur um Weltmeister und Olympiasieger, der irrt. Keine Ansicht könnte falscher sein. Was alle, die Dungl kannten, längst wissen, beweist auch ein Brief aus seinem Nachlass: geschrieben an eine historische Persönlichkeit, an Prof. Viktor Frankl, den Begründer der Logotherapie und einen der großen Weisen des Jahrhunderts. Seine berühmten Bücher haben nicht nur Willi Dungl oft Kraft geschenkt – Dungl hat diese Kraft auch weitergegeben.

Brief an einen Freund. Willi Dungl an Viktor Frankl

Gars am Kamp, 14. 12. 1996

Sehr geehrter Herr Professor Frankl!

Darf ich Ihnen zur Verleihung des 28. Doktortitels gratulieren. Diese Verleihung freut mich umso mehr, als es eine Verleihung in Europa ist und man hier zwar spät, aber doch Ihre Verdienste um die Menschen schätzt. Seit meinem für mich unvergesslichen Besuch bei Ihnen traf ich wieder eine große Anzahl von Menschen, denen ich unter anderem mit Ihren Büchern helfen konnte. So möchte ich Ihnen von einigen Fällen berichten:
Anfang Mai stürzt eine Privatmaschine mit einen 48-jährigen Baumeister ab, alle sind tot. Der Baumeister war ein sehr tüchtiger Mann, der mit Erfolg in Tirol und Niederösterreich eine Baufirma aufbaute, seine Söhne (25 und 28) studieren beide, seine Gattin ist eine fleißige, mit dem Haushalt voll beschäftigte Hausfrau, von der Firma haben jedoch alle wenig Ahnung. Zum Schock über den Tod des Gatten und Vaters kommt nun auch noch das Problem der Firma. Die Frau soll die Firma führen, die Söhne müssen ihren Mann stellen, finanzielle Probleme stellen sich ein, die Entscheidungen verlangen – Reaktion: Die Frau magert ab, weint nur mehr, der ältere Sohn bekommt Panikattacken und wird in einer Tiefgarage gefunden, wo er sich nicht mehr aus dem Auto traut – ich bringe ihn zu einem Arzt in Eggenburg, der mit Psychotherapie beginnt, die anfangs nicht zu greifen scheint. Zwischen den Sitzungen gab ich ihm und seiner Mutter als Erstes „… trotzdem Ja zum Leben sagen“ und sprach mit ihnen darüber, danach gab ich ihnen „Der Wille zum

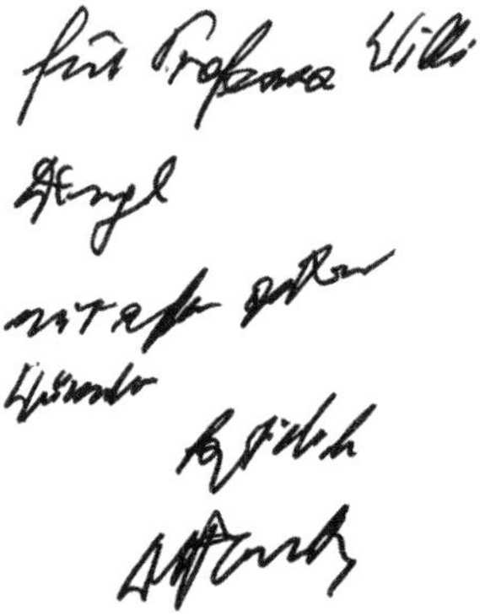

Persönliche Widmung Victor Frankls an Willi Dungl.

Sinn". Je mehr sie von Ihnen lasen und sich mit den Themen auseinander setzten, umso mehr wurden Sie zu einem Team, das die Arbeit des Vaters fortsetzen wollte und bereit war zu kämpfen. Gestern waren sie bei mir und sagten, dass die Firma gerettet sei. Ich will keinesfalls die Arbeit des Psychotherapeuten schmälern, doch ohne Ihre Bücher hätten sie es nicht geschafft.

Karin D., 24 Jahre: Tochter eines Bankdirektors, der sehr viel von seiner Familie hält und auch ein sehr gutes Verhältnis zu Frau und Tochter hat. Die Tochter studiert Wirtschaftswissenschaften und legt ihren ganzen Ehrgeiz darein, dass der Vater auf sie stolz sei. Plötzlich ist sie in Folge einer Grippe am linken Bein gelähmt. Monatelange Behandlung in verschiedenen Kliniken mit wechselhaftem Erfolg, mit der Zeit entstehen Zweifel, ob das Bein je wieder gut und sie im Studium weiterkommen wird. Schließlich kam sie zu uns, voll Misstrauen – ich unterhielt mich mit ihr und fragte sie, wie weit sie sich überhaupt für die Therapie auch selbst verantwortlich fühle und sich nicht nur auf die zahllosen Konzilien, die dank ihres Vaters abgehalten wurden, verlasse. Ihre Antwort war: „Ich bin doch kein Arzt, was kann ich schon tun?"
Ich versuchte, ihr die Kraft der Gedanken klar zu machen – fand jedoch nur geringen Glauben. Da gab ich ihr „Der Mensch vor der Frage nach dem Sinn" und „... trotzdem Ja zum Leben sagen". Eine Woche später kam sie gänzlich verändert und wir

begannen mit allen Registern der Therapie: Bioresonanz, Massagen, Gymnastik, Biofeedbacktraining, Vitalstoffdiät und immer wieder Bilanzen über die kleinen Erfolge. Vor einer Woche hatte sie ihre Sponsion und gestern war sie hier, um sich zu bedanken – ein junger, glücklicher Mensch voll Selbstvertrauen.

Karin B., 18 Jahre, geht in die Forstschule, ist sehr naturverbunden und sportbegeistert. Im Februar trainiert sie für einen Marathonlauf; und nach einem Fußballmatch bekommt sie heftige Schmerzen im Unterschenkel: Verdacht auf tiefe Thrombose. Nach 6 Wochen Therapie ändert sich die Diagnose: Verdacht auf beginnende Ermüdungsfraktur in der Tibia, weitere Aufenthalte in verschiedenen Krankenhäusern folgen. Zuletzt hat sie Gangstörungen und Kraftlosigkeit in den Knien, als ich das Mädchen Mitte November sehe, ist sie an der Grenze der Anorexie. Wir nehmen sie nach Gars, arbeiten mit Biofeedback, Atemtraining, Heilgymnastik, Entspannung nach Jakobsen, Diät, Massagen. Sie liest „Der Wille zum Sinn".
In zahllosen Gesprächen haben wir über das Maß der Dinge gesprochen – zum Beispiel, dass beim Laufen weder die Zeit noch die zurückgelegten Kilometer das Entscheidende sind, sondern zuvor den Körper fühlen, die Luft riechen, Natur erleben. Gestern ist sie nach Hause gefahren. Am Tag hat sie noch am Ergometer einen phantastischen Leistungstest abgelegt und gesagt, dies seien ihre schönsten Weihnachten. Der Vater des Mädchens ist Direktor der Stadtwerke, leistungsbewußt, und die Mutter eine Frau, die nur das Vorbild des Gatten sieht und sagt, dass man dem Vater keine Schande machen dürfe. Sie muss immer das Beste bringen. Wenn sie läuft, dann muss es ein Marathon sein, wenn sie in der Forstschule ist, dann muss sie wie ein Mann zwei Wochen mit der Motorsäge arbeiten. Totaler Einsatz, damit der Vater stolz sein kann – erst der „Wille zum Sinn" hat dem Mädchen geholfen. Ich hoffe, sie bleibt auf dem Weg!

Ich habe Ihnen diese Fälle geschrieben, weil mir diese Menschen gerade gestern sagten, dass es ihre schönsten Weihnachten seien,

sie wieder Sinn im Leben gesehen hätten und Ihre Werke dabei den Weg zeigten.
Es gibt in einer Welt der Scheinbedürfnisse viel zu tun, und man müsste Ihre Werke den Menschen über Massenmedien näher bringen und Wege aufzeigen.
Erst letzten Sonntag konnte ich der UNICEF für die medizinische Versorgung afghanischer Kinder 500.000 Schilling, für ein Krankenhaus in Temesvar 50.000 und für die Kanalkinder von Bukarest ebenfalls 50.000 Schilling übergeben. Diese Mittel konnte ich über meine Vorträge und Veranstaltungen aufbringen, sicherlich nur ein Tropfen auf den heißen Stein – doch wenigstens ein Tropfen, der auch Dampf macht.
Mein größter Kummer ist zur Zeit ein Kinderheim im Kamptal. Es sind 82 schwer erziehbare Kinder von 2 bis 18 Jahren mit Verhaltensstörungen. Kinder, die durch Schuld der Erwachsenen so geworden sind und für die Gewalt die einzige Ausdrucksform ist. Sie leben in einem Ghetto, von der Umwelt isoliert – niemand fragt, warum sie so geworden sind, sondern zeigt nur mit dem Finger auf sie und sagt: „Die Verbrecherkinder, Abschaum …“. Bei meinem letzten Besuch sagt mir die Heimleiterin: „Wir können ihnen zwar Essen, Trinken, Kleider und Unterkunft geben, das Wichtigste aber – Liebe, Zuneigung und Akzeptanz – schaffen wir nicht.“
Ich werde im nächsten Jahr versuchen, einiges für dieses Kinderheim zu tun. Vielleicht gelingt es mit Hilfe anderer Menschen, ihre versteckten Talente – Musik, künstlerische Veranlagung, was immer – frei zu legen und so ihr Selbstwertgefühl und damit den Sinn zu leben zu wecken.
Sehr geehrter Herr Professor, es war mir ein Bedürfnis, Ihnen diese Zeilen zu schreiben und Ihnen zu zeigen, wie sehr wir Sie schätzen und wie sehr die Welt Ihre Lehre braucht.
Darf ich Ihnen und Ihrer Gattin für die kommenden Tage ein schönes Fest und für das Neue Jahr Gesundheit und Glück wünschen.

Ihr ergebener Willi Dungl

Prof. Viktor Frankl (Jahrgang 1905) ist 92 Jahre alt geworden. Kurz vor seinem Tod (2. September 1997) hat ihn Dungl noch besucht.

Willi Dungl – die Geschichte vor der Geschichte

„Das Schicksal wollte nicht, dass er Medizin studiert", sagt Professor Gerhard Lechner, jahrelang Chef der Osteo-Radiologie am Wiener AKH, einer der vielen prominenten und hoch geachteten Ärzte, mit denen Dungl zusammengearbeitet hat. Und was wäre gewesen, wenn …? „Der Willi wäre ein unglaublich toller Arzt geworden. Nicht der Typ Quacksalber, sondern ein sehr vernünftig agierender Mensch. Geradlinig, seriös, kompromisslos. Ich habe immer seine enorme Arbeitskraft bewundert, auch als es ihm gesundheitlich nicht mehr gut ging. Man hat den Willi oft als Papst bezeichnet – und langsam hat er sich auch in diese Richtung entwickelt."

Sein unglaublicher Weg zur Symbolfigur für Gesundheit war nicht vorgezeichnet. Erst wollte der junge Willi Maschinenschlosser werden, landete dann aber im Eisengroßhandel, wurde Lehrling in der Firma Berghofer in Wien-Hernals. Wie aber wurde aus dem Lehrling Willi später der Gesundheitsapostel, Bio-Professor, Retter vieler Menschenleben und Sportlerkarrieren, kurz: das „gute Gesundheits-Gewissen" seines Heimatlandes Österreich?

„Jeder Mensch hat etwas vorgeschrieben … in einem anderen Buch … weil man oft im Leben Wege geht, ohne genau

Der kleine Willi entdeckt die Welt. Dungl als Kind während der letzten Weltkriegsjahre – kurz bevor er Polio bekam. Der erste von vielen Rucksäcken, die ihm das Schicksal umgehängt hatte.

zu wissen, warum", das hat Willi Dungl schon frühzeitig erkannt. Und: „Jeder Mensch hat Erlebnisse und Dinge, die ihn prägen. Bei mir sind dies sicherlich zweierlei: Prägung und die eigenen Erfahrungen im Leben."

Seine Schlüsselerfahrung ist die von den schrecklichen Wirren des Zweiten Weltkriegs gezeichnete Kindheit. Der Vater Josef, gelernter Kuh- und Hufschmied, überlebt damals eben die Hölle von Stalingrad, erleidet während der Gefangenschaft in Sibirien schwere Erfrierungen, flüchtet 1946 über Jugoslawien nach Österreich – und verliert 1973, als Folge des Krieges, ein Bein. Aber klagen hat man ihn nie gehört.

Willi (geboren am 17. Juli 1937) und seine um fünf Jahre jüngere Schwester Hannelore überleben den Krieg bei Frau Wonka, der Mutter eines Dungl-Kriegskameraden, in einem Gebäude in der Einschicht: der so genannten Krautmühle bei Drasenhofen.

Noch nicht einmal sieben Jahre alt, erkrankt Willi 1944 an der Kinderlähmung und muss ins Krankenhaus nach Mistelbach. Seine damals zweijährige Schwester Hannelore liegt ebenfalls dort – wegen Scharlach, Nierenbecken- und Lungenentzündung.

„Ich lieg allein im Isolierzimmer. Meine Mutter marschiert zweimal in der Woche 35 Kilometer, damit sie zu uns hereinschauen kann." Weil sie Angst hat: Wenn die Fliegerbomben fallen, sind ihre beiden Kinder allein.

Zum ersten Mal Fliegeralarm, der erste von vielen. Alle stürzen in Panik in den Spitalskeller hinunter, nur den siebenjährigen Willi lassen sie oben in seinem Zimmer: „Der Bub kommt eh nicht durch ...", befürchten sie.

„Als die Russen kommen, nimmt mich meine Mutter auf Revers aus dem Krankenhaus – also auf eigene Verantwortung." Willi Dungl hat für seine Autobiographie, die er noch selber schreiben wollte, die wichtigsten, spannendsten, ergreifendsten Erlebnisse erzählt oder auf Tonband diktiert. Etwa, wie er die Kinderlähmung überwand: „Obwohl sie nur Weißnäherin ist, hat mich meine Mutter damals in ihrer Angst, dass uns die Russen verschleppen, ganz einfach therapiert. Heute nennt man das ‚moderne physikalische Therapie'. Diese wunderbare Frau hat instinktiv das Richtige gemacht: mich die ganze Zeit durch bewegt, mich mit Brennnesseln abgerieben, mich zum Bach geschleppt und meine Füße ins Wasser getaucht, kurz: Sie hat alles aus ihrem Mutterinstinkt heraus gemacht." Hat zum Beispiel den Buben gebeten: „Willi, siehst du dort unten diese schönen Blumen? Es sind ja nur ein, zwei Meter. Bitte, pflück mir eine Blume ..."

„Als dann 1945 die Russen bei uns einmarschiert sind, bin ich wieder gelaufen!"

Die Dungl-Wohnung in Wien-Floridsdorf ist ausgebombt. Teils mit dem Leiterwagen, teils zu Fuß schlägt sich Mutter Dungl mit den zwei Kindern 1946 von der Krautmühle über Gaweinsthal und Poysdorf bis nach Strebersdorf durch – mit ganz wenigen Habseligkeiten. Aber der unerschütterliche Optimismus der Mutter dient Willi Dungl noch Jahrzehnte lang als Vorbild: „Sie hat immer gesungen: ‚Es geht alles vorüber, es geht alles vorbei ...'"

Viele Jahre später, 2002, sitzt der Professor Willi Dungl Tag und Nacht im Maimonides-Heim bei seiner tapferen Mutter, die insgesamt dreimal an Lungenentzündung erkrankt. Und er redet sehr viel mit seiner Schwester Hannelore, verh. Damm: „Weißt du noch, 1946? Ich seh die Bilder vor mir, unseren Heimweg über die Brünner Straße. Zerbombte Häuser, rechts und links die Toten am Straßenrand – mich haben diese Bilder nie losgelassen."

Aber die Schwester erinnert sich heute noch an ganz andere Bilder: „Als die Russen Frauen vergewaltigten, ist der Willi Dungl immer in den Wald gestürmt und hat als großer Aufpasser unsere Mutter beschützt: ‚Mutti, die Russen kommen ...', dann hat sich unsere Mutter als alte Frau geschminkt, das Kopftuch übergezogen und Asche ins Gesicht geschmiert."

Die Schulzeit verläuft normal. Willis größtes Interesse gilt der Chemie, aber chemische Formeln lernt er nicht sehr viele, weil er zuhause Beton anrührt und mit der Schaufel rennt. So entsteht das Haus in der Irenäusgasse 32 in Wien-Strebersdorf, in dem heute sein Neffe Christian wohnt. Willis Klassenkameradin war damals die später sehr berühmte Solotänzerin der Wiener Staatsoper, Hedi Richter.

„Damals", sagt Dungl schmunzelnd, „musste man als Jugendlicher unbedingt beim berühmten Elmayer tanzen lernen. Aber statt in die Tanzschule geh ich lieber in einen Erste-Hilfe-Kurs. Doch das hab ich meinen Eltern gar nicht erst gesagt.“ Verborgene Talente muss der junge Dungl trotzdem entwickelt haben, sonst hätte er nicht später bei manchen Sportlerpartys so schwungvoll Boogie getanzt.

Vorläufig macht Dungl an der Alten Donau in Wien Erste-Hilfe-Kurse beim Arbeiter-Samariterbund und bei der Wasserrettung, was kein Badespaß ist: „In einem Jahr ertrinken viele Menschen an einer kalten Stelle. So mach ich mit 17 Jahren die Hilfsplatzleiter-Prüfung. Im Zuge der Ausbildung muss man unter anderem zwei Wochen im Spital helfen, in der Unfallambulanz. Am ersten Tag hab ich aufgeräumt, am zweiten Tag die Patienten weiter geschoben, sie am dritten Tag gewaschen, und im Lauf der Woche hab ich mich oft ins Nähzimmer zur Wundversorgung vorgekämpft. Ich hab gefragt, ob ich im Operationssaal und dort, wo sie die Patienten versorgen, zuschauen darf, weil mich das interessiert hat.

Mein Glück war, dass die Professoren Lorenz Böhler und Leopold Schönbauer auf mich aufmerksam wurden. ‚Falls Sie die Arbeit hier interessiert, können Sie auch so kommen.‘ Daher hab ich in meiner Freizeit praktisch den OP-Gehilfen gemacht und bin weitergekommen.

Dann bin ich eingerückt zum gerade neu aufgestellten Bundesheer, allerdings als Panzerschütze. Gleich am dritten Tag, an der Grenze, ist unser Panzerwagen an einen Pfeiler angefahren. Ich hab eine Wirbelsäulenprellung und komm ins Lazarett, in Oggau im Burgenland, in einen großen Saal, den Gemeindesaal – der ist Schlafsaal und Lazarett zugleich. Ich sehe, wie ein Unteroffizier einen Finger näht, und er macht das unsteril. Die Pinzette ist runtergefallen, er hebt sie auf und will sie einfach so wieder verwenden. Ich hab das sterile Arbeiten in Fleisch und Blut. Als ich das sehe, spring ich aus dem Bett und schlag ihm alles aus der Hand. Alle glauben, ich sei komplett wahnsinnig geworden, auch der Doktor. Ich muss zum Rapport, wo ich gefragt werde: ‚Was bilden Sie sich eigentlich ein?‘

Aber dann kommen sie doch drauf, dass ich schon im Spital

gearbeitet habe. Von einem Tag auf den anderen bin ich Sanitäts-Unteroffizier und muss für das Bundesheer in Österreich sechs Krankenabteilungen aufbauen. So nebenbei mach ich Aushilfe im OP, schau in die Zimmer, ob ich den Patienten helfen kann – zum Beispiel durch Massieren."

Im Herbst 1956 wird es dramatisch: Revolution in Ungarn, von den Sowjets niedergewalzt. In Wien bewirft ein zorniger, freiheitsliebender 15-jähriger Mittelschüler die sowjetische Botschaft mit Steinen. Sein Name: Jochen Rindt, später Österreichs erster Formel-1-Weltmeister. An der österreichisch-ungarischen Grenze liegt ein junger Soldat, zitternd wie alle seine Jahrgangskollegen, mit dem STg 58 in Deckung und betet, „dass die Russen nicht zu uns rüberkommen." Er heißt Willi Dungl.

„Die Offiziere haben uns damals gefragt: ‚Wer hat einen Lkw-Führerschein? Wer einen Pkw-Führerschein? Wer hat noch keinen Führerschein, kann aber schon fahren?' Gerade dass man während der Ungarn-Krise nicht gefragt hat: ‚Wer kann noch nicht fahren, will's aber probieren …?'"

Später, in friedlicherer Zeit, erinnert sich Dungl, kommt Hollywood ins Burgenland. In Neusiedl am See wird der Film „Die Csárdásfürstin" gedreht. Wie es so ist auf dem Land, wenn die Filmleute kommen, gehen alle neugierig dorthin, natürlich auch die Offiziere. Man schaut zu. Bis die Kessler-Zwillinge Alice und Ellen in einer Drehpause vor

Weniger der Zauber der Montur, viel eher der brennende Wunsch zu helfen: Unteroffizier Willi Dungl. Er gehörte nach dem Staatsvertrag zum ersten Jahrgang, der zum Bundesheer einrückte, und später zum ersten UNO-Kontingent im Kongo. Ein Stern für den Weltmeister – fünf Sterne für die Menschheit.

Müdigkeit stöhnen: „Wir müssen so viel tanzen, ist denn kein Masseur da?" Worauf der Oberleutnant aufsteht und verspricht: „Meine Damen, ich verschaffe Ihnen einen." Und zu Willi sagt er: „Dungl, Sie sind abkommandiert, zum Film."

„‚Zu Befehl!', aber anfangs glaub ich noch, ich sterbe. Die Alice oder die Ellen wird jeden Moment aufstehen und sagen: ‚Pfuscher! Scharlatan!', schießt es mir durch den Kopf. Aber nach der ersten Massage sagt sie: ‚Danke, so gut und so genau bin ich noch nie massiert worden!' Eigentlich hat so das Massieren bei mir angefangen.

Bis hin zu weiteren Film- und Theaterstars, gekrönten Häuptern – und immer wieder berühmten Sportlern. Ich hab sämtliche Spitzensportler betreut, die damals zur HSNS (Heeres-Sport- und Nahkampfschule) gekommen sind – und das hat sich dann weiterentwickelt." Einmal wird Dungl zu einem Magnaten aus dem Morgenland ins Wiener Hotel Imperial gerufen. Als er, den Massagekoffer in der Hand, in die Suite kommt und sein Sprüchlein aufsagt: „Good morning, Sir, Masseur is here…", hört er aus dem schummrigen Schlafzimmer nur ein Grunzen. Der Herrscher aus dem Morgenland ist gerade mit zwei jungen Damen beschäftigt und rät Dungl gönnerhaft: „Lassen Sie sich nicht stören, Sie können ruhig schon anfangen, mich zu massieren."

So kann man mit dem seriösen Willi Dungl natürlich nicht reden. „Ich gehe jetzt, und wenn Sie fertig sind, können Sie mich ja wieder anrufen, lieber Herr. Habe die Ehre …"

Die Welt des Willi Dungl wird immer größer, vielfältiger, internationaler. Ich hab ihn 1962 kennen gelernt, über einen guten Freund und Kollegen: Ortwin Kirchmayr, Sohn eines Pastors, selber Matrose, Fremdenlegionär und nun Abenteurer-Reporter bei meiner damaligen Zeitung, dem „Express", unter dem legendären Chefredakteur Gerd Bacher. Samstagvormittag in der Redaktion fragt er mich: „Was machst heute?" Und ich sag: „Ins Stadion fahren, bevor das Fußballmatch beginnt." Darauf Ortwin: „Ich hab eine bessere Idee. Ein Freund von mir muss heute in den Kongo, als UNO-Sanitäter. Bringen wir ihn doch zusammen zum Flugplatz."

Natürlich, und wie heißt er? Willi Dungl.

Erinnerungen an den Kongo. Dungl hatte schon immer mehr als nur ein Herz für Kinder. Seine Afrika-Hilfe in den letzten Jahren war beispielhaft.

Sein Auftritt ist schneidig, drahtig und dynamisch, voll Energie. Marschgepäck umgehängt, dazu die kurze Ami-Bürstenfrisur, GI-Haarschnitt. Ich glaube, Ortwin und ich haben ihn damals um sein Abenteuer Kongo beneidet. Wir wussten ja nicht, worauf sich Willi Dungl eingelassen hatte: zur Hölle und zurück.

Der Sanitäts-Unteroffizier Wachtmeister Willi Dungl ist einer von 29 österreichischen Sanitätssoldaten des 5. und letzten Kontingents – abkommandiert zur Betreuung des Feldspitals in Luluabourg, heutiger Name Kananga in der Region Nord-Kasai im Kongo.

Der Kongo damals: fünfzigmal so groß wie das belgische Mutterland, gerade im Stadium der Entkolonialisierung. Die Aufgabe für Willi Dungl: medizinische Versorgung der UNO-Truppen und auch der schwarzen Bevölkerung – kein militärischer Einsatz. Bewaffnete österreichische Ärzte, die zu jener Zeit für 20.000 Schilling Monatsgehalt und eineinhalb Dollar Taggeld in den Kongo verpflichtet waren, berichten: „Man hat uns oft für verkappte belgische Fallschirmjäger gehalten und uns übel mitgespielt. Die Nigerianer, weil von englischen Offizieren geführt, waren perfekt, die Soldaten aus Liberia eher schlampig."

Das war das Szenario, in dem Willi Dungl tätig war. Oberstleutnant-Arzt Dr. Robert Wech aus Klagenfurt berichtet noch heute, über vierzig Jahre danach, begeistert über Dungls aufopfernde Tätigkeit: „Er hat sich ausgezeichnet eingesetzt, war ein sehr guter Organisator und hat sich bei der Betreuung des Feldspitals sehr profiliert."

Dieser objektive und positive Bericht über Wachtmeister Willi Dungl existiert heute noch: im Archiv der UNO in New York.

Aber lassen wir ihn selbst erzählen:

„Ich bin Assistent des Kommandanten. Wir müssen unter einfachsten, primitivsten Bedingungen alles machen und lernen improvisieren. Ich seh das fürchterliche Elend im Kongo, erlebe Schocks. Ich bin weit weg, in Afrika, und hab als 25-Jähriger daheim eine knapp einjährige Tochter. Dann stirbt im Kongo das erste Kind in meinen Händen. Ich komm drauf, dass in einer Woche zwanzig Kinder gestorben sind, nur weil ein Medikament um sieben Schilling gefehlt hat. Das muss man sich erst einmal vorstellen: zwanzig tote Kinder wegen sieben Schilling. Das ist natürlich in mir drin, auf ewig, das bekommst du nie mehr aus mir heraus. Ich muss mit ansehen, wie 70 Klosterschwestern und Patres in einer Nacht umgebracht und massakriert werden – von Menschen, die sie großgezogen, die sie in den Krankenstationen gepflegt haben. Diese Sinnlosigkeit muss jeden erschüttern – das sind schon sehr tiefe Erlebnisse und Einschnitte für mich.

Diese Bilder verfolgen mich bis heute immer wieder. Die Brutalitäten, die wir im Kongo erleben, wo die Einheimischen zwölf Italiener buchstäblich aufgefressen haben – und wir mussten die Überreste ausgraben. Einerseits klammerst du dich an die Humanität, das Helfen-Wollen, andererseits geht dir die Sinnlosigkeit nicht aus dem Kopf. Grauenhaft, wenn man sich vorstellt: Man gräbt zwölf Körper aus und die Umstehendem sagen: ‚Der da war gut, der hat gut geschmeckt.'

Im nächsten Moment muss ich dann in die Ambulanz und genau diesen Menschen helfen. Ich komme aus einer atheistischen Familie, habe mich dann aber in Afrika mit der Religion auseinander gesetzt. Durch diese Geschichten im Kongo bin ich gläubig geworden.

Später in Stanleyville, immer noch im Kongo, explodiert der Autoklav. Was macht man da? Man kann zwei Tage nicht operieren, weil wir nur zwei Stunden in der Nacht Wasser haben. Natürlich wird man da erfinderisch. Ich bau auf dem Dach mit Benzinfässern eine Zisterne, damit wir tagsüber waschen können. Dabei komm ich drauf, dass da eine Katanga-Lokomotive steht, die ja eigentlich wie eine Dampfmaschine funktioniert. Die heizen wir an und können zwei Wochen lang in der Lok sterilisieren.

Einmal kann ich mithelfen, einen verletzten schwedischen Offizier zu retten. Er blutet stark, wir packen ihn auf einen Jeep, und während der ganzen Fahrt zur Krankenstation halte ich ihm die Schlagader zu, damit er nicht noch mehr Blut verliert. Später, zurück in seiner Heimat, schreibt er mir noch jahrelang immer zu Weihnachten."

1964 ist Dungl bei den UNO-Truppen in Zypern, dann auch auf den Golan-Höhen in Israel.

„Für mich ist es ein großer Schock, als auf einmal meine Tochter zu mir Onkel sagt – weil sie ihren Papa ja nur vom Foto her kennt. Das ist für mich ein Wendepunkt. Obwohl ich großartige Angebote von der UNO habe, entscheide ich mich für die Familie: Ich fahr nicht mehr fort, ich bleib ab jetzt zuhause."

Eines seiner wenigen Freizeitfotos: Dungl während seiner UNO-Mission auf den Golanhöhen in Israel. Die Haifische versorgte er damals noch nicht mit Körndlfutter.

Rückblende: 1960 hat Willi Dungl geheiratet. die auffallend fesche Gusti Bartak, die in Mistelbach Buch- und Papierhandel lernte. Eines Tages steht Willi in Uniform in der Tür. Er leitet gerade die Krankenabteilung von Mistelbach und braucht Büromaterial ... Als sie heiraten, ist die Braut 17, der Bräutigam 23.

Ein Jahr später kommt die erste Tochter zur Welt. Gusti will, dass sie auf den Namen Andrea getauft wird, Willi plädiert für Claudia. Daher der Doppelname Andrea-Claudia. Als 1964 die zweite Tochter geboren wird, ist der Vater gerade mit den UNO-Truppen auf Zypern. Also entscheidet sich Gusti für Claudia-Isabella, aber die Zweitgeborene sträubt sich hartnäckig gegen den Doppelnamen: „Bella-Isa mag i net." UNO-Heimkehrer Willi Dungl hat also ab jetzt für ein Dreimäderlhaus zu sorgen:

„Mitte der 60er Jahre mach ich mich selbständig: Als Badefußpfleger in einem Tröpferlbad. Zu dieser Zeit amtieren die Fußpfleger in den Bädern praktisch noch zwischen Tür und Angel.

Ich bau damals schon Kabinen auf, leere das Waschbecken aus und bin natürlich gleich der teuerste Badefußpfleger von Wien, obwohl ich im billigsten Viertel arbeite – im 20. Bezirk. Aber meine Kunden akzeptieren das.

Dann richte ich das eigene Haus ein: Von Donnerstag bis Sonntag arbeite ich im Bad, von Sonntag bis Donnerstag zuhause. Wir haben damals nichts, sind jung verheiratet, und ich mietete 1968 das Geschäft in der Wiener Schottengasse. Natürlich kann das nur einem Naivling wie mir passieren: Man hat mir erzählt, dass der Laden eingerichtet ist, in Wirklichkeit liegen da nur Sperrholzplatten drin. In der ersten Woche, die wir offen haben, ist gleich die Lichtleitung abgebrannt, nach drei Wochen der Kanal explodiert. Und drei Monate später fallen auf einmal die Fußpflegewannen durch die Decke in den Keller. Alles kaputt. Da bleibt als einziger Ausweg fast nur noch der Konkurs.

Aber du darfst nie aufgeben, musst den Menschen die Wunder zeigen, die du selbst vollbringen kannst – und mir damals auch. In der Nacht fang ich an zu betonieren, zieh Decken ein, mach Installationen. Dabei kommt mir meine Lehre als Maschinenschlosser zugute. Ich kann schweißen, bau die Kabinen, behandle und mas-

Jung geheiratet: Willi und Gustavine Dungl. Die charmante, positive und immer hilfsbereite Frau war für den Bio-Professor über alle Jahrzehnte eine perfekte Partnerin. Für Lauda, Klammer & Co hat sie auch meist gekocht. Eine Ehe aber nicht nur zwischen Salatblättern, Müsli und Körndlfutter.

siere am Tag – und in der Nacht hab ich weitergebaut. Ich glaub im Nachhinein, dass diese Erlebnisse wichtig sind: Weil man trotz oft widrigster Umstände an das Ziel seiner Visionen kommt.

1972 holen mich die Spitzensportler wieder ein. Damals gab es ja nichts für die Sport-Physiotherapie. Ich muss Assembling machen, fahr herum, von meinem Urlaubsgeld nach Hamburg zu Prof. Thomson: wie schon während meiner Bundesheerzeit, damals, damit ich zusehen konnte, wie er operiert.

Junge Ärzte, die vorher bei Prof. Böhler und Prof. Schönbauer waren, kamen damals zum Bundesheer und haben mich dort entdeckt. Ich bin zum Kommandanten ins Heeresspital versetzt worden. Alles bekommt halt seine Dynamik.

Eigentlich war ich damals mehr in der Kunst-Szene bekannt. Ich massiere Jess Thomas und viele andere Opernstars, werde zu Staatsbesuchen ins Hotel Imperial, werde überallhin gerufen. 1972 sogar vom Deutschen Olympischen Komitee. Bei den Sommerspielen in München bin ich für die Betreuung aller Nationen zuständig.

Ziemlich revolutionär, wenn man es mit heute vergleicht. Jede Nation hat heute schon längst ihre eigenen Masseure, zum Teil sogar für jede Sportart. In München 1972 aber war das ein totaler Mix: ein großer Masseur-Pool, international, und welcher Sportler auch immer eine Massage oder Hilfe benötigt, geht dorthin. Für den Masseur heißt es: Er kann nicht nur verschiedene Methoden kennen lernen, sondern auch viele Stars. Weil er etwa heute einen kanadischen

Bevor seine Kinder Onkel zu ihm sagten, kehrte Dungl von der UNO zurück nach Österreich. Sehr zur Freude seiner ersten Tochter Andrea.

Familienidylle oder der starke Rückhalt von zuhause: Dungl mit Ehefrau Gusti und Tochter Andrea, die später in Gars erfolgreich in seine Fußstapfen trat.

Gewichtheber massiert, morgen einen Schwimmer von den Fidschi-Inseln, übermorgen einen farbigen Sprinter aus Amerika. Der Massage-Pool ist ganz nahe dem Wohnblock der israelischen Sportler. Aber plötzlich, mit einem Schlag, ist alles überschattet vom ersten, furchtbaren Terror-Anschlag bei Olympischen Spielen."

„Wegen der Zeitumstellung", erinnert sich Willi Dungl ganz genau, „massiere ich gerade in der Nacht eine australische Fünfkämpferin, als dieses Massaker passiert. Aus fünf Metern Entfernung spür ich die Wucht, mit der ein Körper hinuntergestürzt ist, den Knall – und dann kommt sofort wieder die Erinnerung an meine Zeit als UNO-Sanitäter.

Als ich in Zypern war, haben wir die Soldaten vom Gaza-Streifen geholt. Ich hab selbst erlebt, wie sich die Kibbuz-Kinder, wenn vom Golan herunter geschossen wurde, seitlich in Schächte legten. Wenn Schlimmes passierte, waren sie gleich begraben. Ich las damals Bücher wie den ‚Exodus' von Leon Uris.. Und jetzt holt mich meine UNO-Zeit wieder ein. Das alles kommt mir bei der Olympiade 1972 in München wieder in Erinnerung. Und dann der fürchterliche Schock: Wie soll das weitergehen? Die Leute, die das erleben – wie sollen die in Zukunft jemals zusammenleben können? Weil sich die Geschichte immer wiederholt.

Aber es gibt zum Glück auch Positives. Ich bau die Gesundheitsvorsorge im Spitzensport auf. Jeden Montag können die österreichischen Spitzensportler nach Bad Vöslau kommen, wo ich sie kostenlos massiere.

1975 holen mich die Schispringer, die damals von Baldur Preiml betreut wurden – höchst erfolgreich. Mit Preiml hab ich wieder die wichtige geistige Ebene gefunden, um mich mit dem Thema Mentale Kräfte zu beschäftigen. Wir ergänzen uns bestens, da passt immer alles zusammen."

Bevor Dungl kommt, zitterten sich die Schispringer oft halbnass und frierend zum zweiten Durchgang durch, nicht selten bei Niesel- oder Schneeregen. Oft mit einer Wurstsemmel statt Körndlfutter. Dungl erfindet u. a. die „Kraftkugel" gegen Hunger und Substanzverlust und die Heizsonne als „Sonnenbrille für die Psyche".

„Damals ist ein Bewusstsein entstanden, der Mentalpositivismus, geprägt von Schellbach: Die Kraft des Menschen und die Auseinandersetzung mit der Ernährung. Wir ernährten uns zwar gesund, schauten aber auch auf die anderen Sportlerteams: Die DDR-Springer und die Amis aßen Eiweißpulver, wir nahmen biologisches Eiweiß. Damit wurden die Muskeln größer, die Sprünge aber schlechter – wegen der Ballaste. Wir lernten Dr. Bruker kennen, der uns über Eiweißmast und Ballast aufklärte."

In der Schweiz kursiert in den 1970er Jahren in Fernsehen, Radio und Zeitungen der Superspruch: „Leute, sperrt die Vogelhäuschen zu, der Dungl kommt!" – damit der österreichische Fitmacher für seine Schispringer den frierenden Vögeln im Winter nicht die letzten Körndln wegfressen kann, heißt das wohl.

Dungl geht mit der Wünschelrute durch die Hotelzimmer, damit Toni Innauer, Charly Schnabl usw. ja nicht über einer Quelle (und damit schlecht) schlafen müssen, er arbeitet mit Massagegeräten, Lederriemen, die er mit dem Haarfön trocknet, Diätplänen, Zaubertränken. Er hat in Thailand den buddhistischen

Ursprüngen der 3000 Jahre alten Fußreflexzonenmassage nachgespürt, Volksambulanzen unter Flugdächern besucht, in der Jakuso-Leprastation im Kongo gearbeitet – er ist mit seinen Erfahrungen und Ideen der „Mann mit den goldenen Händen".

Und dann gab es – von außen für viele zunächst unbemerkt plötzlich die große Krise: Der Gesundmacher der Nation, der Wegbereiter vieler Superstars zum großen Comeback, plötzlich selbst in großer Not. Aber das persönliche Drama des Willi Dungl hat eine Vorgeschichte, eine sehr einschneidende sogar.

Krankheit als Chance

„Als ich 23 Jahre alt war, hat mir ein Zahnarzt einen eitrigen Zahn überkront, der meinen Körper ganz einfach komplett vergiftet hat. Man hat mich mit 30% Überlebenschance im Krankenhaus Mistelbach operiert, die Kieferhöhle wurde ausgeräumt. Ich hatte also mit 23 Jahren keine Zähne mehr, hatte 70 Meter Streifen im Mund. Wenn ich hätte können, wäre ich wo hinunter gesprungen. Infolge dessen bekam ich Schrumpfnieren. Es war so, dass man diese in den 60er Jahren festgestellt hat, und man hätte mich damals fast nicht in den Kongo gehen lassen. Aber Prof. Karl Fellinger hat sehr wohl gesagt, dass ich in den Kongo gehen kann. Ich hatte innerlich die Belastung, die aber habe ich verdrängt.1977, zu meinem 40. Geburtstag, hatte ich ein völliges Nierenversagen, war am linken Auge blind, Gefäße der Netzhaut waren geplatzt.

Ich kam ins Krankenhaus, wurde drei Tage untersucht, um halb acht am Abend ist der Professor zu mir gekommen und sagte mir: ‚Wir brauchen uns gegenseitig nichts vorzumachen, wir kennen uns beide aus. Sie haben nur noch vier Monate bis zur Dialyse!' Ich fragte mich nach dieser Eröffnung: ‚Warum passiert das gerade mir, wo ich doch ...?'

Um halb zwei in der Nacht war ich so weit, dass ich mich gefragt habe: ‚Was habe ich getan, dass es nicht so weit kommt?'

Ich habe geraucht wie ein Trottel, hatte es immer wieder verdrängt, ich war ja jung. Um halb zwei in der Nacht kamen wieder die finsteren Gedanken, das Fenster aufzumachen, vom Dach zu springen. Aber: zwei unversorgte Kinder, Frau mit Schulden …?

Zu diesem Zeitpunkt habe ich in der Nacht mit dem Herrgott quasi ein Geschäft abgeschlossen: ‚Ich will alles tun, was ich kann, aber hilf mir auch! Zumindest so weit, bis ich meine Kinder versorgt habe!' In der Früh sagte ich zum Professor: ‚Wenn mir nicht zu helfen ist, lassen Sie mich bitte nach Hause gehen.' Er stimmte zu und sagte mir: ‚Es wird jetzt von Tag zu Tag schlechter. Wenn es körperlich nicht mehr geht, stellen Sie sich ein Bett ins Geschäft und wenn's überhaupt nicht mehr geht, kommen Sie wieder!'

Ich bin hinaus und wollte mir eine Zigarette anzünden und nachdenken, wann ich mit dem Rauchen aufhören werde. In diesem Augenblick dachte ich: ‚Was bin ich doch für ein Idiot? Auf einem Auge blind, Nieren kaputt, und rauchen?' Ich habe sofort mein goldenes Feuerzeug, das 37.000 Schilling gekostet hat – ein Geschenk des japanischen Fernsehens – und die Zigaretten in den nächsten Papierkorb geworfen und war von einer Minute auf die andere Nichtraucher.

Ich konnte damals nur noch 100 Schritte gehen. Ich nahm mir vor, ich will alles tun, damit ich nie weniger gehen kann als 100 Schritte. Wenn ich 101 Schritte gehen kann, werde ich mich darüber freuen. Ich bin zu meinem Freund Dr. Schmid in die Walfischgasse in Wien gegangen und sagte: ‚Alex, ich weiß, wie es um mich bestellt ist, mach mir ein Blutbild, damit ich weiß, ob ich mich verbessere oder verschlechtere. Alles andere möchte ich selber machen.' Ich habe sämtliche Methoden selber ausprobiert wie z. B. *Schlenzbäder,* d. h. sich bis zur Nase in die Badewanne legen, die Wassertemperatur von 35 Grad auf 40, 42 Grad steigern. Die Prozedur dauert 1 bis 1$^1/_2$ Stunden, dann kommt man hinaus, der Blutdruck fällt rasant, weil das eine große körperliche Anstrengung ist.

Ich bin täglich zum Bisamberg hinaus gegangen, habe Markierungen gemacht für meine Schritte. Beim 101. Schritt war das ein Fest für mich. Nach zwei Monaten bin ich einen Kilometer durchgegangen. Ich stellte meine Ernährung komplett um und habe mich immer wieder gefragt: Was habe ich heute wieder für mich getan? Mir wurde erst jetzt bewusst, was ich vorher von den Tibetanern gelernt hatte. Das war nicht zufällig. Die Botschaft der Mönche hatte ich damals nicht wirklich verstanden. Drei Monate später brauchte ich auf einmal dieses Wissen.

Da gibt es noch einen wichtigen Teil in der buddhistischen Philosophie: Der Schmerz ist dein Freund. Er macht dich aufmerksam, dass etwas nicht stimmt. Wenn er nachlässt, zeigt er dir, dass du etwas tust, was dir gut tut.

Wenn Sie zu einem buddhistischen Mönch kommen und sagen, ‚Es tut mir hier weh', fragt er Sie: ‚Was meinst du, warum ist das so?' Wenn Sie dann sagen, ‚Ich weiß es nicht', sagt er Ihnen: ‚Der Schmerz ist doch dein Freund, der lehrt dich etwas, du musst vom Schmerz lernen, das ist deine Chance!'

Das war für mich der Parameter. Aus diesem Grund habe ich mich fortgehantelt, habe mir die Erfolgserlebnisse in den Schritten geholt. Ich habe nie gesagt, ich will wieder einen Kilometer gehen. Drei Monate später – zu Weihnachten – habe ich einen braunen Schleier am linken Auge bekommen, im März – sechs Monate später – habe ich erstmals mit Traben angefangen. Und im Mai 1978 bin ich erstmals mit Niki Lauda einen Kilometer gerannt. Das war natürlich ein wichtiger Erkenntnisfaktor. Du musst Lernprozesse setzen, den Leuten ganz einfach zeigen, was sie selbst vollbringen können.

Das war die Erkenntnis, daraus hat sich meine Philosophie konstruiert. Ich habe mir nie vorgemacht, dass ich nicht an die Dialyse komme. Aber ich sagte mir: ‚Jeden Tag, den ich gewinne, steigen meine Chancen.' So habe ich das durchgehalten bis 1983. Im Jahr 1981 war ich erstmals in China, 1983 bin ich dann an die Dialyse gekommen. Und ich hatte ja noch so viele Pläne … Zum Beispiel den, ein Biotranigs-Zentrum zu begründen und zu führen."

Die Motivationskraft der Vision

„Der damalige niederösterreichische Landeshauptmann Ludwig hat zu meinem Konzept eines Biotrainingszentrums schnell Ja gesagt, aber es gab keine Finanzierung. Ich habe mit Dr. Erwin Pröll gesprochen und ihn gebeten: ‚Ich will nur zehn Minuten Zeit'. Er ist aus dem Büro gegangen und hat seiner Sekretärin gesagt, ‚verschieben Sie die Folgetermine um eine Viertelstunde', dann hat die Unterredung eineinhalb Stunden gedauert. Ich hatte schließlich das Versprechen, dass die notwendigen Dinge in Gang gesetzt würden.

Als wir angefangen haben, alles zu aktivieren, hat in der Niederösterreichischen Landesregierung Finanzlandesrat Dr. Erwin Pröll in einer Sitzung sämtliche Förderstellen an einen Tisch gebracht. Er sagte: ‚Hört zu, Herr Dungl hat einen guten Plan, und hier ist ein Topf, wo 35 Millionen Schilling hineingehören. Wenn die nicht drinnen sind, geht das Projekt nicht weiter.' Das war das Wesentliche. Sonst rennt man ja im Kreis. Förderstellen verlangen erst das Eigenkapital, dann gibt es Förderungen. Nur: Die Anleger sagen, wenn keine Förderung kommt, legen wir nichts an. Das habe ich damals Dr. Pröll erklärt, bekam die Zusage und bin zu den Anlegern gegangen. Meine Lebenserfahrung zeigt eines: immer, wenn ich einen Schritt nach vorne gemacht haben, habe ich einen neuen Dämpfer bekommen, eine weitere Prüfung.

Als wir 1983 endlich mit dem Bau des Dungl-Zentrum Gars begonnen haben, gab es überall im Ort riesige Skepsis. Zu diesem Zeitpunkt bin ich dann in die Dialyse gekommen. Wenn man weiß, wie die Dialyse läuft, wie man müde wird, Krämpfe bekommt, man spricht auch von ‚Dialysetrotteln'... ich war wieder einmal sehr verzweifelt!

Ich musste die Betreuung des Mc-Laren-Formel-1-Teams machen, hatte die Dialyse, und die Leute durften nicht wissen, dass ich so krank war. Ich dachte in meiner Verzweiflung an Qi Gong, begann, als ich an der Maschine hing, die Füße anzuziehen, und habe Qi Gong geatmet und habe mich in den vier Stunden positiv

Gewitterwolken über Willi Dungl. Seine schwere Zeit nach der niederschmetternden ärztlichen Diagnose: „Gusti hat mir damals geholfen, alles durchzustehen. Ohne ihre Hilfe hätte ich es nicht geschafft.“

aufgeladen. Ich bin am Donnerstag um 5.00 Uhr früh in die Klinik, um 11.00 Uhr zur Formel 1 geflogen, am Sonntag um 11.00 in der Nacht zurückgekommen und am Montag um 8.00 wieder nach Graz gefahren. Das ist ein Jahr lang so gegangen, und dabei habe ich noch ein Buch geschrieben. Man darf den Körper nicht laufen lassen, man muss schauen, dass man positive Erlebnisse setzt.

Man muss an seine Ziele, an seine Vision glauben! Ich wollte schon, als ich von der UNO gekommen bin, ein Gesundheitszentrum für Spitzensportler machen, schon 1963 hatte ich diese Vision. Wenn ich das damals jemandem gesagt hätte, hätten sie gemeint, ich gehöre ins Narrenhaus. Man muss die Geduld haben zum Umsetzen, muss schrittweise umsetzen, Schritt für Schritt kommt man in die richtige Richtung.

Ich habe also die ‚Kuranstalt für Spitzensportler‘ in die Wirklichkeit umgesetzt, bin zur Vöslauer-Mineralwasser gegangen und habe gesagt: ‚Für euch ist das doch auch eine gute Werbung, und die Sportler brauchen eine Betreuung, wo ich massieren kann, wo sie eine Sauna haben.' Und vorher hat jeder gesagt, das gibt's ja nicht, dass das so geht. Diese Idee ist jahrelang gewachsen, durch die Erlebnisse mit dem Fremdenverkehrsverband, die Erkenntnisse der Chinesen, das Feedback der Eigenverantwortung.

Ich wollte meine Pläne unbedingt in die Wirklichkeit umsetzen, und diese Vision half mir bei meinem Kampf ums Durchhalten. Nach einem Jahr, 1984, hatte ich die Transplantation, bekam eine Niere, aber das geht ja nicht so wie der Austausch bei einem Mechaniker. Ich habe ein halbes Jahr um die Nieren kämpfen müssen. Drei Wochen nach der Transplantation mussten sie mich nochmals komplett aufschneiden, um die alten Nieren zu entfernen.

Dann habe ich Lymphozele bekommen, d. h. Wasser im Bauch, täglich wurden 3–4 Liter Wasser punktiert. Von Juni bis November 1984 wurde ich viermal operiert. In der Zeit habe ich aber nicht zeigen dürfen, wie es um mich steht. Am zehnten Tag nach der Transplantation musste ich ein Volksfest besuchen. Meine Frau hat mich von hinten halten müssen, sonst hätte ich das nicht durchgestanden. Ich habe das gemacht, weil ich wusste: Wenn ich nachlasse, ist das Projekt weg.

Jede Krankheit ist etwas zum Lernen, gibt etwas dazu. So ist es dann weitergegangen. Der Bau des Biotrainingszentrums, das Festigen, das Chinesische, parallel die Erkenntnisse, die man mit der Therapie der Menschen gewinnt, die Therapie wurde aufgebaut … Das entwickelt sich dann, das hat eine Gesetzmäßigkeit."

Das verstand damals keiner besser als Niki Lauda, als er sich 1981 nach zweijähriger Pause entschloss, wieder Autorennen zu fahren. Und dem von vornherein klar war: Das geht nur mit Willi Dungl als Kopiloten.

Mit Dungl begann quasi das Raumfahrtzeitalter der Sportlerbetreuung, und Willi zog an allen Fäden. Zur Verdeutlichung, welche Rolle er schon in den 1970er Jahren spielte: eine Analyse von Österreichs fleißigstem, aber auch sensibelstem Sportreporter Josef Metzger in meiner damaligen Sportzeitschrift, der „Schiwelt/tenniswelt". Vielsagender Titel: „Wo die Hoffnung aufhört, fängt Dungl an."

Wo die Hoffnung aufhört, fängt Dungl an

„Ich weiß gar net mehr, wie er ausschaut ..." Mit Ironie quittiert die eigene Frau die ständig wachsende Popularität, die er genießt. Der Familienvater Willi Dungl (zwei Kinder) leidet unter Willi Dungl, dem guten Geist österreichischer Spitzensportler. Unter Willi Dungl, dem Kursreferenten im Wirtschaftsförderungsinstitut. Unter Willi Dungl, dem Seelenmasseur. Unter Willi Dungl, dem Buchautor.

Dungl da, Dungl dort. Er müsste sich teilen, um alle Wünsche zu erfüllen. Die Nachfrage übersteigt beim besten Willen längst das Angebot, das er schafft. Aus dem unbeachteten Masseur mit weltweiter Erfahrung wurde ein fester Begriff im österreichischen Sport. Wo jede Hoffnung aufhört, dort beginnt die Arbeit von Dungl. Er ist längst zu einem Rettungsanker geworden, an dem sich viele festklammern. Frag nach bei Niki Lauda, der sich anfangs sogar gegen ihn gewehrt hatte. Es wurde Liebe auf den zweiten Blick. Oder, um im Genre zu bleiben, auf den ersten Griff ...

Willi Dungl ist keiner, der sich nach vorne drängt. Er wird gedrängt. Er kann nicht nein sagen, weil er ja zur Hilfe sagt. Und er weiß immer Rat! Etwas Missionarisches steckt in ihm. Und so etwas wie ein Heilsbote ist er ja auch schon gewesen. Er ging durch eine harte Schule. Österreichs „Zerrissener" unter den Physiotherapeuten schaute auch afrikanischen Medizinmännern einst auf die Finger – Leprastation im Kongo. Wer die Primitivität kennt, der weiß sich zu helfen. Der findet immer wieder etwas, das aus der Verlegenheit führt. Schnappt da was auf, hört dort zu. Afrikanisches, Asiatisches, Dungl hat Erfahrung mit fernöstlicher Philosophie. Er ist ihr zugetan.

Im Herbst 1976 zog es ihn zurück nach Thailand, wo er Jahre zuvor asiatische Mentalität inhalierte. „Ich muss ins Buddhistenkloster, ich brauch einen Mönch – wegen der Rezepte." Der Drang, Neues zu mixen, wurde von der Angst getrieben, die politische Entwicklung könnte das Tor zum Osten ein für allemal zuschlagen. Nichts wurde fürs Erste aus der Reise. Der Sport kam dazwischen.

Dungls Massagesalon befindet sich in Wien am Schottentor. Seine Arbeitstische sind inzwischen über die ganze Welt verstreut. Das Programm 1976 sagt alles: Vierschanzentournee, Innsbruck, Seefeld, Innsbruck, Skandinavien, Madrid, Monza. Montreal, Rad-Tour. Abflugbereit zu einem Grand-Prix-Einsatz bei Lauda. Dazwischen die Tennisstars bei ihm in der Kur. Pendelverkehr zwischen Stadthalle und Innerer Stadt.

„Der Ramirez", ist er heute noch stolz, „hat sich nicht einmal bücken können. Und dann hat er fünf fabelhafte Sätze gegen Fibak gespielt!" Am liebsten hätten ihn die Asse mitgenommen – als zusätzlichen Trumpf im Ärmel.

Seit 1974 „dungelt" es in Österreich. 1972 wollten ihn die Deutschen, nicht die Österreicher für Olympia anheuern. Aber dann zauberte er „Gleitschienen" für die Schwimmer, dass es wie geschmiert Rekorde bei den Europameisterschaften gab. Die geknickten Stemmer hievte er in die Höhe. Und mit Herbert Janko richtete er einen „Gesundbrunnen" in der Vöslauer Heilquelle ein. Plötzlich liefen ihm die Sportler die Türen ein. Plötzlich spürten sie nicht nur ungewöhnlich gute Körperpflege, sondern ließen auch Seelenmassagen über sich ergehen. Dungl verstand ihre Probleme, sie begriffen, was er meinte.

Dungl denkt weit über die Muskelkneterei hinaus. Er massiert gewissermaßen auch organisch. Mit Mixturen. Mit Tricks, die den Kreislauf anregen. So versuchte er bei den Olympischen Spielen in Seefeld, den Höhenflug der Springer künstlich zu bremsen, aber auch anzukurbeln. Spezielle Sauerkraut-Diät als Stoffwechselanregung, Entschlackung, um Kraft zu verlieren und eine Frühform zu verhindern. Heiße und kalte Duschen, um den Kreislauf zu beflügeln. Dungls Tricks sind oft simpel. Etwa jener, die Schispringer nicht herumstehen zu lassen, sondern in Stühle zu setzen, warm einzupacken. Oder Plastik-Überschuhe zu basteln, um Eisbildungen zu verhindern.

Als Markus Rogan noch nicht auf der Welt war:
Dungl 1975 bei der Schwimm-Weltmeisterschaft in Cali, Kolumbien.
Damals erfand er die „Gleitschienen“ für die Schwimmer.

Ein Mensch, der praktisch denkt und doch ständig versucht, immer tiefer in die Psyche und Physis von Sportlern einzudringen. Ein Muskelkneter, der permanent an sich arbeitet.
„Ich", sagt er von sich selbst, „bin kein Ingenieur. Nur der Mechaniker!" Nicht nur Niki Lauda ging in sein Service. Den engsten aller Kontakte (außer zu Lauda, der ihn nach dem Feuer-Unfall wochenlang bei sich in Hof einquartierte – ihn gar nicht mehr wegließ!) pflegt Dungl zu Professor Baldur Preiml. Gleiche Wellenlänge. Gleiche Absichten. Gemeinsame Interessen an fernöstlichen Kontemplationen. „Wir haben uns in der Südstadt bei einem Kurs kennengelernt", erinnert er sich, „und da hab ich g'wusst: mit dem Menschen kann man arbeiten!"
Für den „Baldi" würde Dungl durchs Feuer gehen. Und wohl auch umgekehrt. Dungl leidet mit Versagern und Sportlern. Aber er verliert nie den Glauben an junge Leute, die er in- und auswendig kennt. Als Toni Innauer von einem Extrem ins andere sprang, da sagte er nur: „Mittelmaß kennt er halt keines." Er hatte auch mit der seelischen Therapie Erfolg. Aufgepulvert von Dungl, sprang Innauer in Vikersund noch zu Silber.
Und Ernst Vettori flog so weit, dass er sagte: „Wenn mich die Vögel fliegen sehen, gehen sie künftig zu Fuß."
Er gehört zu jenen, die Gesundheit predigen und selbst sündigen. Der Stress hat ihn gepackt. Dungl, der Raucher. Sogar Wetten schloss er ab, er würde aufhören, schlagartig. Dann paffte er wieder. „Bei der Aufregung …", gestand er kleinmütig und ging Baldur Preiml aus dem Weg. Er wusste, dass er im Kampf mit sich verloren hatte – er, der so viele Duelle mit Fitnessmängeln gewonnen hatte.
Es gibt praktisch keinen Sport mehr, der nicht auf Dungl gekommen wäre. Die Schispringer. Die Alpinen. Die Schwimmer. Die Stemmer. Die Leichtathleten. Niki Lauda und Dieter Quester. Die Tennisspieler. Die Rodler. Die Bobfahrer. Die Kunstläufer. Kein Anspruch auf Vollständigkeit. Er muss selbst lächeln, wenn er sich der sportlichen Anfänge in Österreich erinnert. Der Afrika-Praktikant massierte nämlich einst in Mattersburg zwei Kongo-Kicker …

So weit eine Analyse von 1977, aber absolut aktuell. Da gab Dungl bereits kräftig Gas. In der ganzen Welt bekannt. Und berühmt – auch wenn er es nie sein wollte – wurde er durch seine Zusammenarbeit mit Niki Lauda, der heute noch dankbar sagt: „Willi hat mir das Leben gerettet und mehrmals meine Karriere."

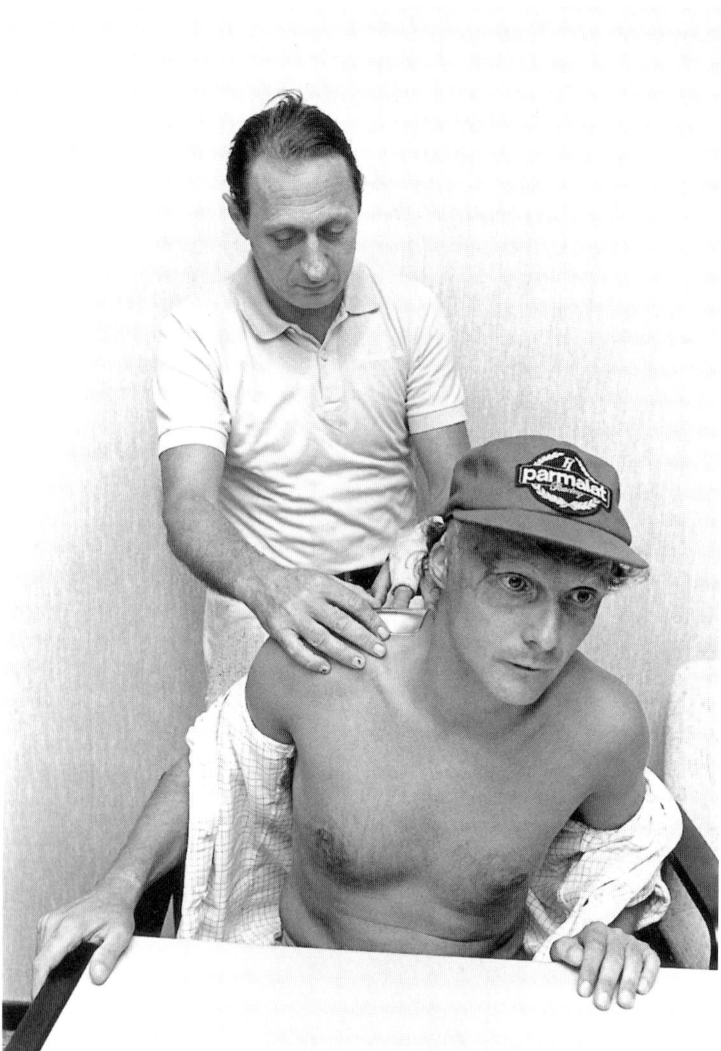

Ein unzertrennliches Duo auf allen Rennstrecken von 1976 bis 1985: Willi Dungl und Niki Lauda.
Die beiden revolutionierten in der Formel 1 alles, was man zuvor über Fitness, Training, Ernährung, Motivation usw. wusste.
Oder zu wissen glaubte.

Die Arbeit mit Spitzensportlern

„Fordere nicht von Dir selbst und wenig von den anderen –
so bleibt Dir mancher Ärger erspart."
Konfuziuzs

Zum Glück für Niki Lauda …

Die Geschichte beginnt im April 1974, als Lauda vom eigenen Traktor fast erschlagen wird. Er trägt auf seinem Grundstück in Hof bei Salzburg einen Erdhaufen ab. Plötzlich, ohne jede Vorwarnung, kippt der offene 1,8-Tonner zu drei Viertel um. „Ich hab schon halleluja gesagt." Niki wird in die Erde gepresst, sieht nichts, weil die Augen voll Gras sind, und brüllt nur: „Stellts den Scheißtraktor ab!" Im Krankenhaus heißt es: zwei gebrochene Rippen. Niki kann kaum atmen, weder allein aufstehen noch sich allein anziehen.

Der Glücksfall, der Lauda nun passiert, heißt Willi Dungl. Über Radioreporter Hans Klettner, der Stimme der Schispringer, wird der Fitmacher im Trainingslager im Rupertihaus am Hochkönig aufgespürt – und eilt zu Hilfe. Aber voll Skepsis.

„Ich denk mir, was braucht mich der Niki Lauda? Der ist doch Weltmeister, es sind ohnehin alle Ärzte um ihn herum, was soll ich da? Die Gefahr, dass man als Kurpfuscher verdammt wird, war damals groß."

Niki Lauda hält Dungl noch jahrelang vor: „Du warst damals arrogant und hochnäsig. Kommst nach Stunden angefahren und sagst nur: ‚Sie sind ja sowieso in Behandlung. Wenn Sie wollen, dass ich Ihnen helfe, müssen Sie nach Wien kommen. Dann wird Sie der Dozent Poigenfürst ansehen – habe die Ehre!'"

Kurz und bündig, auch ein Teil Willi Dungls.

Warum so schroff? Dungl hält Lauda – obwohl bereits Weltmeister 1975 – irrtümlich für einen verwöhnten Pinkel, ein Weichei, will also rausfinden, wie ernst ihm seine Gesundheit wirklich ist. Aber er hat auch gesehen, „dass der Rippengurt falsch angelegt ist und die Rippen auseinander gezogen werden."

Lauda ärgert sich, ist aber tags darauf wirklich in Wien. Dungl, erfreut: „Jetzt können wir anfangen." Natürlich hat er, typisch Willi, schon in der Nacht ein Lederkorsett entwickelt, das die Rippen zusammenhält – und das er später in der Box von Madrid-Jarama mit einem Haarfön trocknet. Dozent Poigenfürst, den Dungl von Prof. Böhler her kennt, hält über ihn die schützende Hand, dadurch kann der Fitmacher arbeiten.

„In meinem Beruf muss man den Menschen lieben, muss man sich mit ihm identifizieren können. Wenn man das nicht kann, geht das schwer", ist sein Credo. Er nimmt zum spanischen Grand Prix für Niki einen Nilpferdzahn mit (nach kongolesischem Glauben der beste Glücksbringer der Welt), steht aber selber Todesängste aus: „Wenn da etwas passiert, wenn sich eine Rippe in die Lunge bohrt …"

Aber alles geht gut. Lauda wird auf Ferrari sensationeller Zweiter, kurzfristig sogar zum Sieger erklärt, weil James Hunt (McLaren) disqualifiziert wird – und Dungl startet in den internationalen Medien durch als „Wunderheiler". Ein Ehrentitel, den er genauso wenig mag wie Publicity.

„Ich sterb noch an meiner Publicity." Wer dieses Wort nicht englisch ausspricht, sondern „bubliziti" wie Dungl, der kann wirklich nicht eitel oder öffentlichkeitsgeil sein – was manche Neider dem Alleskönner völlig zu Unrecht nachsagen.

Einmal, an einem Formel-1-Trainingstag, kommt ein Fitmacher-Kollege zu Dungl mit dem Vorschlag: „Willi, holen wir uns einen ganz breiten Reifen und rollen wir ihn durch die Box. Du wirst sehen: Dieses Foto kommt ganz groß in die Zeitung." Dungl wendet sich naserümpfend ab: „Den Bledsinn mach i net mit! Fitnesstraining is ka Kasperltheater." Typisch Dungl.

Aber: „Die Lauda-Geschichte kommt natürlich groß in die Medien. Bis dahin bin ich nur in der Kunst, bei den Schauspielern und Schispringern bekannt, in Österreich, aber nicht international

– und jetzt komm ich plötzlich mit einer halben Seite in die Bild-Zeitung."

Es wird noch mehr. Im Juli ist Dungl bei den Olympischen Sommerspielen in Montreal, am 1. August 1976 in der Früh kommt die Meldung: „Die Reichsbrücke in Wien ist eingestürzt." Kurz darauf, erinnert sich Dungl, kommt ein Radioreporter mit der nächsten Schreckensmeldung: „Hast gehört, der Lauda ist angebrandelt."

„Das sind schlechte Scherze", ärgert sich Dungl, „so was tut man nicht." Aber es stimmt: Lauda ist auf dem Nürburgring verunglückt, wurde von vier tapferen Rennfahrerkameraden aus dem brennenden Ferrari gerissen, ins Mannheimer Krankenhaus eingeliefert: „Es heißt, er stirbt. Die Lunge wird immer schlechter und löst sich auf. Bald darauf", erinnert sich Dungl, „werde ich angerufen. Lauda ist in der Intensivstation zu sich gekommen und hat einen Riesenschock. Der Pfarrer stand über ihn gebeugt und gab ihm die Letzte Ölung. Niki will schreien: ‚Nein!', hat aber die vielen Schläuche im Gesicht und ist fixiert. Das war für ihn ein so dramatisches Erlebnis, dass der Professor zu mir gesagt hat: Bitte, übernehmen Sie ihn, sobald er aus dem Spital entlassen ist."

So fährt Dungl nach Hof, um Lauda zu betreuen, schüttelt die lästigen italienischen Paparazzi mit ihren Kameras von den Bäumen – und geht an die Arbeit.

„Es ist fürchterlich. Ich hab über siebzig verbrannte Trümmer aus dem Schädel herausgenommen. Wir haben aus England extra ein schwarzes Licht kommen lassen, damit sieht man ganz genau, wo im Kopf diese verbrannten Dinger stecken. Ich muss in die Haut hineinstechen und anschließend mit Pfefferminzöl arbeiten, damit keine Narben bleiben."

Aber trotzdem: ein Schreck nach dem anderen für Lauda und Dungl. Niki droht ein Ohr zu verlieren, millimeterweise frisst sich die offene Naht weiter. Dungl ist verzweifelt, auch im Halbschlaf von Alpträumen geplagt – dann springt er Mitten in der Nacht aus dem Bett, sagt zu Gusti: „Die Schwarzwurz!" und braust mit dem Auto nach Tirol.

Aus dieser geheimnisvollen Pflanze, auch Beinwell genannt,

braut Dungl, ein Geschenk des Himmels, jenen Brei, mit dem er Laudas Ohr rettet.

Lauda will wieder gesund werden, wieder Rennen fahren. „Willibald, da steht ein größerer Einsatz bevor!“ Dungl beginnt, „sich in den Patienten einzuschleichen“ mit dem Ziel: Rennen im Oktober könnten sich ausgehen. Nach der ersten Massage liegt Lauda die ganze Nacht wach: Der Körper muss die Gifte erst aufarbeiten. Nach dem ersten 200-Meter-Lauf klettert sein Puls auf 180. Dungl, bescheiden wie immer, streitet später jedes „medizinische Wunder“ ab: „Ein menschliches Wunder, dass jemand über solche Hürden hinwegkommt: Beweis unheimlicher mentaler Kraft.“

Dungl hetzt Lauda auf Ibiza durch schonungsloses Training. Das Meerwasser ist ideal für Belastungsübungen, die Meeresluft ideal für die Lungen. Trotzdem erblasst Marlene Lauda, als ihr Niki anvertraut: „In elf Tagen in Monza möchte ich wieder starten.“

Ich begleite Lauda und Dungl zum letzten Test auf die Ferrari-Strecke nach Fiorano. Szenen, die man nie vergisst. Wie Lauda, ganz allein, dem großen Enzo Ferrari gegenübertritt und hört: „Tu, was du für richtig hältst. Ich misch mich da nicht ein.“ Wie Dungl den Kopf von Niki bandagiert, ehe er den Helm aufsetzt. Und das beklemmende Gefühl, als käme Laudas unfassbares Comeback für Ferrari zu früh – weil schon die Ersatzpiloten mit den Hufen scharren.

„Mir fällt keiner auf, der vor Freude in die Luft springt“, sagt mir Dungl enttäuscht. Boulevardzeitungen reden von total verrückt bis hirnverbrannt. Das Lauda-Comeback ist das bis heute größte der Formel-1-Geschichte, auch wenn es in Monza 1976 viele nicht begreifen. Aber Dungl bestätigt: „So gewissenhaft hat noch nie ein Patient das Gesundwerden betrieben. Niki hat nicht das Geringste ohne Ärzte unternommen, hat viel Zeit und Geld investiert.“

Über den 45-Minuten-Test der Ärzte in Monza lacht Dungl noch jahrelang: „Dem Kreislaufarzt, der Übungskommandos gibt, schmerzt der Mund. Der Hautarzt zeichnet Laudas Kopf. Der Augenarzt schielt. Und wer von denen der Psychiater ist, ist mir heute noch unklar …“

In der Box zittert Dungl vor Aufregung, bis ihm Marlene einen Schnaps eingießt. Im Training ist Lauda der schnellste von drei

Ferrari-Piloten, im Rennen wird er sensationeller Vierter. „Das größte Comeback der Sportgeschichte", applaudiert Jackie Stewart zu Recht – auch wenn wir 1976 noch nichts wissen von Lance Armstrong und Hermann Maier.

Im Jahr darauf. 1977, wird Lauda nochmals Weltmeister auf Ferrari. Dann wechselt er in Bernie Ecclestones Brabham-Alfa-Team, tritt im September 1979 während des Trainings in Montreal zurück, baut seine Lauda-Air zu einem Weltunternehmen aus und entschließt sich, sensationell, im Herbst 1981: „Ich will wieder Rennen fahren." Das geht nur mit Willi Dungl. – Auch wenn anfangs kaum jemand an dieses Comeback glaubt.

Das Niki Lauda-Training

Willi Dungl beleuchtet aus seiner Sicht das Comeback von Niki Lauda, der sich monatelang körperlich quälte, um auf die Stunde genau fit zu sein.

„Bei Niki Lauda war es so, dass er praktisch zwei Jahre lang sportlich überhaupt nichts gemacht hat. Leider ist es bei vielen Sportlern so, die ständig unter Leistungsdruck gestanden sind: Wenn sie aufhören, dann machen sie erst einmal gar nichts.

Jeder weiß: Der Niki ist nicht unbedingt ein Freund der intensiven Bewegung. Und als es im Herbst 1979 mit den Rennen aus war, hat er sich, rein gefühlsmäßig, gegen alles gewehrt, was nach übermäßiger sportlicher Betätigung ausgesehen hat.

Dafür hat er sich extrem um seine Lauda-Air gekümmert, hatte einen ganz anderen Stress. Er hat intensiv gearbeitet, ist viel gesessen, seine Nerven waren angespannt und er hat sicherlich – bedingt durch den ständigen Kontinentwechsel, die vielen Konferenzen – nicht immer das Richtige zu essen bekommen.

Im Mai 1981 hat der Niki einmal gesprächsweise erwähnt: Eigentlich würde es ihn interessieren, ob er mit diesen Buben, die da so viele Fehler machen, noch mithalten könnte. Buben wie Prost, Piquet, Rosberg, Arnoux, de Angelis, Alboretto usw. Ich hab ihm gesagt: Du brauchst nicht einmal hinzuriechen, mit deiner Kondition würdest du nicht einmal eine Runde durchhalten.

Daraufhin haben wir begonnen, den Körper in zwei Monaten so zu trainieren, dass er zumindest wieder das Niveau eines Hobbysportlers hatte. Das heißt: Lauda konnte eine gewisse Ausdauerleistung bringen, war körperlich und kreislaufmäßig wieder belastbar, hatte aber noch keine spezielle Muskelkraft.

Das war die Voraussetzung für seine Testfahrten im September 1981 in Donington, als er wieder die ersten Runden in einem Formel-1-Auto drehte. Dabei ist ihm klar geworden, wie sehr er noch trainieren muss. In jeder zweiten Runde Krämpfe in den Armen, die ersten 50 Prozent dieser Runden hat er überhaupt geglaubt, er stirbt. Dann ist er etwas ökonomischer gefahren, und erst ganz zum Schluss hat er das Gefühl gehabt, durchhalten zu können.

‚Du hast Recht', hat er nach seiner Rückkehr gesagt, ‚will ich je wieder Rennen fahren, dann müssen wir wirklich hart arbeiten, es geht nicht anders.' Wir haben überlegt: Wenn wir etwas machen, dann muss die Sache 100% sein.

Zuerst machten wir einmal eine medizinische Grunduntersuchung bei Dr. Schmid, ein totales Check-up. Das war unser Ausgangswert, unser Nullpunkt. Wir haben die Muskulatur untersucht, welche Muskeln besonders schwach sind, wo kein Leistungsvermögen da ist, und haben dann mit dem Arzt ein Programm und uns gewisse Datenstufen erstellt.

Am längsten dauert es – wie ja heute allgemein bekannt, und ich werde dies immer wieder sagen –, die Ausdauer, die Kreislaufkondition anzutrainieren, bis der Herzmuskel kräftig geworden ist. Das Erste ist dabei das Laufen und das Radfahren.

Es ist ja so, dass man jemanden, der noch nie gelaufen ist, von einem Tag auf den anderen gar nicht zum Laufen zwingen kann. Nach zwei bis drei Wochen würde er solche Gelenksschmerzen haben, dass er gar nicht mehr weiter laufen könnte, dass er zusammenbrechen würde.

Am Anfang ist es wichtig, die Belastung zu wechseln. Das heißt: Wenn man heute läuft, muss man morgen Rad fahren, dann werden verschiedene Gelenkspartien belastet, andere Muskelgruppen, der Körper wird so umfassend aktiviert.

Die Zielflagge für Schweinsbraten und Stelzen: Bio-Mahlzeit für Dungl und Lauda – heute längst von fast allen Grand-Prix-Piloten kopiert.

Und wenn ich an einem Tag ein Zirkeltraining mit Gewichten oder Kraft gemacht habe, dann folgt am nächsten Tag Rudern oder die Arbeit mit den Gummizügen, auf alle Fälle eine andere Bewegung. Also noch einmal: Für die Ausdauer nahmen wir Radfahren, Laufen und auch, im Winter ideal, das Langlaufen. Wir haben nach dem kubischen Prinzip gearbeitet: Man versucht beim Laufen pro Woche eine gewisse Summe von Kilometern zusammenzubringen, wählt eine mittlere Distanz. Wir haben uns eine Strecke von 4,5 Kilometern genommen. Diese Distanz sind wir zuerst langsam, dann immer schneller werdend, durchgelaufen.

Zwischendurch machten wir Radtouren, das waren zwischen 21 und 28 km. Auch dabei steigende Schwierigkeiten, mehr Berge, mehr gegen den Wind fahren und so die Belastung erhöhen.

Als Nächstes, bedingt durch den Winter, sind wir zum Langlaufen gewechselt. Langlaufen ist von meiner Warte aus gesehen überhaupt das Beste für den Rennfahrer, weil er dabei die Arme fest einsetzen muss, sie wieder streckt, die Rumpfmuskulatur und den Schultergürtel intensiv trainiert.

Das Zweite, was wir brauchten: ein Muskelkorsett, um den Körper so weit zu bringen, diese enormen Fliehkräfte in den Boliden überhaupt auszuhalten. Dafür haben wir uns einen eigenen Zirkel ausgedacht, mit Bullworker, mit Expander, mit Handfedern, die gedrückt werden müssen. Mit einem speziellen Programm haben wir die Bauch- und die Rumpfmuskulatur gestärkt, in endlosen Wiederholungen, und auch die Nackenmuskulatur haben wir nicht vergessen – die wesentlichen Dinge eben, die man zuerst einmal trainieren muss, wenn man ein Spitzensportler sein will, wenn man wirklich das Letzte aus seinem Körper herausholen muss.

Daneben gibt es noch psychische Probleme. Durch psychisches Training kann man sich entsprechend stimulieren, das war bei Niki aber keine Schwierigkeit: Er weiß ja, was er will. Und er war bald so weit trainiert, dass er das, was er wollte, auch machen konnte und dafür auch alles tat. Das geht bis zur Selbstverleugnung.

Und noch ein Problem darf man nicht außer Acht lassen: die Ernährung. Da habe ich auf meine Erfahrungen mit den Schispringern und anderen Spitzensportlern zurückgegriffen". So weit also Willi Dungl.

Bald ist Laudas totales Trainingsprogramm angelaufen, und manchmal trainier ich mit. Das Tagebuch eines Comebacks beginnt mit einer Radpartie im Salzkammergut: Am Fuschlsee – wo heute Didi Mateschitz sein Red-Bull-Imperium kommandiert – fetzt ein Porsche mit 200 km/h an uns vorbei, der Windschlag reißt uns fast aus dem Sattel.

„Ich muss gleich McLaren anrufen: den Porsche-Motor sofort abbestellen", lächelt Niki. Auf dem Fahrrad-Ergometer bringt er bereits 200 Watt. „Sehr gut für einen Hobbysportler", lobt Dungl, „aber wir müssen dich auf Spitzensportler-Werte hochpeitschen." Abends folgt ein 6-Stunden-Marsch auf eine Almhütte, „eine Art Überlebenstraining."

Ein Schwimmer oder Leichtathlet riskiert beim Comeback nichts. Der Rennfahrer Lauda aber muss sich an vieles neu gewöhnen: körperliche Belastungen, veränderte Sportgeräte (Autos), völlig anders geartete Konkurrenz. Darum das 6-Wochen-Programm, das Dungl für ihn erstellt: mit Ausdauer- und Krafttraining.

Bald rennt Niki draußen in Strebersdorf 6-km-Strecken, „damit er sich wieder quälen und durchbeißen muss." Eine von Dungl konstruierte Kraftmaschine bringt die Armmuskeln zurück, ebenso Schilanglauf auf dem Gletscher. „Mit ein bissl Schi-alpin – wegen des Kampfgeists."

Mitte November geht's mit den ausgedehnten Testfahrten los: Niki braucht wieder seinen „sensiblen Hintern": damit er merkt, wann das Auto wegzurutschen droht. Marlene Lauda vertraut Dungl voll und ganz. Nicht die Rennfahrerfrau ist das Comebackproblem, auch nicht die Gusti, obwohl sie charmant protestiert: „Jetzt seh ich meinen Willi überhaupt nimmer z'haus.", sondern Niki selbst: „Wenn ich wieder anfang, weiß ich überhaupt nix. Nicht einmal, ob ich Angst krieg. Ich bemüh mich halt, das Auto zu verstehen. Aber es ist nicht leicht für mich, die letzten Bremsen im Hirn zu lösen."

Dungl erarbeitet mit Lauda ein Notprogramm: „Wenn du beim Testen einen Unfall hast: Ja nicht gleich rausspringen und wegrennen. Erstens droht dir ein Schock. Zweitens kann's passieren, dass dich ein anderer niederfährt, wennst die Strecke überquerst."

Beim Dezembertest in Le Castellet geht Dungl einkaufen. „Brauchst nicht zurückkommen", sagt Lauda, „ich seh dich später im Hotel." Aber Dungl hat böse Ahnungen und kommt auf die Strecke – gerade, als am McLaren links hinten die Radaufhängung bricht.

Lauda duckt sich ins Cockpit, die Fangnetze reißen ihm das Visier vom Helm. „Ich schließ die Augen ... will nach einer endlosen Weile aussteigen, merk jedoch: Der McLaren fährt immer noch. In zweieinhalb Jahren hatte ich glatt vergessen, wie lang so ein Unfall dauert."

Er klagt über angeschlagene Schienbeine, Blutergüsse und die Probleme, in den schnellen Kurven den Kopf in Fahrtrichtung zu drehen – oder wenigstens gerade zu halten. Aber das ist die neue Formel 1, in der Fitmacher wie Dungl unbezahlbar sind.

Willi ist laut Reisepass immer noch „Masseur und Fußpfleger", aber zusätzlich längst Österreichs Fitness-Papst, Vorreiter der Bio-Welle und Dirigent in allen Naturkost-Küchen. Er rennt und schwimmt und joggt und radelt mit Lauda, kocht für ihn Müslis,

Kräutertees und Suppen, massiert den teuersten Gasfuß der Formel 1, aber auch Laudas Seele.

„Fitnesstraining ist kein Problem", sagt Niki. „Du läufst 10 Minuten, dann 20, dann eine Stunde – dann bist du topfit. Was zum Autofahren gehört, ist bekannt. Aber das Wichtigste ist heutzutage etwas, was der Fahrer nicht bewusst kontrollieren kann – die Psyche. Und dafür hab ich ein Genie."

Zur Nachahmung empfohlen? Als Lauda zu trainieren anfing, hatte er 72 kg – jetzt, vorm Comeback, wiegt er 66. Längst spottet Rennfahrerkollege John Watson nicht mehr wegen der Armkrämpfe von Donington: „Was ist los, machst du keine Liegestütze mehr?"

Auf dem Ergometer-Fahrrad steigert sich Niki rasch von 200 auf 250 Watt. Für eine ausgemessene Runde Laufen benötigt er anfangs 20 Minuten, später durchsprintet er sie in 7:35.

Seine Kilometerzeit verbessert Lauda binnen zwei Wochen um zwei Minuten – wozu man laut Astronauten-Arzt Dr. Cooper normalerweise sechs Wochen braucht. Oft rennt seine Promenadenmischung „Maxl" mit, für Niki „ein Mix aus Hendl, Schwein und Hund".

Mit dem ersten Schnee kommt das Langlauftraining: „Ideal für Autorennfahrer, weil's nicht nur den Kreislauf anregt, sondern durch die Zugbewegung auch den ganzen Schultergürtel kräftigt." Auf schmalen Latten laufen Dungl & Lauda auf fast allen Loipen Österreichs – und ich trainier öfters mit. Da Dungl hinten keine Augen hat, freut sich Niki jedesmal diebisch, wenn er auf der Loipe ein bissl abkürzen kann.

Zum Beispiel: Hofgastein, im Februar 1982. Konstanter Tagesablauf: 7 Uhr wecken, 7.30 Uhr Laufen, egal ob's schneit oder regnet, 8 Uhr Müsli-Frühstück, 9 Uhr Schilanglauf, 10.30 Uhr bei Schönwetter Schi alpin auf der Schlossalm, 15 Uhr Mittagessen (meist Fisch), 16 Uhr Schilanglauf, 17 Uhr Schwimmen und Massage, 18 Uhr Gymnastik und Sprossenwand. Und ab 20 Uhr hocken wir in der Disco – bei Mineralwasser.

Auf einen Tag kommt der weltberühmte Herzprofessor Christian Barnaard (60 Herzverpflanzungen) vorbei, um mitzutun. Eine Persönlichkeit, die Dungl schon länger kennt – und die auch

Oft war der Pilot gesünder als sein Auto. „Willi, könntest bitte nicht auch den McLaren einmal massieren?", fragte Lauda zum Spaß. 1984 führte Dungl seinen Lieblingsschützling zum dritten Weltmeistertitel.

Lauda imponiert. „Wieso waren gerade Sie der erste Herzverpflanzer?", fragt er im Hotelbus zur Langlaufloipe.

Worauf uns der Professor erklärt: „Erfolg hat, wie du weißt, immer vier Ingredienzen. Erstens Können – nicht so wichtig; zweitens die Möglichkeiten; drittens Vorstellungskraft und Phantasie; viertens Glück – ich hatte alle vier. Und dir wünsch ich sie auch."

Barnaard steht erstmals auf Schiern. 10 km, sagt Lauda, wären gut. Er wäre schon mit 10 Metern happy, sagt Barnaard.

Wer hinfällt, muss eine Meile extra laufen. Dungl ist erbarmungslos. Bis Lauda ruft: „Hör auf, Willi! Ich will ja Formel-1-Weltmeister werden, nicht Langlaufweltmeister."

Gemeinsam mit dem Wiener Arzt Dr. Alex Schmid entwickelt Dungl – zurück in Wien – ein Rezept, Lauda für die mörderischen Comebackrennen 1982 fit zu machen. Wir treffen einander täglich um 7 Uhr früh vorm Dungl-Haus in Strebersdorf zu folgendem Programm: Müsli-Frühstück, lockerer 4,5-km-Lauf in 24 Minuten, davor, dazwischen, danach stündlich Blutprobe. Dr. Schmid beweist, „dass das Dungl-Diätfrühstück den Abfall des Blutzuckerspiegels verhindert; dass gerade bei Lauda, wenn er zwei Stunden lang im Cockpit sitzt, keine frühzeitige Erschöpfung eintritt.“

Also freut sich Dungl: „Der beste Lauda, den ich je in Händen hatte“, als Niki in den Formel-1-Krieg zurückkehrt. Ein paar Idioten reden immer noch von PR-Aktionen und davon, wie bitter oder peinlich Laudas Comeback sein wird. Aber er gewinnt schon sein drittes Rennen, den Grand Prix der USA in Long Beach, Kalifornien – fast wie ein Drehbuch für Hollywood.

1983 fightet er im McLaren-Porsche-Turbo die ganze Saison mit seinem jüngeren, sauschnellen Stallrivalen Alain Prost. Mit unglaublichen Höhen, aber auch Tiefen.

In Monza glaubt Lauda, er stirbt: „Brustwirbel in der Schikane rausgefetzt … eingezwickter Nerv … keine Luft und wahnsinnige Schmerzen“, so hat sich die Qualifying-Runde in Laudas Gehirn eingebrannt. „Ich hab laut geschrien, sogar geweint, die Tränen rinnen mir runter, aber ich bleib voll am Gas, weil ich die gute Rundenzeit dringend brauch.“

Dungl weiß, dass Lauda nicht simuliert: „Symptome, so schlimm wie beim Herzinfarkt. Jeder andere mit weniger Selbstdisziplin würde jetzt schreiend auf dem Boden liegen.“ Laudas Heldentat wird mit dem 4. Startplatz belohnt. Aber hängt der WM-Titel jetzt an einem Brustwirbel? Denn Lauda und Dungl fürchten: „Die Sehnen, die den Wirbel halten, sind jetzt ausgedehnt. Aber die Gefahr, dass er im Rennen wieder raushüpft, ist leider groß. Ich kann nur hoffen …“

Das sind die Notsituationen, in denen Dungl unbezahlbar ist. Der Fitmacher schafft – wieder einmal – das Wunder von Monza: bis 20 Uhr Massage, Rückenwirbelgymnastik – dann zehn Stunden durchgeschlafen.

Aber die ganze Nacht lauert Dungl auf jede Lauda-Reaktion: „Damit ich ihm, wenn er sich im Schlaf den Wirbel ausrenkt, sofort helfen kann.“ Dann vormittags im Autodrom: eine handfeste Bandage und ein umgebauter Sitz – seitlich mit Schaumgummi gepolstert, für mehr Halt in den teuflischen Fliehkraftkurven.

Lauda hält den mörderischen Grand Prix von Monza nicht nur durch. Er gewinnt ihn sogar.

„Mein härtester, aber schönster Erfolg. Aber schreib bitte: Das war ein Grand-Prix-Sieg vom Willi Dungl." – Der wegen der Formel 1 im stürmischen Jahr 1984 schon zweimal seine Nierentransplantation verschoben hat: zuerst, weil gerade der Grand Prix von Monaco war, und der zweite Termin kollidierte mit dem WM-Finale in Estoril. Dass Niki Lauda sein Comeback krönt und zum drittenmal Weltmeister wird, war Willi Dungl wichtiger als die eigene Gesundheit.

Als dann in Portugal alles glücklich vorbei ist, Niki Lauda im spannendsten WM-Finale aller Zeiten um einen halben Punkt vor Alain Prost den Titel gewonnen hat, ist nicht nur der Superstar in Trance. Auch Willi Dungl vergisst bei der stürmischen Weltmeisterparty kurz seine beinharten, staubtrockenen Vorsätze und gibt – so lautet der Bildtext in einer englischen Tageszeitung – „a sensational guest performance as Whisky drinker".

Nach Niki Laudas endgültigem Rücktritt 1985 verabschiedet sich auch Willi Dungl von der Formel 1 – aber wann immer der Superfitmacher auf Besuch zurückkommt, wird er vom Grand Prix-Zirkus herzlich, stürmisch und dankbar begrüßt. Seine Tochter Andrea übernimmt die Betreuung des Mac Laren-Teams, macht aber dessen Teamchef Ron Dennis sofort klar: „Ich kümmere mich, wenn notwendig, auch um Gerhard Berger bei Ferrari und Ayrton Senna bei Lotus – falls sie mich brauchen."

Dennis strampelt und wehrt sich anfangs dagegen, aber er hat ja auch seinerzeit, als gelernter Mechaniker, nicht den Eid des Hippokrates abgelegt.

Andrea Dungl unterstützt noch Alain Prost, Laudas Nachfolger als Weltmeister, dann übernehmen Dungl-Epigonen das Kommando in den Formel-1-Boxen: In fast allen Teams kochen, betreuen und massieren für die nächsten Jahre Schützlinge von Willi Dungl die Starpiloten. Herausragend: der Salzburger Josef Leberer, der totale Vertrauensmann von Ayrton Senna – der später mit großartigen Trainings- und Konzentrationsmethoden den „Jungen Wilden" wie Kimi Räikkönen, Felipe Massa usw. zum großen Karrieredurchbruch verholfen hat.

Und viele Tricks, Spitzensportler nach Verletzungen wieder gesund zu machen und auf die nächsten Wettkämpfe vorzubereiten, hat Leberer von Willi Dungl übernommen.

Franz Klammer – Tagebuch eines Comebacks

Franz Klammer, der jahrelang vergötterte Abfahrts-Olympiasieger 1976 in Innsbruck und Liebling der Schination Österreich, ist verletzungsbedingt in den Start- und Ergebnislisten tief abgestürzt. Aber auch sein kaum mehr erhofftes Comeback hat einen Namen: Willi Dungl.

Mit seinen 24 Weltcup-Abfahrtssiegen ist Klammer – trotz Maier und Eberharter – heute noch der erfolgreichste Downhiller der Weltcupgeschichte. Aber wieso der Seriensieger und Triumphator auf allen großen Abfahrtspisten nach 1978 plötzlich nichts mehr gewann, war jahrelang sein Geheimnis – das er Willi Dungl und mir anvertraute: „Mein Trainingstrick war immer: im Wald barfuss bergab laufen, zwischen den Bäumen und über die Wurzeln – nur so bekam ich das nötige Feingefühl für die unruhigen Abfahrtspisten im Winter. Das kräftigt die Oberschenkelmuskulatur und trainiert die kleinsten, feinsten Muskelpartien bis hinauf zur Hüfte – wie beim Laufen durch einen Hohlweg."

Wer weiß, wie oft Klammer früher von der Alm (die zu erreichen man zwei Stunden zu Fuß braucht) nach Mooswald hinunter gelaufen ist? „Aber seit Sommer 1978, seit ich beim Waldlauf in Graz umgekippt bin, konnte ich unter Belastung keine 100 oder 200 Meter mehr abwärts gehen oder laufen – Knieschmerzen! Ich musste stehen bleiben und Pausen machen." Es war, als hätte „Kaiser Franz" plötzlich seinen Zauberstab verloren. „Wennst Dritter bist, kannst es erklären. Aber als 19. gibts keine Ausreden." Willi Dungls „Muskelwärmer" half ein wenig gegen die Muskelblockade, trotzdem wurde vereinbart: „Für nächsten Winter muss etwas geschehen." Höchste Zeit, eigentlich.

Klammers bitterste Stunde: Für Olympia 1980 in Lake Placid ist er, als Titelverteidiger, nicht qualifiziert. Seine schmerzhafteste: Lake Louise im gleichen Winter, ein fürchterlicher Sturz, rechtes Knie kaputt, das innere Seitenband und der innere Meniskus müssen wieder angenäht werden – drohendes Ende einer Traumkarriere. Aber Klammer kam zurück – dank Prof. Johannes Poigenfürst und Willi Dungl.

Das Schicksal hatte es ihm nicht vergönnt, dass er selber Arzt werden konnte – es hatte Willi Dungl für andere Aufgaben vorgesehen. „Aber er wäre sicher ein ganz toller Arzt geworden" – sagen alle Ärzte, mit denen Dungl zusammenarbeitete. Prof. Poigenfürst war für ihn vielleicht der wichtigste.

Ich habe Klammers Kampf um sein Comeback, den langen Weg zurück, direkt miterlebt: Die erste Trainingswoche in Obertauern (noch mit Gips), mit einem Bio-Osterhasen, von Dungl selbst gebacken, am Ostersonntag. Gipsabnahme in Wien. Die ersten Versuche, wieder in den Schischuh reinzukommen – Gewöhnung ans Gerät, wie Dungl sagt. „In der Rehabilitation nimmt man oft Eisenschuhe: im Bett liegen, das Gewicht bewegen."

Klammers Fuß war noch unelastisch („Zuerst hat's ausgeschaut, als käm ich in den Schuh gar nicht rein") – aber er hat's doch erreicht. Vom Durchstrecken des rechten Beines war klarerweise lang keine Rede, die Streckung relativ stark gehemmt.

Nach einer Woche: Beugung auf 90 Grad, also im rechten Winkel. Aber Dungl wusste immer, „dass die Streckung am längsten braucht, weil sich hinten in der Kniekehle alles verkürzt und verklebt". Von den Bändern abgesehen, war auch die rückwärtige

Kniegelenkskapsel eingerissen – Prof. Poigenfürst hat sie optimal genäht.

Also heißt sein Programm für eine Woche Trainingscamp im Hotel „Schloss Seefels“ in Pörtschach am Wörther See: Waldspaziergänge, lockerer Dauerlauf, viel Radfahren – und Kneipp-Kuren gegen die Gefahr von Blutergüssen, „die nach solchen Operationen, solchen Belastungen oft auftreten und dann schwer wegzukriegen sind“.

Der Geist von Pfarrer Kneipp weht durchs Schloss Seefels: Nach jeder sportlichen Anstrengung greift Dungl zur Kaltbehandlung des Knies: Die Blutgefäße ziehen sich zusammen, reflektorisch kommt es zu stärkerer Durchblutung. Anschließend Ruhe, damit sich das belastete Bein wieder erholt. Motto: Belastung bis zur Grenze, aber keine Überbelastung. Nachher regenerieren, ruhig stellen, Beine hoch lagern, Wickel und Packungen – abwechselnd mit Salben und Kräutern.

„Ich bin kein Zauberer und kein Wunderheiler“, sagt Dungl zu Klammer, „ich kann aus dir nicht im Handumdrehen wieder den Superstar machen. Aber eines kann ich tun: dir helfen, wieder ein gesunder, voll leistungsfähiger Mensch zu werden. Ob du dann wieder Hochleistungssport betreiben willst – deine Sache.“ Den anderen hatte Dungl erklärt: „Der Trainer sorgt für Höchstleistungen, nach denen oft genug die Watschen kommt – ich für Gesundheit und Leistungsvermögen.“

Gegessen haben wir – Franz Klammer, seine Frau Eva, Willi Dungl und ich – nur Bio-Kost, also Vollwertnahrung. Willi Dungl strich alles Fleisch von der Karte, verordnete Salate, Fisch, Obst, rührte köstliche Müslis an.

Den Schreck seines ersten „Schispringer-Essens“ („Ich hab geglaubt, da kommt noch was Ordentliches, zum Beispiel Fleisch, dabei kam nichts mehr“) hat Franz längst verdaut. Zuhause in Mooswald oder auch in Wien-Mauer hat Eva die Küche längst schon umgestellt: zumindest teilweise auf Bio-Kost. Einmal kommt Werner Grissmann – mit Hansi Hinterseer in dessen schwarzem Porsche – nach Pörtschach gebraust. Mag sein, dass er von Klammers rasanten Fortschritten gehört hat – jedenfalls wirkt „Grizzly“ neugierig und versucht, mit viel Schmäh, auf typische lockere Art, den langjährigen Freund und Rivalen auszuhorchen.

Beim Abendessen blinzelt Grissmann fast mitleidig auf Franz und Eva, die Hirsesuppe und Bircher-Benner-Erdäpfel (von Dungl mit Ei und Kümmel bestrichen) verzehren. Grissmann: „Ja, ja, das Essen da ist ausgezeichnet, die Leute kommen von weit her, die wissen schon, warum."

Genussvoll schnabuliert Grissmann das komplette Menü (sechs Gänge, viel Fleisch) und bedauert Franz scheinheilig: „Bierhefe musst schlucken? Reines Bier ist wohl verboten, was?" Und bestellt demonstrativ „noch ein Viertel Roten".

Dungl sagt schon damals: „Mich würde es nicht wundern, wäre der Franz, wenn die Konditionskurse beginnen, besser beisammen als alle anderen." Den Fitmacher fasziniert vor allem Klammers Einstellung: „So viel Selbstdisziplin habe ich noch bei keinem Sportler erlebt" – und er hat schon viele gekannt. „Ich glaub, es muss wieder etwas werden mit dem Franz – weil beim Spitzensport, ab einer gewissen Grenze, oft die Ethik mitzählt. Und der Franz ist ein ethischer Mensch."

Ein Comeback, an das kaum mehr einer glaubte: Superstar, Olympiasieger, Publikumsliebling Franz Klammer gewann vier Winter lang keine Skirennen mehr – bis Dungl kam.

Dank dieser Einstellung (und Dungl) kann Klammer zwei Wochen nach Gipsabnahme schon drei Kilometer laufen bzw. 20 Kilometer Rad fahren – schließlich schafft er die Tour „rund um den Wörthersee“ (44 km) in 1:45 Stunden (mit kurzem Apfelstrudel-Stop in Maria-Wörth).

Tagelang kommt Franz mit dem rechten Fuß noch nicht in den Clip. Dungl, der meist das Tempo macht, fragt oft: „Geht's noch, Franz?“, worauf der „Kaiser“ prinzipiell erwidert: „Sowieso, gib nur Gas.“

Wer passt beim Radfahren auf? Immer der Hintermann. „Einmal, im Trainingslager, bin ich mit dem Willy Frommelt zusammen gefahren. Und bei einem Mannschafts-Bergzeitfahren für uns Schiläufer, kurz vorm Gewinn, habe ich mein Radl seitlich gekippt – prompt brach das Vorderrad auseinander – und ich flog auf den Nebenmann drauf. Der hat sich ganz schön geärgert“, erzählt uns Franz während der munteren Radpartien.

Oft genug winken Freunde oder Fans vom Straßenrand: „Bleib stehen“, aber jedesmal kommt die Antwort: „Geht net, hab ka Zeit“, lachend, keuchend, weiterstrampelnd. Nach ein paar Tagen tut dem „Kaiser Franz“ vom vielen Sitzen auf dem KTM-Rennrad „hinten ollas weh“: „Schade, dass man nicht über dem Sattel schweben kann. Und wenn's nur um ein paar Millimeter wär.“

Später, als er dem oftmaligen Rundfahrtsieger Wolfgang Steinmayr sein Leid klagt, erfährt Klammer, dass auch Grissmann mit gleichen Radler-Problemen (nach Konditionsfahrten) zu Steinmayr gekommen ist: „Ich riet ihm damals, den neuen Sattel mit Hirschtalg einzuschmieren. Seither fährt er zwar um keine Zehntelsekunde schneller Schi – aber dafür sitzt er eleganter auf dem Rad.“

Als Dungl auf seinen Tachometer schaut, registriert er: 96 Radkilometer in einer Woche. Keine schlechte Bilanz. Aber viele Aufgaben, die er Klammer nach Hause mitgibt. Drei Belastungsphasen täglich: zur kräftigen Streckung. 10 Minuten auf dem Rad-Heimtrainer – Schischuhe anziehen, Bein heben, um den Schneidermuskel zu aktivieren – schließlich Bauchmuskel- und Wirbelsäulenübungen. Und dazwischen immer wieder: auf der Matte laufen.

Und Eva wird genau instruiert, welche Wickel sie machen soll: Am Abend Weizenschrot, mit Essigwasser aufgekocht, dazu ein Esslöffel Arnika – mit dieser Packung schlafen gehen.

In der Früh: Nach der ersten Übung eine Spezialkompresse aus Salzwasser (über Nacht im Tiefkühlfach gelagert) übers Knie. Zweck: Zusammenziehen der Blutgefäße, damit keine Schwellung entstehen kann. Eiskalt, aber nützlich.

Wieder zu Hause, übt Klammer nicht nur mit bloßen Schischuhen, sondern beschwert sie auch gleich mit Gewichten. Die Folge: Muskelkater. Aber dafür schlüpft er später am Großglockner problemlos in die Bindung – „Kaiser Franz" ist in den Schnee zurückgekehrt. Neun Wochen lang hatte er nach der Lake Louise-Katastrophe das rechte Bein in Gips – aber drei Wochen nach der Gipsabnahme steht „Kaiser Franz", sensationell früh, schon zum ersten Mal wieder auf Schiern! Auf dem Großglockner, kurz bevor der Rundfahrt-Tross hinaufkeucht, also völlig unbemerkt und streng geheim. „Schön, wieder Schnee zu spüren. Und sehr wichtig", lachte Klammer. Schneeverwehungen. Nebel, schlechte Sicht – bei schlechten Bedingungen tastet sich „Kaiser Franz" erstmals wieder auf Bretteln den langen Weg zurück.

Willi Dungl, der mit Klammer (unter ärztlicher Aufsicht) praktisch seit der Operation arbeitet, chauffiert seinen Schützling zu einer Kehre hinauf, Klammer schnallt an, fährt los – unten wartet Dungl und bringt ihn wieder hoch. Das Ganze fünfmal – Fahrzeit etwa eineinhalb Minuten.

„Von Abfahrtstraining natürlich keine Rede. Wichtig für mich: Wieder auf Schiern zu stehen und runterzufahren. Jetzt hab ich das Gefühl: Ich kann's wieder!" Franz ist mit seinen ersten Schneeversuchen zufrieden, zumal auch das Knie danach nicht anschwillt

„Ihm hat's getaugt", sagt Dungl, „er war zufrieden. Mich aber hat viel mehr der erste lange Waldlauf zufrieden gestellt, zu Hause in Mooswald, 30 Minuten lang."

Zum Vergleich für rekonvaleszent gewesene Spitzensportler, zum Ansporn für alle Hobby-Sportler, die gleichfalls nach schweren Verletzungen um ihre Fitness kämpfen – hier ist:

Das Franz-Klammer-Training, Pörtschach 1980

Sieben Tage im Mai; von denen jeder gleich beginnt: 10 Minuten lang laufen auf der Dungl-Matte.

1. Tag: Umschläge.

2. Tag: 1,4 km laufen, 12 km Rad fahren (nach Velden und zurück), Sattel ganz tief, damit das Bein nicht gestreckt werden muss; rechter Fuß nicht im Clip, um ausweichen zu können: Unterwassermassage, Kaltanwendungen.

3. Tag: Zweimal 1,4 km laufen (2,8 km), 12 km Rad fahren (nach Krumpendorf und retour). Erste Wanderung, eine Stunde im Wald, auf möglichst ebenem Weg.

4. Tag: 2,8 km laufen, 20 km Rad fahren. Spaziergang auf die Gloriette hinauf; wesentlich: Stufen steigen, abbiegen, immer mit dem rechten Fuß zuerst auftreten. Oben angelangt, schafft Klammer auch das Bergabgehen über feuchte, rutschige, hohe Stufen. Dungl provoziert kurze Querfeldeinmärsche. „Dabei zeigt sich zum ersten Mal: Das Knie ist fest. Sonst hätte Franz aufhören müssen. Dieser Tag war sehr wesentlich: Ein wichtiges Zeichen." Die bewusst ausgelöste Belastungsreaktion: Klammer spürt nach langer Zeit erstmals wieder einen richtigen Muskelkater, vermutlich den ersten, der Freude macht. Dagegen helfen Packung und Sauna.

5. Tag: 4,5 km laufen, wie jeden Tag Strombehandlungen: Durch die unsymmetrische Belastung kommt es zu Verspannungen und (als Ausgleich) zu Schmerzen im gesunden Bein. Trotzdem tanzt Klammer bei der Hochzeit von Poldl Gruber fleißig Polka, was laut Dungl „sehr für die Operation spricht, weil ich Leut kenn, die zwei gesunde Füß haben und keine Polka tanzen können." Dungls Befürchtung („die großen Schnitzel") ist unnötig; Franz isst auf der Hochzeit Sojakeimlinge mit Salat, gefüllte Paprika; nippt kaum am Rotwein und ist um halb zwei wieder in Pörtschach.

6. Tag: 2,8 km laufen; 44 km Rad fahren; „seine erste große Selbstüberwindung. Alles hat ihm wehgetan." Zwischen Klagenfurt und Krumpendorf kämpft Klammer mit der Aufgabe, fährt aber tapfer bis ans Ende. „Zum ersten Mal fühl ich mich wieder wie nach schwerstem Konditionstraining." Dungl hilft mit Salbenwickeln und Lymphdrainage. Viel Bettruhe.

7. Tag: 3,5 km laufen, 12 km lockeres Rad fahren (nach Moosburg und zurück), wie immer Massage.

So weit das Dungl-Comebacktraining mit Franz Klammer. Wie es weiterging, weiß jeder Schifan. Nach vier (!) sieglosen Wintern gewann Klammer 1982 wieder in Val d'Isère, 1983 in Gröden, 1984 in Kitzbühel – und wäre 1985 in Bormio ohne Gegenwind-Böe vielleicht sogar nochmals Abfahrtsweltmeister geworden! Auch darüber – und über Willi Dungl – haben wir bei Willis 50er-Geburtstagsparty in Bad Kleinkirchheim geplaudert.

Olympische Geheimnisse

Keine Olympischen Spiele ohne Willi Dungl – auch wenn er nie gern ins Rampenlicht trat, sondern stets lieber im Schatten blieb. Aber wie wichtig dieser Mann für Wohlbefinden, Fitness und Gesundheit unserer Sportler war, zeigen wir am besten an einem komplizierten Beispiel: Olympia 1980 in Lake Placid.

Es sind jene Winterspiele, bei denen Annemarie Moser-Pröll acht Jahre nach der Sapporo-Enttäuschung mit dem Schicksal abrechnet und ihre längst verdiente Abfahrts-Goldmedaille gewinnt, Leonhard Stock als Ersatzmann zum Olympiasieg rast und unser Toni Innauer, von den Norwegern schon als 15-Jähriger als „Springergott", Mensch gewordener Vogel und Nachfolger des Ikarus verherrlicht, endlich zur Goldmedaille fliegt.

Was alles hinter Olympischen Triumphen steckt, hat Willi Dungl nach Lake Placid 1980 genau analysiert.

In seinem Olympia-Tagebuch für meine damalige Zeitschrift „Skiwelt-Tenniswelt" schreibt er selbst – auch als Gradmesser für künftige Kälte-Olympiaden:

„Wie immer, wenn Olympische Winterspiele gut und erfolgreich ausgegangen sind, findet man alles, was gewesen ist, richtig. Man fragt nicht mehr viel. Nur wenn die Ausbeute schlecht war, weiß man hinterher immer alles besser.

Die Schwierigkeit Nr. 1 in Lake Placid waren die Unterschiede zwischen den Lebensauffassungen bzw. -bedingungen hier und zuhause.

Wir haben seit der Probe-Olympiade 1979 gewusst, was auf uns zukommt: extreme Kälte, drohende Kälteschäden, Probleme mit der Ernährung. Das war die Ausgangslage. 14 Tage später hat unsere Vorbereitung schon begonnen, das Sich-Einstellen auf die Bedingungen, mit einem umfassenden Bericht ans ÖOC (Ausstattung, Kälteschutz) und der dringenden Bitte, unbedingt zu schauen, dass wir ein eigenes Quartier bekommen und dort auch bleiben dürfen. Denn das System der „Rotation" (Sportler nur vorm Wettkampf ins Privatquartier, dann wieder ins Olympische Dorf) wäre nicht ideal gewesen. Auch Wettkampfsportler müssen sich umstellen bzw. eingewöhnen. Wir waren mit den Springern eine Woche vorher auf Trainingswettkampflager in Iron Mountain, was prächtig geklappt hat.

Und wie war das mit den Ernährungsproblemen? Sie waren eklatant. Bei der Probeolympiade hatte ich Selbstversuche an mit vorgenommen, Stoffwechsel- und Blutanalysen, und dabei hat Dr. Alexander Schmid festgestellt: Erhöhter Harnsäure- und Cholesterinspiegel, weit vom Idealwert entfernt. Aufgrund dieser Ergebnisse beschlossen Baldur Preiml und ich, alles total umzustellen, die Ernährung auf unserem Prinzip Selbstversorgung aufzubauen. Das wurde gezielt vorangetrieben, genau wie die Test- und Entwicklungsarbeit mit der Wäsche, für die wir der Firma Mäser noch herzlich danken müssen.

Von den Alpinen wussten wir: Es muss in Lake Placid nicht unbedingt bitter kalt sein – vielleicht wird's auch regnerisch, feucht. Mäser testete und fand genau das Richtige, nicht nur für extreme Kälte (ausprobiert am Gletscher in St. Moritz), sondern auch für warmes Wetter. Die Unterwäsche, die herausgebracht wurde, entsprach jeglicher Witterung, und die Sportler haben sich vor allem wohl gefühlt.

Schwerer zu lösen war das Nahrungsmittelproblem, weil man in die USA ja keinerlei Nahrungsmittel mitnehmen darf. Doch da ist liebenswürdigerweise KTM-Chef Erich Trunkenpolz eingesprungen und hat uns über seine amerikanische Zweigfirma Weizen,

Verborgene Geheimnisse in der „Dungl-Kammer". Ab 1975 staunte die Skiwelt über Österreichs Skispringer. Jahrelang im Mittelfeld platziert, explodierten unsere „Adler" plötzlich und flogen von einem Triumph zum anderen. Mit Cheftrainer Baldur Preiml arbeitete Dungl auf einer Wellenlänge und mit tausend Tricks: Kraftkugeln, Heizsonnen – und was sonst noch in der Dungl-Kammer passierte.

Reis, Hafer und Hirse in Reformqualität beschafft. Von Kenwood bekamen wir eine eigene Küchenmaschine mit sämtlichen Zusätzen: vom Mehlmahlen bis zur Fruchtsaftbereitung. Andere Lebensmittel haben wir an Ort und Stelle beschafft.

Als die Ernährungs- und Kleidungsprobleme gelöst waren, waren Laune und Stimmung bei uns bald optimal. Ein anderer positiver Effekt war der Familieneffekt – der zwar heute selten ist, aber zum Glück entsteht, wenn alle Anwesenden zweimal täglich rund um den Tisch sitzen. Automatisch redet man miteinander, der Gemeinschaftsgeist wird immer größer, und darauf kam's mir an. Zwar sind unsere Schispringer immer eine an sich homogene Einheit, aber man darf nicht vergessen, dass sie doch immer bis zum letzten Tag Ausscheidungen springen mussten – und wenn man da interne Spannungen hätte aufkommen lassen, wär's schädlich gewesen.

Die Resultate haben uns bestätigt: Wir waren die beste Springernation, und Toni Innauer war am erfolgreichsten.

Er hatte zwei Probleme. erstens seine sehr labile Wirbelsäule und zweitens seine altbekannte Knöchelverletzung, zwar in Lake Placid zum Glück nicht akut geworden, aber sozusagen seine „Achillesferse", die sich jederzeit wieder hätte bemerkbar machen können. Da half ein Stützverband. Huber Neuper hatte außer ein paarmal Kreuzweh und einem leichten Anflug von Erkältung keine größeren Probleme – das waren die zwei Medaillen.

Ein Riesenproblem war natürlich die trockene Luft. Dagegen half nur: nasse Handtücher aufhängen, die Dusche rinnen lassen, damit Dampf entsteht, und die Heizung auf ein Minimum reduzieren. Trotzdem gab es rundum grippale Infekte, hauptsächlich der Bronchien.

Als Ersten erwischte es Kogler: ein Tag Bettruhe, zwei Tage Wickel und Gurgeln. Rückblickend muss man fragen: Wer weiß, ob nicht gerade darum das letzte Alzerl zur Medaille gefehlt hat.

Als nächster erkrankte Fredi Groyer, wurde aber wieder so weit gesund, dass er gegen Millonig die Ausscheidung springen konnte. Und der Letzte war schließlich Springerchef Baldur Preiml, den es mit Fieber niederknallte, aber mit Zwiebelinhalation und Dunstwickeln haben wir auch ihn – zusammen mit Teamarzt Dr. Baumgartl – über die Runden gebracht.

Natürlich habe ich für unsere Springer immer wieder den Biorhythmus ausgerechnet. Neuper und Kogler waren auf der Normalschanze total im Minus – Innauer hatte dort den besten Biorhythmus von allen, und prompt ist er Olympiasieger geworden.

Fürs große Springen kam Neuper bereits ins Plus, etwas besser als Kogler. Innauer war zwar laut Biorhythmus noch gut, aber doch schon auf dem absteigenden Ast. In dieser Beziehung war überhaupt Interessantes zu bemerken.

Kogler hatte etwa Dienstag, vier Tage vorm großen Springen, in puncto Konzentration seinen kritischen Tag. Gewisse Haltungsfehler waren einfach nicht rauszukriegen. Aber als „Koxi" ins Plus kam, waren auch die Haltungsfehler plötzlich völlig verschwunden. Manches am Biorhythmus kann Zufall sein – aber die Ergebnisse sind doch eklatant!

Als ich Annemarie Moser traf, war sie schon längst Olympiasiegerin. Es ging um ihren Bluterguss in der rechten Kniescheibe, den Dr. Rass punktierte und ich nachbehandelte, so dass Annemarie im Slalom starten konnte. Sie machte vorher Hochsprünge, hatte dabei keine Beschwerden – aber im Slalom spielte dann sicher der Instinkt, das Unterbewusstsein, mit, dass Annemarie das verletzte Bein entlasten wollte".

Tennis und Gipsfuß: Thomas Muster

Eine der sensationellsten Karrieren der österreichischen Sportgeschichte: Thomas Muster. Faszinierend sein Weg zur Nummer 1 der Tenniswelt, eigentlich unfassbar für einen Österreicher, begleitet von 44 Turniersiegen. Höhepunkt: sein Triumph 1995 bei den French Open in Paris Roland-Garros – dem Tennis-Hexenkessel, der nach einem abgestürzten französischen Fliegerhelden benannt ist. Leider wird auch Thomas Muster „abgeschossen", am 1. April 1989, von einem betrunkenen Autofahrer in Key Biscayne, Florida.

„Ich hab im Semifinale Yannick Noah in fünf Sätzen geschlagen und freu mich damit aufs Endspiel gegen Ivan Lendl" – aber dieses Finale wird in Key Biscayne leider nie gespielt.

Musters schwere Knieverletzungen – Kreuz- und Seitenbandriss – lassen viele befürchten: Das ist das Ende seiner gigantischen Karriere. Wer sie rettet, ist Willi Dungl.

„Mein Unfall hat mich dem Willi unheimlich nahe gebracht", ist Thomas heute noch dankbar. „Ich war zwar früher immer wieder in Gars, zur Behandlung oder zur Erholung – aber nach meinem Unfall stand mir Willi noch viel näher. Ich hatte fürchterliche Schmerzen, raus aus dem Spital, wieder zurück ins Spital – bis Willi draufkam, was die wirkliche Ursache war: gar nicht das operierte Knie, sondern die Lendenwirbelsäule – durchs viele Liegen. ‚Jetzt aber raus aus dem Bett!', hat er gesagt."

In Gars schafft Dungl für Muster den optimalen Lebensraum zum Gesundwerden: eine Wohnung mit drei Räumen, total abge-

Monte-Carlo-Story: Willi Dungl relaxt im Fürstentum an der Côte d'Azur nicht mit den Prinzessinnen, sondern mit Thomas Muster.

trennt vom Hotelbetrieb – für die Eltern, wenn sie zum Wochenende kommen, und natürlich für Ronnie Leitgeb, seinen Trainer und Manager, den er 1984 in Paris kennen gelernt hat. Zwei junge, ehrgeizige Burschen, die beschlossen: Wir reißen zu zweit der Tenniswelt einen Haxn aus..

Und jetzt, als erster Österreicher unter die Top Ten der Weltrangliste vorgestoßen, soll alles aus sein – nur wegen eines betrunkenen Autofahrers in Florida? Nicht für Muster, nicht für Leitgeb – und schon gar nicht für Dungl.

„Willi hat in Gars alles vorbereitet, perfekt organisiert, mir einen optimalen Lebensraum geschaffen, damit ich mich drei Monate lang wirklich zuhause fühlen und vor allem schon mit dem Training beginnen kann."

Als Erstes setzt Dungl die schweren, morphiumartigen Medikamente sukzessive ab. „Du musst das Gift abbauen, deinen Körper reinigen." Und langsam den Kreislauf stabilisieren, Kondition aufbauen. Thomas fängt mit Krücken an: „Aber schon nach 20–30 Metern bin ich körperlich total erschöpft.". Darauf hängt ihm Dungl einen Rucksack um und füllt diesen mit Steinen, um das

Körpergewicht zu erhöhen. „Damit's noch ein bissl schwieriger wird." – Wie das Konditionstraining von Fußballern oder Schirennläufern mit Bleiwesten. Nur: Das machen die Gesunden.

Der Fitmacher kümmert sich um alles, während sich halb Österreich besorgt fragt, ob und wann Thomas Muster je wieder Tennis spielen kann. Und Dungl blättert, wie noch bei jedem österreichischen Sportler-Comeback, den Kalender vor. Innovativ wie immer, aber diesmal außergewöhnlicher als je zuvor: Dungl konzipiert und bastelt mit einem Tischler ein Holzgestell, das dem rekonvaleszenten Tennisstar wenigstens schon Schlagtraining gestattet – und zwar mit Gipsbein im Sitzen.

Dungl feilt um Zentimeter: Einmal ist das Gestell zu hoch, einmal zu niedrig „und schließlich sollen ja auch andere Körperteile nicht drunter leiden."

Das Sensationsfoto geht um die Welt: Muster spielt mit Gipsbein schon wieder Tennis! Kein Werbegag, sondern die Dokumentation eines unfassbar harten, aber total ideenreichen Comebacks. Das ist kein Krankenkassapatient, sondern ein Hochleistungssportler, der so rasch wie möglich auf den Center Court zurück will.

„Ich bin jeden Tag zwei bis drei Stunden in dieses Gestell eingespannt. Aber glücklich: Ich hab mein Ballgefühl nicht verloren,

Thomas Muster: Schlagtraining mit Gipsfuß.

kann es sogar wieder trainieren – bis auf den linken Fuß und das Knie bin ich topfit und absolut austrainiert. Das ist auch der Sinn und Zweck der ganzen Aktion. Aber die Art und Weise, wie Willi das macht, ist einmalig."

Auch beim Radfahren. Tom kann das verletzte Bein nicht durchbiegen, also setzt ihn Dungl aufs Rad, die Hüfte runtergebunden, und schnallt ihm Eisbeutel aufs steife Knie. „Das muss ich mit Brachialgewalt durchbiegen – aber bitte nicht zuhause probieren …", rät Muster heute verletzten Hobbysportlern.

Ziel ist: Comeback im September. Worüber die Ärzte anfangs nur lachen und den Kopf schütteln: „Vor einem Jahr geht sicher nichts." Aber Tom arbeitet, schuftet und rackert jeden Tag, verbeißt die Schmerzen, und wann immer er zweifelt, wird er von Dungl aufgemuntert: „Wirst sehen, das schaffst du schon." Psychologisch, sagt Tom heute dankbar, ist Willis Zureden unheimlich wertvoll.

Drei Monate Gars am Kamp: Da erlebt jeder Gast sehr viel. Thomas Muster ganz besonders. Den Start zum Formel-1-Grand-Prix von Imola schaut er sich zusammen mit Ronnie Leitgeb im Fernsehen an. Der Freund, Trainer und Manager vertraut ihm an: „Ich hab so ein blödes Gefühl für den Gerhard … hoffentlich sehen wir ihn nicht morgen hier bei uns."

Nach wenigen Runden kracht Bergers Ferrari prompt in der gefürchteten Tamburello-Kurve gegen die Mauer und fängt Feuer. Drei beherzte Streckenposten retten den Tiroler aus den Flammen. Zwei Tage später ist Berger wirklich in Gars – mit Brandwunden an den bandagierten Händen.

„Schon schrille Dinge, die du so in drei Monaten Gars erlebst", blickt Muster zurück, „und was da alles passiert! Willi Dungl hat seine Supererfahrung, sein Wissen und seine Kontakte immer super eingesetzt – und alles hat sich bewahrheitet. Und was er alles erfindet: Gips ausschneiden, Elektroden einlegen – ein Pionier in allem, was er angreift."

Und vor allem: „Er denkt immer positiv, verspricht mir: Wir kriegen das schon hin, hat nie Zweifel und lässt seine ganze positive Energie auf mich überströmen. Wenn ich stöhne: ‚Ich kann nimmer', protestiert er: ‚Kopf hoch und weiter!'"

Dass Muster nach seinem unverschuldeten Autounglück in Florida nicht unterging, sondern wieder nach oben kam – auch ein Verdienst von Willi Dungl. Unterwassermassage war nur ein Teil der wochenlangen, permanenten Therapie in Gars. Wieder gesund, gewann Thomas die French Open in Paris und wurde sensationell die Nummer 1 der Tenniswelt.

Mit Dungls Hilfe blickt Thomas bald wieder nach vorn, blättert aber noch einmal den Kalender zurück: Im Wiener Dusika-Hallenstadion wird das Key-Biscayne-Finale gegen Ivan Lendl nachgeholt. „Ich bin erst zu 80 Prozent fit, kann noch nicht richtig laufen und sprinten, das Knie nicht voll belasten – aber es ist für mich der Startschuss auf dem Weg zurück. Und das Vertrauen ist wieder da. Der Erfolg, unerwartet früh, auch"

Schon im Februar 1990 gewinnt Thomas Muster in Adelaide sein erstes Turnier nach dem Unfall. Siegt in Casablanca und Rom, kommt in Paris ins Halbfinale, qualifiziert sich fürs Masters, bezwingt im Daviscup in unvergesslichen Schlachten sowohl Andre Agassi als auch Michael Chang. Tom is back – und zwar stärker als zuvor.

1995 erkämpft er insgesamt zwölf (!) Titel, alle überstrahlt vom ersten Grand-Slam-Triumph eines Österreichs: über Michael Chang in Paris. Er gewinnt 35 Spiele hintereinander und ist 1996 die viel bewunderte Nummer 1 der Tenniswelt.

„Schmerzen spürte ich noch drei, vier Jahre, bis sich die Knie-Muskulatur an alles gewöhnt hatte, aber so richtig weg sind die Schmerzen bis heute nicht, 15 Jahre danach. Ich bin ja auch mein ganzes Leben viel gelaufen. In. einem 3-Satz-Match auf Sand mindestens 8 bis 10 Kilometer, hat man ausgerechnet." Und Willi Dungl ist im Geist jedes mal mit gelaufen.

Die Tenniskönigin: Steffi Graf

Willi Dungl ist auch mit der deutschen Tenniskönigin Steffi Graf – inzwischen mit Andre Agassi verheiratet – mit gerannt. Als Agassi, einer der Muster-Nachfolger als Nummer 1 im ATP-Computer, im Frühjahr 2004 als Star zum St. Pöltner Turnier kommt, hoffen alle: Er bringt seine Frau mit ins Dungl-Biotrainingszentrum nach Gars. Aber Steffi blieb in Deutschland bei den zwei Kindern – dieses Mal jedenfalls.

Vielleicht war die „Gräfin" sogar Willi Dungls liebster Gast in Gars. „Diszipliniert wie alle großen Sportler – und außerdem haben wir alle sie sehr lieb gewonnen“, gab Dungl schon 1997 zu. Dort, wo Muster seine schwere Knieverletzung auskuriert hatte, holte sich auch Steffi Graf neue Standfestigkeit: „Ich hatte eine Entzündung der Patellasehne und kann sagen: Die ist eigentlich abgeklungen“, freute sich Steffi nach drei Wochen Aufenthalt in Gars. Mit dem deutschen Superstar – 377 Wochen lang ununterbrochen die Nummer 1 der Tenniswelt – war Dungl beim Comeback-Training offenbar weniger streng als mit Thomas Muster. Sonst hätte Steffi damals nicht erzählt: „Herr Dungl steht auf dem Platz und schaut auf die Uhr. Wenn dann die Zeit um ist, sagt er mir: ‚Jetzt bitte nicht mehr weiterspielen!‘ Und dann muss ich mit ihm schon um die Minuten feilschen …“

In Gars muss die verletzungsgeplagte Steffi Graf erleben, wie sie die Nummer-1-Position in der Weltrangliste verliert. Ihre Reaktion damals? „Ich lebe immer noch, hab damit überhaupt kein Problem. Ich hab schon die letzten Monate gesagt: Ich kann die Nummer 1 leider nicht verteidigen und das tut mir ein bisschen weh –

Niederösterreich

Wien 19, Muthgasse 2, Telefon 36 011-0

Neue Kronen Zeitung

UNABHÄNGIG

Dienstag, 22. April 1997 / Nr. 13.269, S 8,-

Die „Gräfin“ in „Anatevka“

Steffi Graf neben Karl Merkatz und Willi Dungl topfit und wohlauf! Nach dreiwöchiger Therapie in „Wunder-Willis“ Garser Bio-Hotel am Kamp in Niederösterreich, besuchte die deutsche Tennis-Königin nach einem ausgedehnten Stadtbummel am Wochenende die letzte Vorstellung des Musicals „Anatevka“ im Theater an der Wien. ADABEI weiß wie immer mehr!

„Willi Dungl hat mir sehr, sehr viel geholfen“, sagt Steffi Graf (oben und nächste Seite) noch heute dankbar, wenn sie an ihre Therapie in Gars denkt. „Er war ein ganz besonderer Mensch.“ Manchmal auch besonders nett – wenn er die Tenniskönigin ins Musical „Anatevka“ nach Wien einlud. Das freute auch Karl Merkatz, die Zeitungen und das Fernsehen.

aber dass ich sie jetzt verloren hab, stört mich ganz und gar nicht. Denn es gab viele Dinge, die ich erst mal bewältigen musste – und in Gars hab ich einmal die Zeit, mich völlig zu entspannen – und die hatte ich schon sehr, sehr lange nicht mehr."

Das Biotrainingszentrum also auch als Gesundbrunnen. „In Gars hat mir die Ruhe, manchmal das Zuviel an Ruhe, wirklich recht gut getan. Deswegen geh ich jetzt auch mit einem ganz anderen Elan an die Sache heran."

Nicht nur beim Tennis. Willi Dungl zeigt der berühmten „Tennisgräfin" Wien, führt sie zum Demel, ins Haas-Haus und in den Steffl, am Abend sogar ins Theater an der Wien: ins Musical „Anatevka", letzte Vorstellung.

Für die Traumkarriere des Superstars mit der Model-Figur, deren makellose, lange Beine auch den Nicht-Tennisspieler Gerhard Berger vor dem Fernsehgerät immer begeistert haben, fällt im August 1999 der letzte Vorhang: Steffi Graf erklärt ihren Rücktritt nach unglaublichen 107 Turniersiegen und 22 Grand-Slam-Titeln, dem letzten bei den French Open in Paris – wo auch Muster gewonnen hat.

Als Kopilot der Motorsportler

Die schwierigsten, kompliziertesten, gefährlichsten Verletzungen, mit denen sich Willi Dungl beschäftigte, ergaben sich zwangsläufig aus dem Motorsport. Im Winter 1989/90 treffen einander zwei arg lädierte Formel-1-Piloten für ein paar Wochen in Gars am Kamp: der Italiener Alessandro Nannini, Bruder der berühmten Rocksängerin, und der Brite Martin Donnelly.

Nannini hat bei einem Hubschrauberabsturz den linken Arm verloren. Glücklicherweise wird der abgetrennte Körperteil, in Eis verpackt, ins Spital mitgenommen und in einer mehrstündigen komplizierten Operation wieder angenäht. Das Problem, das jedoch bald auftaucht: Das Blut im angenähten Arm ist zu kalt, deshalb muss ein Blutaustausch erfolgen: Der Arm wird am Bauch angenäht, damit das warme Blut in den Arm überströmen kann.

Die weitere Behandlung übernimmt Willi Dungl. Bald kann Publikumsliebling Nannini seinem Laster schon wieder nachgehen: mit der angenähten Hand Zigaretten rauchen. Wenig später fährt er sogar schon wieder Autorennen.

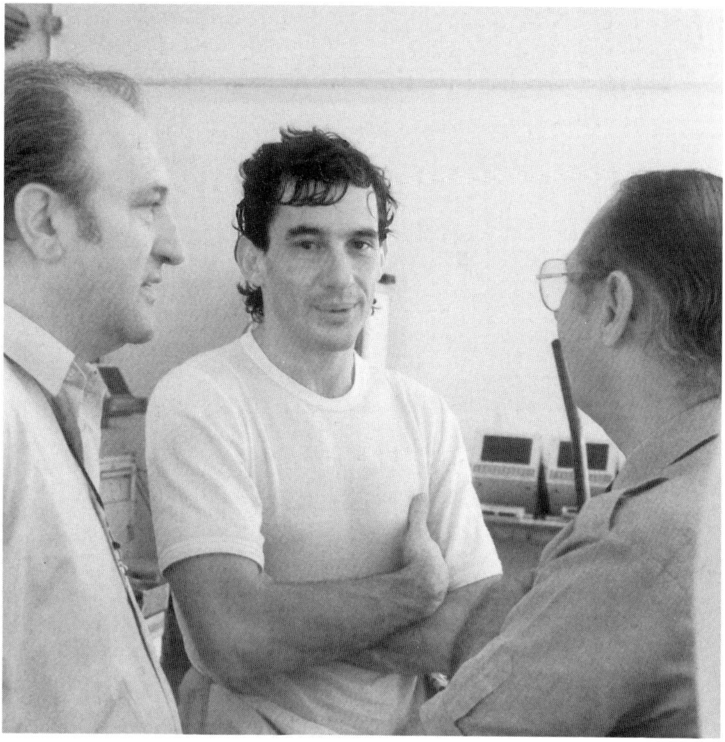

Als Kopilot der berühmten Rennfahrer: Der legendäre Ayrton Senna besuchte Willi Dungl oft in Gars – zum Training.

Nanninis „Leidensgenosse" von damals: Martin Donnelly, nach seinem bösen Crash in Jerez 1989 fast schon für tot gehalten. In Gars am Kamp wird er – nach wochenlangem Aufenthalt – wieder völlig gesund. Heutige Gäste verdanken dem Rennfahrer sehr viel an abendlicher Unterhaltung: Willi Dungl hatte jahrelang die TV-Geräte in den Hotelzimmern nur auf die beiden ORF-Programme beschränkt, „damit unsere ausländischen Gäste am Abend lieber schwimmen oder in die Sauna gehen, anstatt stundenlang vor dem Fernsehgerät zu sitzen."

Dem armen Donnelly wurde aber ohne BBC-Programm derart fad, dass er auf eigene Kosten eine damals sündteure Satelliten-Schüssel kaufte – die er aber vor dem strengen Willi mühsam verbergen musste. Zu Weihnachten durfte Donnelly nach Hause, und

Mit dem Doppelweltmeister Mika Hakkinen traf sich der Fitmacher zum Smalltalk in Wien. Aber nicht ohne Fitnesstips!

ich machte auf Ö 3 die große Abschiedsstory. Chris Rea sang dazu mit rauer Stimme „Driving home for Christmas“.

Und spätere Gäste im Dungl-Zentrum freuten sich über 32 TV-Programme, die sie dem erfinderischen britischen Rennfahrer verdanken. Heute noch.

Den dänischen Rennfahrer Kris Nissen – auf dem Sprung in die Formel 1 – kostete 1989 ein fürchterlicher Sportwagenunfall in Fuji (Japan) beinahe das Leben: Bremsdefekt oder Reifenschaden bei 320 km/h – und Feuer. Der Wagen flog mehrere hundert Meter. Der junge italienische Rennfahrer Paolo Barilla, Sohn des Spaghettikönigs, riskierte sein eigenes Leben: Er riss einem Streckenposten den Feuerlöscher aus der Hand und befreite Nissen aus dem lichterloh brennenden Auto. Nach drei Minuten, wie Filmaufnahmen bestätigen. Normal gilt die Regel: „Wenn du erst nach 30 Sekunden mit den Löscharbeiten beginnst, hast du keine Chance." Nissen, leichtsinnig ohne feuersichere Unterwäsche, hatte beide Arme bis oben zu den Schultern verbrannt, die Beine vorne, den rechten Unterschenkel auch hinten – die Lungen bis in die Bronchien verbrannt, auch Hals und Rachen durch die eingeatmete heiße Luft, die Dämpfe und den Qualm.

Im Krankenhaus wollten sie ihm die Finger amputieren, wogegen Vater Nissen aus Dänemark lautstark protestierte: „Dann könnte mein Sohn ja nie mehr wieder Rennen fahren." Aber das Überleben – auf Messers Schneide – war wichtiger. Und Kris behielt auch seine Hände. Aber sein Martyrium war lang: beidseitige Lungenentzündung, massenhaft Penicillin, das die Niere angriff, darum Dialyse, um das Blut zu reinigen, morphiumartige Medikamente – allein in der ersten Woche kosteten die Mittel über 60.000 Dollar.

„Wenn dass nochmals passieren würde, würde ich lieber aus dem Krankenhausfenster im zehnten Stock springen, als das alles nochmals durchzumachen", gibt Kris Nissen heute zu. „Ich bin derjenige im Motorsport mit den großflächigsten Brandverletzungen nach einem Unfall, der nicht nur überlebte, sondern auch in den Rennsport zurückgekommen ist."

Willi Dungl sagt im dänischen TV über Nissen, dass Niki Lauda, was die Verbrennungen anging, gegen Kris „ein leichter Fall war". Und Lauda war bis dahin sicher der am härtesten Getroffene.

„Aber, ganz ehrlich: Hätte ich gewusst, was an Schmerzen, Angst, Hoffnungslosigkeit, Wiederaufbautraining und alltäglichen Problemen auf mich zukommt, hätte ich nicht die Kraft zum Überleben gehabt!" Wer Kris Nissen die Kraft dazu gab, war Willi Dungl.

„Ich beschloss, es wie der weltbekannte Lauda zu machen: Wiederaufbauprogramm bei Willi Dungl." Nach der ersten Untersuchung in Gars sagt Dungl: „Es gibt nichts, was dich daran hindert, wieder fit zu werden." Aber er sagt Nissen auch ins Gesicht, dass seine Geduld auf eine harte Probe gestellt wird.

Am 3. Januar 1989 beginnt Nissen in der „Folterkammer", wie er Gars bald nennt – aber es gibt keinen anderen Weg. „Ich brauch den Tritt in den Hintern." Er kann gerade ohne Hilfe essen, sich (langsam) selbst anziehen. Die Finger sind noch immer zusammengewachsen, kraftlos und völlig verbunden. Im Laufschritt schafft er zweihundert Meter. Keinen einzigen Liegestütz. „Und meine Finger sind so dick wie Bratwürste." Dungl tröstet Nissen immer wieder: „Zuerst müssen alle deine Wunden heilen, dann müssen wir die Schwellungen an deinen Fingern wegbringen." Mit speziellen Cremen und Salben, Kompressionsverband, elastischen Gummiverbänden. Jeden Tag Heilbäder.

„Dungls Fähigkeiten und sein Glück, in seinen Experimenten das Richtige zu finden, bringen mir echte Fortschritte." Dazu kommt Krankengymnastik.

„Das ist Dungls starke Seite: dass er sowohl medizinisch-wissenschaftliche als auch alternative Heilmethoden wie Naturmedizin oder alte Hausmittel benützt. Eine phantastische Kombination", schwärmt Nissen, dankbar, in seinem Buch „Ich habe gewonnen".

Der Däne wurde auf seinen Weg zurück achtmal operiert, lag insgesamt vierzig Stunden in Narkose. Aber er hat nie aufgegeben. In Gars traf er auch Niki Lauda. Die beiden hatten einander viel zu erzählen. „Und einmal spielte ich Tischtennis mit dem Extremkletterer Thomas Bubendorfer, der nach einem Absturz noch immer im Rehabilitationstraining war. Was für ein Anblick, wenn wir spielten: Er humpelte mit einer Krücke herum und ich spielte Tischtennis ohne Hände ..."

Nach zehn Monaten saß Nissen – fast ein Wunder – wieder im Rennwagen. Heute ist er erfolgreicher Motorsportchef von VW. Vielleicht das „unmöglichste Comeback" in der Ära Willi Dungl. Aber noch lange nicht das einzige.

Gerhard Berger: „Dungl war einfach großartig“

13 Jahre nach Niki Lauda saß wieder ein österreichischer Formel-1-Pilot hilflos eingeklemmt in einem brennenden Ferrari: Gerhard Berger, der „logische Nachfolger“, im Autodrom von Imola. Die Parallelen: beängstigend. Der ganze 280 km/h-Unfall in der Tamburello-Kurve dauert 28 Sekunden, nach 15 Sekunden haben zwei Streckenposten die Flammen gelöscht. „Noch zehn Jahre früher“, schaudert dem Tiroler noch heute, „hätte keiner den Unfall überlebt.“

Nach Krankenwagen, Ambulanzzelt, Rettungshubschrauber und Innsbrucker Universitätsklinik kann die nächste Station nur Gars am Kamp heißen, auch wenn Niki Lauda sagt: „Der Unfall war so arg, dass Gerhard alle Schutzengel im Himmel brauchte – für ihn hat alles glücklich gepasst. Das Comeback ist jetzt nicht so wichtig.“

Die verbrannten Handflächen tun Gerhard weh, die Schulter vor allem – und bei der hektischen Rettungsaktion hat er sich eine Rippe gebrochen.

Aber Dungl mixt schon fleißig Öle und kocht Salben. Eine Hauttransplantation bleibt Gerhard zum Glück erspart. Der Rippenbruch? „In drei Wochen verheilt.“ Die angebrochene Schulter? „In drei Wochen vergessen“ – glaubt er. Aber er schläft sehr schlecht, vor allem die Hände schmerzen höllisch. „Viel schlimmer als die ersten zwei Tage.“ Jeder Verbandwechsel dauert zwei Stunden. „Und die Strombehandlung tut grauslich weh“, ist aber notwendig. „Und ich kann doch nicht schon jetzt in Pension gehen....“

Wann willst wieder fahren, Gerhard?

„Wahrscheinlich schon in Monte Carlo“, bemüht er sich um ein tapferes Grinsen.

„Da brauchst aber Handschuhe aus Eisen“, sagt Dungl.

Berger: „Okay, Willi – wozu hab ich dich?“

Der Superfitmacher, der Mann hinter den unglaublichsten Sportler-Comebacks, hat schon von Thomas Muster verlangt:

„Wir können nur unter einer Bedingung am Comeback arbeiten: Ohne Zeitdruck." Für Berger gilt das gleiche.

„Rennfahrer steigen oft nach einem Rennen mit offenen Blasen aus – und Gerhard hat die ganze Handfläche, die er zum Fahren braucht, verloren. Am Willen liegt's nicht. Wenn er in ein Rennen zu früh reingehetzt wird, muss er nachher vielleicht umso länger pausieren", spürt Dungl.. „Aber wenn sein Körper fit ist, wird Gerhard der erste sein, der sagt: Ich fahr!"

Mit Kratzern auf der Seele? Bremse im Hirn? Ich erinnere mich, wie Willi Dungl schon öfters Rennfahrern geholfen hat, einen Feuerunfall zu verarbeiten. Niki Lauda zuckte noch Monate nach dem Nürburgring-Drama zusammen, wenn jemand neben ihm ein Streichholz anriss – Dungl befreite ihn auch von diesem Trauma, als er bei einer Grillparty in Ibiza absichtlich ungeschickt ein ziemliches Feuer entfachte – Lauda warf nur einen kurzen Blick hin. Das Feuer machte ihm keine Angst mehr.

Oder Kris Nissen, der vom Feuer schwer gezeichnete Däne, den Dungl körperlich und seelisch betreute: Setzte sich im Rennfahrer-Overall vor den offenen Kamin, warf Holz ins Feuer, ließ es richtig lodern. „Ich saß stundenlang davor, hab mit dem Feuer geredet, Zwiesprache gehalten: Was mir die Flammen angetan, warum sie mich fast umgebracht hatten."

Als Lauda zu Besuch nach Gars kommt und über Mittag bleibt, blödelt Berger schon wieder: „Das wird ein Mittagessen für zwei G'selchte." Und für Monte Carlo organisiert Dungl bereits eine spezielle „Anbrandler-Party" mit Lauda, Berger, Nissen....

Gerhards Erfolgserlebnisse häufen sich: „Der Willi is a echte Hex." Nach einer Woche kann er sich schon selbst die Zähne putzen und sich rasieren, noch nicht allein aufstehen. Aber dann geht alles flott. Und bei den ersten Testfahrten in Fiorano, begleitet von Willi Dungl, registriert Gerhard ein Phänomen: „Als ich zum erstenmal wieder meine feuerfeste Unterwäsche anzieh, sträubt sich mein ganzer Körper, alle Haare stellen sich auf, weil der Körper registriert: Als ich das letztemal diese Wäsche angezogen und die Balaclave über den Kopf gezogen hatte, hat es sehr, sehr weh getan!"

Der Tiroler bekämpft seine Angst nur kurz. Seine Hände: ban-

Die Overalls wechselten zwischen Benetton, Ferrari und McLaren, aber sein guter Engel blieb immer der gleiche: Wie alle Sportler hat auch Gerhard Berger immer nur Willi Dungl voll vertraut – besonders nach seinem Feuerunfall in Imola.

dagiert wie bei einem Boxer, mit Schaumgummi geschützt. „Keine Probleme mit Kreislauf und Händen – dank dem Willi. Und im Kopf geht's auch schon wieder. Die Schmerzen und Wunden kann ich ertragen."

Dungl rät ihm fürs Comebackrennen in Mexiko City: „So spät wie möglich abfliegen. Ankommen, schlafen gehen, einsteigen, Gas geben – damit du nicht viel reden musst, dich gleich aufs

Beginnen wir den Tag positiv, liebe Freunde: Dungl frühstückt in Gars mit Niki Lauda und Gerhard Berger. „Das gibt auch Energie und Kraft."

Comeback konzentrieren kannst." Aber die dramatisch angekündigte „ärztliche Untersuchung, bevor der mexikanische Rennarzt Starterlaubnis gibt", ist für Dungl ein Witz: „Wie damals in Monza bei Lauda, der musste zu einem schielenden Augenarzt. Jetzt weiss ich: Es gibt nicht nur Carneval in Rio, sondern auch Komödie in Mexiko", amüsiert sich Willi, während Berger immer ungeduldiger wird.

Sein erster Tag im zweiten Rennfahrerleben dauert lang: 4 Uhr früh Salben wechseln, 7 Uhr Massage, 8 Uhr ins Autodrom, wo Dungl eine Stunde an Bergers Händen arbeitet. Vom Fahrerlager in die Box marschiert Gerhard wie ein Torero, wie ein Boxweltmeister in den Ring – hunderte Kameras, Blitzlichtgewitter, begeistertes Spalier. Sein Bubengesicht strahlt: endlich wieder zurück. Und auch Dungl hat das gewisse Glitzern in den Augen, als Berger gleich im ersten Training 294 km/h Spitze fährt: Von allen der Schnellste auf der Geraden.

Dreimal wird das Training wegen Unfällen abgebrochen. „Jedesmal, wenn ich abgewunken werde, spür ich etwas. Ich sehe Unfälle jetzt mit anderen Augen – sie belasten mich mehr als früher." Aber der zurückgekommene Rekonvaleszent ist gesünder als der Ferrari: Im Training geht die Lichtmaschine k.o., im Rennen, schon auf Platz 4 vorgestoßen, das Getriebe.

Aber dann wird er Zweiter in Monza und gewinnt sensationell in Estoril. Für viele ist Berger – 1989 – das Comeback des Jahres. Und das hat er Willi Dungl nie vergessen, wenn er heute in den Rückspiegel schaut und über den Professor spricht.

Berger im O-Ton: „Willi Dungl war einer meiner allerwichtigsten, langjährigen Wegbegleiter. Neben seinem unglaublichen Ehrgeiz, seinem starken Willen und seiner Kraft habe ich ihn in erster Linie für seine psychologischen Fähigkeiten in Erinnerung behalten. Es war einfach großartig, wie er einen Sportler mit ein paar wenigen Worten aus einem Tief herausholen konnte – wenn er an ihn geglaubt hat. Willi hat die sportliche Psyche durchschaut und immer gewusst, wie er damit zurechtkommt, aus dem Sportler das optimale Potential herausholt.

Sport war für ihn alles, dementsprechend hatte er auch sein ganzes Umfeld darauf aufgebaut und in Gars am Kamp sein exzellentes Bio-Hotel hingezaubert. Keine Minute, keine Sekunde lang war es ihm zu mühsam, wenn jemand mit einem Problem zu ihm kam – Willi hat einfach immer Zeit gehabt und meistens auch helfen können.

Nicht nur, aber besonders nach meinem Feuerunfall in Imola 1989. Seither hatten wir eine besonders enge Beziehung. Aber Willi hat mir auch bei verschiedenen anderen Sachen geholfen –

wie 1984 nach meinem Straßenunfall in Tirol. Die ganzen Jahre war er mit seinem Bio-Trainingszentrum in Gars für mich die Anlaufstelle, wenn ich Probleme hatte. Und dann hat er mir nicht nur körperlich geholfen, sondern mich auch psychisch wieder aufgebaut. So dass ich jedes mal, wenn ich gesund von Gars wegfuhr, nicht nur Kraft und Kondition getankt hatte, sondern auch psychisch stärker war. Das ist der Grund, warum die meisten österreichischen Spitzensportler irgendwann bei Willi Dungl gelandet – und auch geblieben sind. Auch ich habe über viele Jahre seine Fähigkeiten genossen und bin ihm dafür heute noch dankbar".

Das zweite Leben des Karl Wendlinger

Kaum ein österreichischer Sportler, der während seiner Karriere Willi Dungl nicht um „Begleitschutz" bat – und wer nicht, war selber schuld. Karl Wendlinger erinnert sich: „Ich hab Willi im Spätherbst 1989 kennen gelernt. Wir waren damals zu dritt, die Sauber-Junioren Michael Schumacher, Heinz-Harald Frentzen und ich."

Die drei hoffnungsvollen Talente waren nicht nur gleich alt, knapp 20, sondern fuhren damals auch auf gleichem Niveau. Die deutsche Formel-3-Meisterschaft gewann Wendlinger vor dem punktegleichen Frentzen, Dritter wurde der spätere Weltstar „Schumi", der damals in Gars stundenlang auf dem Ergometer saß und fast im Hermann-Maier-Stil trainierte – vor sich meist ein Videogerät, auf dem er sich die spannendsten Filme anschaute.

Als wäre das Programm in Gars nicht spannend genug. „Körperliche Bestandsaufnahme, wir drei wurden genau durchgecheckt – und einmal fuhr Willi mit uns nach Wien auf die Schmelz, zur genauen Leistungsdiagnostik."

Zu den Rennen 1990 schickte Dungl auch immer einen Physiotherapeuten mit. Harry Hawelka, der sich bald exklusiv um Schumacher kümmerte – was heute sein indischer Betreuer Balbir Sing tut. Und für Wendlinger, als der Tiroler in die Formel 1 kam,

Christian Kargl. „Und zwischen den Rennen haben wir uns immer in Gars vorbereitet.“

Bis im Frühjahr 1994 der Blitz einschlug. Oder, wie Gerhard Berger später formulierte: „Als wäre die Sonne vom Himmel gefallen.“ Im Samstagtraining von Imola verunglückte der sympathische Salzburger Roland Ratzenberger tödlich, im Rennen am Sonntag Ayrton Senna – und elf Tage später, als die ganze Formel 1 noch unter schwerem Schock stand, stürzte Karl Wendlinger im Donnerstagtraining von Monte Carlo in der Hafenschikane ins Koma. Tagelang war er in akuter Lebensgefahr, dann hielten ihn die Ärzte in künstlichem Tiefschlaf.

Österreich bangte um den populären Tiroler, Österreich betete für ihn – aber Willi Dungl dachte schon weiter. „Flieg runter nach Nizza und massier dem Karli, während er noch im Tiefschlaf liegt, die Reflexzonen“, wies er Christian Kargl an. „Aber nur ganz leicht …“

Für Karl Wendlinger musste sich Dungl nach der Beinahe-Katastrophe von Monte Carlo am Ende der ausgedehnten Behandlung in Gars etwas Besonderes einfallen lassen: Musik-Therapie, um die „verschiedenen Gehirnhälften“ einander anzugleichen. Der Tiroler fährt heute noch Rennen.

Als Wendlinger nach neunzehn Tagen aufwachte und bald nach Innsbruck geflogen werden konnte, wurde Christian Kargl von Dungl freigestellt: „Du kümmerst dich jetzt nur noch um den Karli."

Ende Juni wird der Rennfahrer aus der Klinik entlassen. „Natürlich fahr ich sofort zum Willi Dungl nach Gars: Rehabilitation und Konditionsaufbau, Kräfte tanken – den ganzen Körper wieder aufbauen."

„Jetzt fangen wir gemütlich mit Radlfahren an", macht Dungl sofort Programm und schiebt zwei Mountainbikes aus der Garage. Auf der Hauptstraße geht's nach Horn – Willi radelt wie meist in der Mitte der Straße. „Ziemlich gefährlich für ihn", erinnert sich Wendlinger, „ich hab direkt Angst gehabt. Am zweiten Tag fahren wir duch einen Wald, gegen Abend machen wir einen Boxenstopp beim Heurigen oberhalb von Gars. Wir kommen unfallfrei zurück nach Gars. ‚Jetzt', sagt der Willi, ‚bist du ready für die Formel 1 …'"

September 1994, nur vier Monate nach dem Unfall. Wendlinger sitzt in Le Castellet erstmals wieder im Formel-1-Boliden. „Natürlich ist Willi bei mir, auch viel Presse. Und ich soll einfach nur fahren. Es geht wieder. Aber beim zweiten Test – Dezember in Barcelona – muss ich Leistung bringen, um einen neuen Vertrag zu ergattern. Dank Willi bin ich auch sensationell schnell und ohne Fehler."

Alles passt. Die Zukunft scheint gesichert. Aber Anfang 1995 kommen plötzlich die Konzentrationsstörungen wieder. Prof. Schmutzhard hat Karl noch in Innsbruck gesagt: „Du bist zwar als geheilt entlassen, aber es können Schwankungen in der Konzentrationsfähigkeit auftreten – die niemand vorhersehen kann."

Und Konzentrationsfehler bei 300 km/h können tödlich sein.

„Willi, es passt alles", vertraut Wendlinger nach den ersten vier Rennen 1995 dem Professor an, „aber ich kann mich nicht mehr so konzentrieren wie vorm Unfall. Ich sitz im Rennauto und verlier schnell die Konzentration. Ich kenn die Strecken, weiß alle Kurven, aber dann denkst du plötzlich an etwas anderes, musst reagieren, dann fährst eine andere Linie, verlierst Zeit beim Gasgeben und Bremsen – weil die Konzentration nicht da ist. Bitte, hilf mir!“

Bei EEG-Messungen stellt sich heraus, dass die Gehirnströmungen der rechten und der linken Gehirnhälfte verschieden stark sind. Aber weil Dungl alle wichtigen Ärzte kennt, weiß er da Rat, kennt dafür einen deutschen Spezialisten „Die linke und die rechte Gehirnhälfte können nie ganz gleich sein. Aber wir können versuchen, die größten Unterschiede auszugleichen – und zwar mit Musik.“

Dungl und der Spezialist brennen eine Musik-CD und Wendlinger setzt die Kopfhörer auf: Jeden Tag für zweimal 25 Minuten. „Nichts Gesungenes, nichts Klassisches, Bekanntes, Existierendes oder Poppiges – die Töne sind aber aufeinander abgestimmt. Und wirklich kann ich mich bald viel besser konzentrieren.“

Die Musik-Therapie dauert vier Wochen. „Die CD hab ich heute noch – aber ich hör sie nimmer.“

Barcelona im Mai 1995 ist Wendlingers letzter Grand Prix, danach wechselt er zu den Sportwagen und wird Weltmeister – wozu er auch in der Formel 1 fähig gewesen wäre. Schließlich hat er auf dem gleichen Level begonnen wie Schumacher – und mit ihm zusammen sogar 1991 den Sportwagen-WM-Lauf in Japan gewonnen.

Dass Wendlinger die Katastrophe von Monaco überlebt hat, verdankt er dem Lieben Gott und den Ärzten. Dass er danach schon wieder zehn Jahre seinen geliebten Sport und Beruf ausüben darf, verdankt er Willi Dungl.

„Ich war von 1995 bis 2002 noch öfter bei ihm in Gars am Kamp – und telefoniert haben wir oft.“ Wenn Karl fragte: „Wie geht's dir?“, hörte er immer: „Viel zu tun, grad jetzt mit den Chinesen.“ – „Das war immer sein Credo. Ich hab nach jedem Gespräch, nach jedem Besuch immer danke gesagt, aber Willi winkte nur bescheiden ab: ‚Passt schon‘, hat er immer gesagt.“

„Niemals aufgeben“: Patrick Friesacher

Eines Tages im Spätsommer 1997 fragt mich Willi Dungl in Gars: „Was machst am Abend? Ich hab da einen jungen Rennfahrer, schwer verletzt – der wünscht sich, dass wir mit ihm zu Abend essen. Du würdest ihm eine große Freude machen. Und ihn motivieren, wenn du ihm von der Formel 1 erzählst.“ – „Ist das der sympathische junge Kerl im Rollwagerl, der immer so freundlich grüßt?“ Willi nickt: „Also dann um sieben in der Rösslstube.“

Der junge Motorsportler, der da im Biotrainingshotel um seine Gesundheit und um seine Karriere kämpft, heißt Patrick Friesacher, ist 17 Jahre alt, aber viel jünger aussehend, aus Wolfsberg im Kärntner Lavanttal. Im Juli 1997 schuldlos in einen mörderischen Rennunfall auf der Kartbahn verwickelt. Ein ausgefallenes Fahrzeug steht hinter der Kurve, die Patrick nicht einsehen kann. Tempo 120. Distanz zu kurz, um noch zu bremsen, mörderischer Aufprall, Patrick wird aus seinem Kart rausgeschleudert, bleibt aber mit den Füßen in den Pedalen hängen.

Die Diagnose ist niederschmetternd: Schienbein dreimal gebrochen, Wadenbein dreimal gebrochen, beide Fersenbeine und das Sprunggelenk komplett zertrümmert, fünfmal operiert – mit Komplikationen. Starke Schmerzen. Insgesamt sieben Wochen im Rollstuhl. Und die schlimme Prognose im Krankenhaus: „Du wirst nie mehr richtig gehen können – das Rennfahren musst du sowieso vergessen.“

Aber die Kärntner Familie gibt nicht auf. Vater Friesacher hat schon von Willi Dungl und seinen Heilerfolgen mit vielen Spitzensportlern gehört, packt den Buben ins Auto und fährt hinauf nach Gars am Kamp. „Herr Professor, können Sie bitte schauen, ob Sie uns helfen können?“

Wie schon oft gesagt: Wo die Hoffnung aufhört, fängt Dungl an.

Patrick Friesacher bleibt vier Wochen in Gars. Magnetfeld- und Stromtherapie, täglich von 9 bis 12 und von 14 bis 16 Uhr – fast immer vom Meister persönlich durchgeführt. „Du musst dran glauben, Patrick – es wird schon wieder!“ Und dazwischen erzählt

Dungl von Ayrton Senna, von Niki Lauda, von Gerhard Berger. Und Patrick trifft selber viele Sportler in Gars – Thomas Muster, Berger, Wendlinger, die Porsche-Fahrer auf ihrem jährlichen Trainingslager, Kris Nissen, den dänischen Rennfahrer, der einen Feuerunfall überlebt hat – und die berühmte deutsche „Tennisgräfin" Steffi Graf.

Ihnen allen hat Dungl ganz entscheidend geholfen.

Aber für seinen Kärntner hat Willi noch einen ganz besonderen Motivationsschub: Er packt den rekonvaleszenten Friesacher ins Auto und fährt mit ihm zum Formel-1-Grand Prix nach Spielberg. Dort schiebt er Patrick im Rollstuhl durch die Boxen. Die Augen des jungen Rennfahrers leuchten. Mitzuerleben, wie Jacques Villeneuve 1997 den ersten Österreich-Grand Prix nach zehnjähriger Pause gewinnt, ist für Patrick wie ein Tritt aufs Gaspedal, um schneller gesund zu werden. Eigentlich ein Turbo-Schub.

„Das Schönste für mich ist, als ich das erste Mal wieder aufstehen kann. Aber ich steh nur zwei Sekunden – dann bin ich sofort umgekippt. Weil mein Kreislauf nach sieben Wochen im Rollstuhl natürlich total unten ist. Und ich muss erst wieder gehen lernen wie ein Baby: Ich weiß zwar noch, wie es geht, aber meine Füße spielen noch nicht mit."

Dank Willi Dungl aber schon sehr bald wieder. Patrick Friesacher wird – als Alexander Wurz als Testpilot zu McLaren wechselt – Österreichs große Hoffnung auf eine Formel-1-Karriere. Gewinnt in der deutschen Formel-3-Meisterschaft, avanciert in die Formel 3000, das Sprungbrett zur Formel 1, und gewinnt 2003 in Budapest als erster Österreicher einen Lauf dieser Europameisterschaft: vom Rollstuhl aufs Siegerpodest!

„Niemals aufgeben!", war immer Friesachers Lebensmotto. „‚Geht nicht' gibt's nicht." Und mit dieser Einstellung träumt er unverändert vom großen Sprung in die Formel 1. Mit Willi Dungl stand er noch lang in Kontakt und hat seinen guten Engel auch öfter besucht.

Rennfahren wird immer ein Egoistensport sein, das genaue Gegenteil von Dungls Mission. Friesacher: „Der Willi hat immer nur auf alle anderen geschaut, aber nie auf sich selber."

Therapie für Max Welti: „Nichts für Weicheier“

In der Therapie-Rezeption des Bio-Trainingszentrums hängt der Heckflügel eines Sauber-Mercedes-Sportwagens an der Wand – ein Relikt, für das Rennsportfreaks Unsummen zahlen würden. Aber dieser Kohlefaserteil, samt Widmung und Autogrammen, ist unverkäuflich: der Dank des Teams an Willi Dungl für Motivation, Vorbereitung, Betreuung und Ernährung beim schwersten Autorennen der Welt, den 24 Stunden von Le Mans.

„Wir haben dem Willi sogar den Siegerpokal nachmachen lassen“, erzählt Max Welti, der Rennfahrer und Rennleiter, der nach 1989 mit Sauber auch noch 1994 mit Porsche in Le Mans gewonnen hat. „Mit herzlicher und inniger Inschrift. Weil wir ohne Dungl nie gesiegt hätten.“

Im Millionenkrieg, Stahlgewitter und Stress der Autorennen zerbrechen oft Freundschaften. Nicht so zwischen Dungl und Welti. Als der großgewachsene, sportliche Schweizer im Januar 1992 nach einer Woche Heli-Schiing in den kanadischen Rocky Mountains – mit Schischuhen auf dem nassen Hotel-Steinboden – ausrutscht und sich einen vierfachen (!) Beckenbruch zuzieht, geht sein SOS-Ruf sofort an Willi Dungl.

So rasch wie möglich nach Calgary ausgeflogen. Schweizer Rettungsflugwacht nach Zürich, dann nach Wien. Im Flieger kommen noch zwei Leistenbrüche dazu, und die Schmerzen werden immer ärger. In Schwechat angekommen, wartet Willi Dungl „mit offenem Hemd und Sakko trotz Schneesturm, kneift mich in die Wange und stellt sofort fest: ‚Bist ja total ausgetrocknet, brauchst dringend eine Infusion.‘ Wir fahren sofort ins Spital. – Später, wenn sie zur Kontrolle von Gars nach Wien müssen, fragt Dungl oft: ‚Willst mit mir fahren oder mit der Ambulanz?‘“

„Ambulanz“, sagt Welti, schleppt sich dann aber doch zu Dungls Volvo. „Musst mir aber versprechen, du fährst langsam.“ „So wie immer“, trotzt Dungl. „Nicht wie immer“, mahnt Welti trotz der Eile. Wie von Gotteshand gelenkt, überholt Dungl, am Gegenverkehr vorbei, die ganze Kolonne.

„Ohne Willi Dungl hätten wir nie in Le Mans gewonnen!", jubelt Ex-Sauber- und Porsche-Rennleiter Max Welti noch heute. Und ohne Dungl hätte er auch seinen mehrfachen Beckenbruch vom Skifahren nicht so gut überwunden.

„Was ist dein Ziel, Max, dein Wunsch? Wann musst du wieder fit sein?" – „Fürs 12-Stunden-Rennen von Sebring im März." – Dungl atmet kurz durch: „Ich kann dir nicht versprechen, dass sich das nicht ausgeht ..."

Welti weiß längst: „In der Motivation ist Dungl meisterhaft, er ist ein Naturheiler, kennt alle chinesischen Geheimnisse, ist aber intelligent genug zu wissen: Ohne Schulmedizin geht's nicht." Im Böhler-Krankenhaus ersparen Prof. Poigenfürst und Dungl („die arbeiten wunderbar zusammen") dem Schweizer die drohende Operation, also auch die Plastikhüften. Dungl bringt ihm täglich das Spezial-Mittagessen ans Bett, „denn von der Spitalskost wirst ja net gesund", und als er aus Zeitgründen nicht kann, „bringt seine wunderbare Gusti das Essen."

Die Behandlung in Gars läuft ab Tag 1: Zuerst Reflexzonenmassage, aber dann sagt Dungl unverblümt: „Meine Therapie ist nix für Weicheier. Ich nimm dir den Rollstuhl weg. Du kannst auch auf Krücken gehen." Und dann der nächste Schock: „Wir gehen

Welti: „Und sein Auto hat natürlich gewonnen ..."

schwimmen." Welti ist entsetzt. „Wie soll das gehen? Mit meiner gebrochenen Hüfte?" – „Das lass nur meine Sorge sein" brummt Dungl. „Dann hat er mich nicht ins Wasser reingeschmissen", erinnert sich Welti, „sondern mich fast zärtlich ins Wasser gleiten lassen. Ich hatte solche Schmerzen – aber Willi hat mir das Messer erspart. Mir gezeigt, mit welchen Übungen ich im Bett oder im Wasser das Becken belasten kann, mit Laser- und Magnetfeld-Therapie, mit Reflexzonen-Massage usw. gearbeitet. Lauter unglaubliches Zeug."

Unnötig zu sagen: Welti wurde rechtzeitig gesund. Und sein Auto hat natürlich auch in Sebring gewonnen.

Aktives Erwachen: Dungl hat es nicht nur befohlen, sondern auch immer selbst praktiziert: Energie für den ganzen Tag. Der Fitness- und Bio-Papst als Vorbild.

Die Willi Dungl-Praxis: Wissen aus Weisheit

„Wenn du willst, dass dir dein Körper den ganzen Tag dient, musst du ihm erst Gelegenheit geben, Energie aufzubauen, das Qi, das durch den Körper bläst.“

Konfuzius

Aus dem umfassenden Werk Willi Dungls kann hier schon aus Platzgründen nur ein verhältnismäßig kleiner Teil weitergegeben werden. Dennoch sind diese vielfältigen Tipps wesentliche Ratschläge aus einem großen Wissen zur Verbesserung von gesundheitlichen Schäden, oder zu deren Prävention.

Tipps für die Wirbelsäule

Vom Training erfolgreicher Sportler kann man sich oft vieles abschauen. Die Schispringer z. B. arbeiten nicht nur auf der Sprungschanze, auf der Matte und im Schnee. Das Haupttraining besteht aus Kraftübungen, Sprung-, Absprungübungen und sehr intensivem Hanteltraining, zum Teil zur Kräftigung der Beinmuskulatur, wobei viele Gewichte bewegt werden. Sowohl beim Gewichtstraining als auch beim Training auf der Schanze werden die Wirbelsäule und die Gelenke sehr stark belastet. Das war einmal für uns ein großes Problem, da die Springer einerseits nach dem Krafttraining immer wieder Kreuzschmerzen bekamen und verschiedene Nervirritationen hatten, andererseits aber auch nach Stürzen immer wieder Schmerzen bekamen. Es dauerte zwei, drei Tage, bis diese verschwanden. Aber es blieb die Angst vor der nächsten Verletzung.

Danach begannen wir damit, eine spezielle Wirbelsäulen-Gymnastik ins Trainingsprogramm einzubauen – man nennt das die „Laab'sche Wirbelsäulengymnastik". Sie besteht aus relativ einfachen Übungen, zu denen man nur 5 bis 10 Minuten täglich braucht. Diese Methode hat sich bestens bewährt, das Problem Rückenschmerzen ist nahezu gänzlich verschwunden.

Die Laabsche Wirbelsäulen-Gymnastik

Diese Übungen beruhen im Prinzip darauf, dass man in möglichst entspannter Lage die Wirbelsäule in ihrer Längsachse verdreht und dadurch wieder in sich einpendelt. Die einfachste Methode ist, sich mit dem Rücken auf den Boden zu legen – ein Teppich als Unterlage wäre günstig – und nun die Beine abwechselnd anzuziehen. Dabei soll man die Beine nicht hoch und zum Körper heben, sondern mit der Fußsohle am Boden streifen. Diese Übung 30 bis 40-mal wiederholen, bis sie zu einem ganz automatischen Vorgang wird. Das Wichtigste dabei ist: Diese Bewegungen dürfen keine Arbeit sein!

Sie können sich dabei mit „rechts-links" oder „eins-zwei" helfen, mit beiden Beinen, so dass das Becken mitgedreht wird. Das Becken aber nicht mit Gewalt rüberdrehen, sondern fallen lassen, so entspannt wie nur möglich.

Nach einiger Zeit merkt man bereits, wie locker nun alles vor sich geht. Und nun kommt der Moment, da mit dem Kopf die Gegenbewegung gemacht werden soll. Ein Beispiel: Führe ich die Beine nach links, bewegt sich der Kopf nach rechts, und umgekehrt (30 bis 40 Wiederholungen).

Hat man am Beginn dieser Übungen das Gefühl gehabt, die Rückenmuskulatur sei zu kurz, so merkt man jetzt, dass sich das alles gedehnt hat. Fast alle über 30, aber auch Jüngere spüren nach diesen Übungen in der Halswirbelsäule so etwas wie Sand: es knirscht. Das kommt daher, dass die Wirbelsäule zu wenig in ihrer richtigen Lage bewegt worden ist – man hat zu wenig getan!

Und schon die nächste Übung: Die Beine auf dem Boden flach ausstrecken. Nun wird ein Bein rasch zur Brust herangezogen. In

Störende Faktoren sind

Ernährung	Bewegung	Mentaler Bereich
Hormone Kunstdünger Schönungsmittel Pestizide Konservierungsstoffe Geschmacksverstärker denaturierte Nahrungsmittelproduktion falsche Verpackung	einseitige Bewegung falscher Ehrgeiz beim Sport falsche Kleidung Übergewicht Trägheit zu viel Fernsehen Auto unökonomischer Arbeitsplatz	Streß Lärm Leistungsdruck wenig Schlaf Reizüberflutung Drogen Alkohol Nikotin Störzonen

dem Moment, in dem das Bein die Brust erreicht, umfassen beide Arme das Knie und ziehen es an die Brust heran. Nun wieder das Prinzip der Gegensätzlichkeit: Wird das linke Knie angezogen, bewegt sich der Kopf ganz nach rechts usw. Ebenfalls 30 bis 40 Wiederholungen.

Sind diese Übungen beendet, kurze Zeit entspannt auf dem Boden liegen bleiben. Die Übungen lockern die Wirbelsäule und alle Verkrampfungen, sind ein Ausgleich für Haltungsschäden usw.

Eine Übung für die Halswirbelsäule

Allen, die Abnützungserscheinungen der Halswirbelsäule vermeiden wollen, andererseits durch den Beruf sehr starke Verspannungen im Schultergürtel und Nacken verspüren, empfehle ich eine sehr einfache Übung. Im Prinzip ist sie den Laab'schen Übungen sehr ähnlich.

Versuchen Sie, möglichst bequem in einem Fauteuil oder auf einem Sofa zu sitzen. Nun lassen Sie den Kopf ca. 20-mal locker nach vorne, hinten, rechts und links fallen. Wenn Sie nun das Gefühl haben, es geht sehr locker, schauen Sie nach rechts und links, ein paar Mal wiederholen. Anschließend beginnen Sie, mit dem Kopf von der rechten Schulter zur linken und zurück zu kreisen.

Es kann vorkommen, dass man am Anfang dieser Übung leichte Schwindelgefühle bekommt. Das kommt davon, dass die Halswirbelsäule viel zu wenig in alle Richtungen belastet worden ist. Also: Bevor Sie mit dieser Übung beginnen, erwärmen Sie mit Hilfe der Dusche die Muskulatur, sie wird dadurch auch besser durchblutet und gelockert.

Dungl war immer für alle da. Für Spitzensportler, für „ganz normale Menschen" und für die Stars von Film, Fernsehen, Theater und Oper – wie Peter Alexander. Alles begann mit den Kessler-Zwillingen.

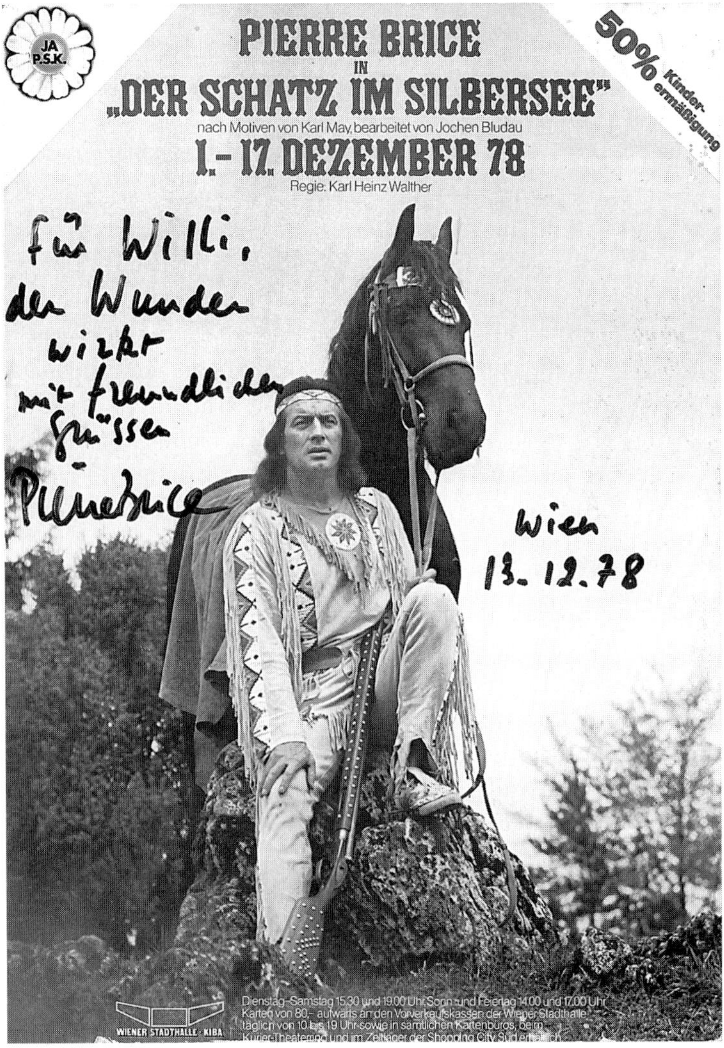

Auch „Winnetou" Pierre Brice, der oft in Wien gastierte, hatte seinem „Old Shatterhand" Willi Dungl viel zu verdanken. Beweis: die Widmung von 1978.

Die Schispringer-Diät: Nahrung versus Leistung

„Zuerst muss ich auf den Begriff Ernährung eingehen. Woraus besteht eigentlich unsere Nahrung? Aus Kohlenhydraten, Eiweißen, Fetten, Vitaminen, Mineralien und Spurenelementen.

- Kohlenhydrate sind leicht brennbare Stoffe, die keine Verbrennungsrückstände hinterlassen.
- Eiweiß verbrennt etwas schlechter, besteht jedoch aus Bausteinen, die den Körper aufbauen. 100 Kalorien Kohlenhydrate werden zu 100% in Leistung umgesetzt, 100 Kalorien Eiweiß zu 70% in Leistung, 30% werden für die Verbrennung benötigt.
- Fett ist ein langsam brennbarer Nährstoff. Zur endgültigen Verbrennung von Eiweiß und Fett ist Sauerstoff notwendig.
- Vitamine haben die Funktion der Steuerung. Die Vitamine A, B, C, D und E sind lebensnotwendig: Vitamin A etwa für die Sehkraft, Vitamin B l, um Kohlenhydrate verwerten zu können, C zur Steigerung der Abwehrkraft (wird auch als Leistungsvitamin bezeichnet), E verbessert die Sauerstoffumsetzung und ist wichtig für das Wachstum.
- Mineralien und Spurenelemente sind Salze, Kalzium, Kalium, Phosphor, Eisen usw., die als Spurenelemente mit der Nahrung vom Körper aufgenommen werden.

Wenn Sie sich nun mit eiweißreicher Kost ernähren, haben Sie zwar mehr Schwierigkeiten im Training, für später jedoch Reserven, da Eiweiß, wie bereits erwähnt, aus Bausteinen (Aminosäuren) besteht, die wichtig für den Muskel- und Konditionsaufbau sind. Wollen Sie jedoch rasch Leistung erbringen, sollten Sie kohlenhydratreiche Nahrung wählen. Die Zuckerreserven in der Leber werden beim Wettkampf ausgelaugt (die Leber ist der Glykogenspeicher) und müssen ersetzt werden.

Welche Produkte enthalten nun Eiweiß, Vitamine und Kohlenhydrate? Milcheiweiß ist in Käse, Joghurt, in Sojabohnen (Sojakeimen), Fischen und Fleisch enthalten.

Vitamine sind in Obst, Salat, Hefe (sehr reich an Vitamin B) zu finden. Kohlenhydrate finden Sie in Haferflocken, geschrotetem Weizen und Roggen, in sämtlichen Vollkornprodukten. Fett soll von kalt gepressten Ölen sein, zum Beispiel Leinöl und Distelöl.

Bei Volkslangläufen schwitzt man sehr stark, daher verliert man Mineralstoffe. Diese müssen wieder ersetzt werden, sei es durch Trinken von Mineralwasser oder in besonderen Fällen durch Einnahme von Mineraltabletten.

Fehlt Kalium in den Muskeln, können nach einer gewissen Distanz Muskelkrämpfe auftreten. Also sieht man daran, dass nicht immer Überbelastung die Ursache für Muskelkrämpfe ist.

Meine persönlichen Ernährungstipps

Zum *Frühstück:* ein kräftiges Müsli nach Bircher Benner oder Haferflocken mit Nüssen, Rosinen und Feigen (getrocknete Früchte), dazu eine Banane. Bananen enthalten reichlich Kalium. Gehen Sie auf keinen Fall mit vollem Magen an den Start.

Manchmal mixte Dungl einem Rennfahrer auch Hafer ins Frühstücksmüsli, „damit er aggressiv wird wie ein Rennpferd." Prompt gewann McLaren-Fahrer John Watson das Rennen. Solches „Bio-Doping" hatten Niki Lauda und Alain Prost im McLaren-Bus nicht nötig.

Während des Marsches ernähren Sie sich mit Fruchtschnitten, Vollkornkeksen, klein geschnittenen Äpfeln. Und trinken Sie Tee, zubereitet aus Hibiskusblüten, mit Honig leicht gesüßt. Vermeiden Sie vor allem schwer verdauliche Speisen wie etwa fettes Fleisch, Sardinen usw.

Bei der Schiflug-Weltmeisterschaft in Planica habe ich Weltmeister Armin Kogler mit Palatschinken (Pfannkuchen) aus Vollkornmehl auf den Wettkampf vorbereitet – aber auch Gemüsesuppe, der geschroteter Weizen und Hafer beigemengt werden, oder Kaiserschmarrn mit Kompott ist bei den Schispringern als Kraftspender sehr beliebt. Nehmen Sie die kohlenhydratreichen Speisen ca. $1\,^1/_2$ Stunden vor dem Start zu sich.

Die russischen Langläufer schneiden etwa gesalzenes Vollkornbrot in ca. 1 cm große Würfel, die dann getrocknet werden. Diese Stückchen kauen sie während des Laufes. Durch die Nahrungszufuhr wird der Mineralienhaushalt wieder ausgeglichen.

Bei langen Radtouren oder Volkslangläufen empfehle ich, eine Trinkflasche mit Milchshakes oder Babynahrung zu füllen. Noch etwas: Nach starkem Schwitzen (Flüssigkeitsverlust) sollten Sie gesalzene Suppen oder Fisch und viel Mineralwasser zu sich nehmen, um das Mineraldefizit wieder aufzufüllen. Dies verhindert die nach großen Anstrengungen auftretenden Muskelkrämpfe.

Ernährung für Schispringer

Und nicht zu vergessen: der Speiseplan unserer Wintersportler, besonders der der Schispringer. Dungls Diätpläne galten für Innauer & Schnabl genauso wie für Kogler & Neuper, später Goldberger und heute Höllwarth oder Morgenstein.

Bei Beratungsanfragen an verschiedenen Orten wurde ich immer wieder gefragt, wie sich eigentlich unsere Schispringer ernähren. Prinzipiell mit Vollwertkost. Das heißt, 80 Prozent der Nahrung besteht aus Obst und Gemüse. Die restlichen 20 Prozent sind in erster Linie Vollkornprodukte (Weizen, Roggen, Nackthafer, Sojabohnen, Hirse, Kartoffeln) und Milchprodukte (Joghurt, Butter,

Käse, Topfen/Quark). Um den richtigen Vollwert der Nahrung zu gewährleisten, führen wir eine Getreidemühle mit uns. So können wir Roggen- und Weizenkörner selbst schroten bzw. zu Vollmehl mahlen – wann immer es uns möglich ist, backen wir uns das Brot selbst. Haben wir keine Zeit dazu, lassen wir das Brot bei einem Bäcker in Oberösterreich herstellen und uns nachsenden. Einmal wöchentlich steht Fisch mit Kräutersoße auf dem Programm. Fleisch spielt eine eher untergeordnete Rolle (einmal monatlich).

So sieht der Tagesspeiseplan aus

Frühstück: Am Vorabend Weizen in der Getreidemühle schroten, mit Rosinen und Wasser vermengen, den Brei bis in der Früh zugedeckt stehen lassen. Diesem Brei werden ein geraspelter Apfel, Joghurt und eventuell Obst der Saison beigemengt. Verzehrt wird ca. ein Suppenteller voll. Als Getränk gibt es Pfefferminztee. Auch bei den Schispringern gibt es besonders Hungrige – sie essen darüber hinaus noch ein Vollkornbrot mit Butter und Käse. Dieses Frühstück ist so ausreichend, dass es bis Mittag reicht.

Mittag: Als Vorspeise gibt es eine große Schüssel Salat (grüner Salat, Kraut, Rotkraut, Gurken usw.). Hauptspeise: Buchweizensuppe und Reisauflauf mit Äpfeln. Nachspeise: Obst und Tee.

Abend: Salat (gekocht), mit Schale gekochte Kartoffeln, dazu Topfen/Quark mit Kräutern und Joghurt, pikant angerichtet. Eventuell Käse. Zum Abschluss: Obst (Kompott) und Tee.

Ich muss noch erwähnen, dass wir sehr großen Wert auf kalt gepresste Fette (Leinöl, Distelöl) legen, sowohl bei Salaten wie auch bei anderen Speisen. Gewürzt wird ausschließlich mit Kräutern – mit Salz gehen wir wegen der erhöhten Wasserbindung im Körper sehr sparsam um. Hat man sich einmal auf das Würzen mit Kräutern eingestellt, merkt man, dass man differenziertere Geschmacksvariationen erzielen kann". Zwei einfache Rezepte:

Haferfleck: Man nimmt eine gestrichene Tasse frisch gequetschten Hafer oder fertige Haferflocken, weicht diese in Voll- oder Vorzugsmilch ein, gibt dazu ein Ei und lässt alles eine Stunde lang ziehen. Eine Pfanne mit Diätmargarine leicht einfetten, die Pfanne erhitzen und so viel von dem relativ dicken Haferbrei in die Pfanne geben, dass daraus eine ca. 5 mm dünne Scheibe wird. Wie Palatschinken/Pfannkuchen garen und den Fleck wenden. Den fertigen Fleck mit Honig dünn bestreichen und geriebene Nüsse darüber streuen. Dazu können Sie Tee oder Buttermilch trinken.

Schrotsuppe: Weizenschrot, geraffelte Karotten, etwas Sellerie- und Petersilienwurzen in einer Pfanne mit Diätmargarine kurz anrösten. Danach mit Wasser aufgießen. Eine Zehe Knoblauch, mit der Presse zerdrückt, beimengen. Die ganze Masse ca. 10 Minuten aufkochen, Petersilie beigeben und mit Vitam-Suppengewürz abschmecken.

Tipps für alle Schifahrer

Dungl wäre nicht Dungl, hätte er nicht auch immer wieder brauchbare Tipps für *jeden* Schifahrer – egal ob Weltmeister, Olympiasieger oder Hobby-Rennläufer auf Piste und Loipe oder Anfänger auf dem Idiotenhügel.

- *Wenn der Schnallenschuh so drückt, dass man keine richtige Hocke mehr fahren kann, weil man verkrampft und sich zur Entlastung deshalb aufrichten muss …*
  … stützen Sie das Fußgewölbe!
- *Wenn Durchblutungsstörungen und leichte Erfrierungserscheinungen auftreten, weil die Fußrücken-Arterie abgedrückt wird …*
  … empfehlen sich Moorbäder oder Kräuterpackungen.
- *Bei Überbeanspruchung der Schulterpartie durch Stockeinsatz (eine Art Muskelkater) …*
  … greift man am besten zu einer speziellen Duschprozedur. 10 Minuten lang den Duschstrahl auf die schmerzende Stelle leiten, Wassertemperatur etwa 38 Grad. Sich dabei bewegen, sozu-

Bischofshofen 1980, Blick ins Adlernest: Dungl mit Hubert Neuper, der zweimal die Vierschanzentournee gewann – dazu war er Olympiazweiter, WM-Zweiter und natürlich auch Weltcupsieger. „Ich hab den Willi damals gefragt, warum er so viel raucht: bis zu 50 Zigaretten am Tag. Und seine Antwort: Ich bin Testraucher bei Marlboro …" Aber damit hat er bald aufgehört.

sagen „paddeln"; nachher keine eiskalte Abschreckung, sondern bei einer Temperatur von etwa 24 Grad langsam abkühlen und sich dabei bewegen.

❊ *Wenn es bei Überbelastung der Kniegelenke, die vor allem dann entsteht, wenn man schlecht aufwärmt, zu Kniescheibenrandschmerz (der bei schlechter Durchblutung an dieser Stelle auftritt), kommt …*
… sind geeignete Behandlungsmethoden: Stäbchen-Massage, wobei die Ablagerungen von einem Masseur „ausfrisiert" werden können (diese Behandlungsmethode kommt aus Japan); ferner: Moorpackungen, Impuls-Galvanisation.

❊ *Bei der Behandlung von Knie- und Bandverletzungen (wenn sich der Oberschenkel bei Bergab-Bewegung über den Unterschenkel schiebt) …*

… gilt prinzipiell: Schonung, Verwendung eines Stützverbandes, der jedoch nur „stützen, nie schnüren soll!“ – hierfür eignen sich so genannte Coban-Binden, die in sich haften und unter denen man auch Heilsalben auflegen kann, ohne dadurch Druckstellen zu erzeugen. Bei Druckstellen: Schaumgummi-Unterlage, die sich anschmiegt. Darüber eine Coban-Binde. „Das wirkt, als wäre es angepickt!“

Langlaufen, aber richtig!

Neben Jogging und Schwimmen ist das Langlaufen für mich die gesündeste Sportart. Es gibt keine andere, die den Körper so umfassend belastet und aktiviert. Einerseits ist es ein intensives Kreislauftraining, andererseits werden die gesamte Körpermuskulatur und die Gelenke rhythmisch durch bewegt und aktiviert. Aus diesem Grund kann man diesen Sport jedem einzelnen empfehlen.

Es sind dabei nur einige Spielregeln zu beachten: Jeder, der das erste Mal den Versuch startet, sollte sich einer kurzen ärztlichen Untersuchung hinsichtlich Kreislauf und Blutdruck unterziehen. Hat der Arzt nichts einzuwenden, beginnen Sie ein paar Stunden mit einem Trainer. Es heißt zwar immer wieder: Wer gehen kann, der kann auch langlaufen. Das stimmt. Aber wer Freude an diesem Sport finden will, der soll ihn auch richtig lernen. Man braucht nur sehr wenige Stunden, da die Technik ja sehr einfach ist. Sie können dadurch Fehler vermeiden und haben auch mehr Erfolg.

Zur Langlauf-Ausrüstung

Das Wichtigste sind die Langlaufschuhe. Denn gerade beim Langlauf wird das Quergewölbe sehr stark belastet, die Zehenlänge wird überdehnt und dabei können bei Läufern, die einen Spreizfuß oder Frostbeulen haben, Schmerzen auftreten. Meist passiert das bei Schuhen minderer Qualität, oder wenn im Zehenbereich Abnäher sind, die die Elastizität des Oberleders verändern. Haben Sie einen

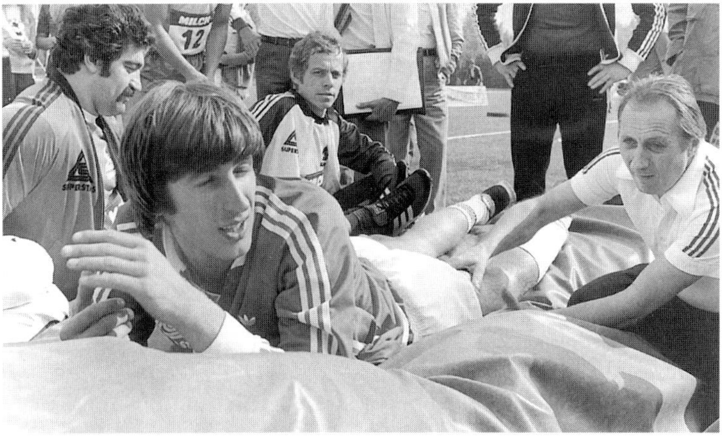

Sporthilfe-Trainingscamp 1985 in Parga, Griechenland. Dungl kümmert sich um Abfahrts-Olympiasieger Leonhard Stock. Die nächste Startnummer beim Fitmacher hat (links hinten) schon der Gewichtheber Hörtnagl. Dungl erzählte: „Ich hab einmal selber mitbekommen, wie ein russischer Trainer seinen Gewichtheber abgewatscht hat. Nicht, weil er nach dem Wettkampf zu lang geduscht hatte, sondern zu kurz. Er hatte zehn Minuten befohlen.“

starken Spreizfuß, so sollten Sie sich eine Spreizfußpelotte einkleben lassen (eine Unterstützung des Fußes zur Entlastung des Quergewölbes). Eine Pelotte verhindert das zu starke Durchdrücken des Mittelfußknochens. Es ist allerdings sehr gefährlich, die Stahleinlagen, die im Straßenschuh verwendet werden, auch für die Langlaufschuhe zu verwenden. Dadurch, dass der Fuß extrem abgewinkelt wird, kann es vorkommen, dass die Stahleinlage in den Fuß einschneidet. Es kann zu Blasen, aber auch zu Schnittverletzungen kommen.

Laufen Sie nie mit nassen Langlaufschuhen, denn gerade im Zehenbereich, wo das Leder am stärksten am Fuß anspannt, entsteht größere Kälte, und es kann zu Frostschäden kommen. Achten Sie immer darauf, dass Ihre Schuhe trocken und mit Lederfett präpariert sind. Wie für jeden Sport, empfehle ich Ihnen auch für den Langlauf, vorher ein gewisses Konditionstraining zu machen. Da Schilanglauf eine Frage der Kreislaufkondition ist, wäre es günstig, vorher die Ausdauerkondition zu verbessern: Laufen auf der Stelle

(Cooper-Test). Der einfachste Konditionstest ist, im Stiegenhaus 15 bis 20 Minuten auf und ab zu laufen. Wichtig ist ja nur, dass die Herzfrequenz erhöht wird, dass Sie mit einer Pulsfrequenz von 110 bis 130 über einen Zeitraum von 10 bis 15 Minuten ordentlich belastet sind und richtig zu schwitzen beginnen. Wenn Sie das über einen Zeitraum von 4 bis 5 Wochen regelmäßig machen, wird die Kondition logischerweise besser sein – und auch die Freude am Langlauf wesentlich größer. Da man beim Langlaufen durch die Kreislaufbelastung schwitzt, sollte optimale Kleidung getragen werden. Oberstes Gebot: saugende Unterwäsche, die den Schweiß aufnimmt.

Zur Ausdauer-Kondition

Stecken Sie sich eine relativ kurze Route in möglichst ebener Lage ab (4,5 km) und notieren Sie sich die Zeit, die Sie dafür brauchen. Nach einiger Zeit werden Sie für dieselbe Strecke wesentlich weniger Zeit benötigen. Wenn Ihnen dieser Kurs keine allzu großen Schwierigkeiten mehr bereitet, dann können Sie auf einen schwierigeren Kurs (mit Steigungen) wechseln, so dass auch der Schwierigkeitsgrad größer wird.

Man muss die Feinkoordination erlernen. Beispiel: Bei einer Abfahrt gleitet man mit dem Abfahrts-Schi nicht bergab, sondern muss in die Hocke gehen, auf das Gleichgewicht achten und vor allem die Schier in den Kurven beherrschen.

Das können Sie sicher nicht gleich beim ersten Mal, aber das wäre auch nicht sinnvoll. Denn der Aufstieg und die Abfahrt verlangen so viel Kraft, dass man für die Ausdauer gar keine Kraft mehr übrig hat. Darum zuerst auf einer ebenen Loipe trainieren, bis man die Technik richtig beherrscht. Dann können Sie bereits Anstiege und leichte Abfahrten in Ihren Lauf einbauen.

Und wenn Ihr Ehrgeiz größer wird: Bevor Sie an Volkslangläufen teilnehmen, vergleichen Sie sich selbst einmal mit einer Gruppe anderer Läufer. Wenn Sie z. B. 15 km ohne Schwierigkeiten in einem durch laufen, dann können Sie sich schon mit dem Gedanken beschäftigen, an einem Volkslanglauf teilzunehmen.

„Wenn du nicht jeden Tag ein bisschen Zeit für deine Gesundheit opfern kannnst, wirst du einmal sehr viel Zeit für deine Krankheit brauchen." Oder: „Du musst den Menschen die Wunder zeigen, die sie selbst vollbringen können." Dungl als „gesundes Gewissen" der Österreicher.

Aber anfangs sollte nicht der Wettkampf an erster Stelle stehen, sondern der Spaß am Langlauf; das Beherrschen der Technik. Denn: Ist das alles vorhanden, dann kommt die Wettkampfreife ganz von selbst.

Zur Ernährung

Da der Langlauf zu den Ausdauersportarten gehört, ist auch die Ernährung sehr wichtig. Laufen Sie nicht mit total leerem Magen, sondern nehmen Sie zwei, drei Stunden vorher eine leichte Kohlenhydratmahlzeit zu sich (Vollkornbrot, Hirse, Reisauflauf usw.), aber auf keinen Fall eine Mahlzeit mit zu viel Fett oder Fleisch, denn zur Verdauung dieser Speisen braucht der Körper sehr viel Sauerstoff. Der Kreislauf wird nun sehr stark beansprucht.

Langlaufbeschwerden

Durch Vorfußbelastung Tendenz zu Spreizfuß, Hammerzehen, Frostbeulen. Spezielle Fußgymnastik als Vorbereitung und Ausgleich, z. B.: Greifbewegung, ein kleiner Trick, der sich, rechtzeitig angewandt, als Wundermittel entpuppt. Leistenbeschwerden (Beanspruchung des Psoas-Muskels) durch die Waagehaltung des Körpers. Dehnungsübungen des Körpers im Schritt als Prophylaxe. Duschprozedur der in Anspruch genommenen Körper-Partie und des Schultergürtels. Sehnenscheidenentzündung durch schlechte Stocktechnik sollte man zunächst durch Ruhigstellen und feuchtwarme Umschläge eindämmen".

Schifahren soll Freude machen

Konditionstraining

Das beste Mittel für Ausdauerkonditions- und Kreislauftraining ist nach wie vor das Laufen, am besten über längere Strecken und länger als 12 Minuten. Gegen den Einwand, es herrsche schlechtes Wetter, gibt es ein Preiml-Zitat: „Fürs Laufen gibt's kein schlechtes Wetter, höchstens schlechte Kleidung." Daher sollten wir darauf das größte Augenmerk legen. Gut saugende Unterwäsche, unbedingt mit langen Leibchen, eventuell aus Angora; Rollkragenpulli, damit der Hals geschützt wird; warmer Überanzug, und als letzte Haut zum Schutz gegen den Wind eine Allwetterjacke; Handschuhe (am besten Langlaufhandschuhe mit textiler Oberfläche), Wollmütze mit Ohrenschutz; für die Füße dicke Wollsocken und lederne Laufschuhe.

Es darf beim Laufen ruhig dampfen. Nur sollten Sie nach dem Lauf nicht im Freien stehen bleiben, sondern so rasch wie möglich in den geheizten Raum. Als Beispiel haben schon vor Jahren unsere Schispringer am Morgen, bevor sie zur Schanze gingen, 10 Minuten auf der Matte geübt und danach auf der Schanze keine kalten Füße mehr gehabt. Für jene, denen es draußen trotzdem zu kalt ist oder die aus sonstigen Gründen im Freien nicht laufen können, habe ich eine Matte für das Laufen zu Hause entwickelt. Sie soll möglichst die Effekte des Naturbodens wiedergeben, die Fußsohlen durchmassieren, dadurch die Durchblutung anregen, die Reflexzonen aktivieren und den Kreislauf in Schwung bringen. Laut Dr. H. Cooper kann man auch durch Laufen auf der Stelle seine Kreislaufkondition in Schwung halten.

Der 12-Minuten-Test

Leistungsgruppe	Zurückgelegte Entfernung	Sauerstoffverbrauch (in ml/kg/min)
I = sehr schlecht	weniger als 1,61 km	28 oder weniger
II = schlecht	1,61–2 km	28,1–34
III = mäßig	2–2,4 km	34,1–42
IV = gut	2,4–2,8 km	42,1–52
V = sehr gut	mehr als 2,8 km	52,1 oder mehr

Beim alpinen Schilauf wird häufig eine „Todsünde" begangen: Man fährt unaufgewärmt mit dem Lift den Hang hinauf und stürzt sich dann mit kalten und entsprechend steifen Muskeln in die Tiefe: Die Muskulatur, die auf derartige Belastungen nicht vorbereitet ist, reagiert sauer: Sie neigt zu Zerrungen, Einrissen oder sogar zu Abrissen im Sehnenbereich. Einfache Vorbeugungsmöglichkeiten: Während des Wartens auf den Lift systematische Übungen machen (Kniebeugen bei geöffneten Schischuhschnallen, Rumpfkreisen, Lockerungsübungen usw.).

Jeden Winter werden Tonnen von Gips verbraucht, um Brüche und Sehnen- sowie Bänderblessuren zu reparieren. Durch ausreichende Vorbereitung könnten den Sportlern viele Verletzungen erspart bleiben.

Zwei Trainingsformen kommen hauptsächlich in Frage

1. Das Zirkeltraining

Es führt nicht nur eine Steigerung der Muskelkraft herbei, sondern beeinflusst auch Atmung und Kreislauf günstig. Um ausreichend vorbereitet zu sein, genügen täglich 20 Minuten. Der Phantasie sind keine besonderen Grenzen gesetzt. Der Sportler sollte bei den Übungen nur darauf achten, dass er vor allem die beim Schifahren besonders beanspruchten Körperteile trainiert: Zur Auswahl stehen beispielsweise:

- Laufen auf dem Stand (fünf Minuten),
- 20 Kniebeugen,
- 20 Liegestütze,
- 10 Strecksprünge (aus der Hocke mit gestrecktem Körper und hoch gehaltenen Armen emporspringen und dann wieder in der Hocke landen),
- zwei Minuten Slalomübung (mit beiden Händen in Hüfthöhe an einem Tisch oder Schrank festhalten und mit geschlossenen Beinen rasch etwas nach links und rechts hüpfen),
- 10 Klappmesser.

Diese Übungen nur mit wenigen Sekunden Pause durchführen, dann einige Minuten Pause und wiederholen. Das Programm muss natürlich auf den Konditionszustand des Übenden abgestimmt sein. Mit geringer Belastung beginnen, dann im Laufe einiger Wochen deutlich steigern, sonst tritt kein zufrieden stellender Trainingseffekt ein.

2. Submaximales Ausdauertraining

Es handelt sich dabei um eine moderne Form des Ausdauertrainings, die sich besonders für den Gelegenheitsschifahrer und den Schisportler jenseits der 50 eignet. Ideale Durchführungsform ist der Lauf: Täglich eine halbe Stunde laufen, zumindest aber jeden zweiten Tag. Die Geschwindigkeit muss dabei möglichst konstant gehalten werden. Der Sportler soll nie das Maximum seiner Leistungsfähigkeit erreichen, sondern höchstens 70 Prozent. Allerdings darf die Leistung auch nicht unter 50 Prozent des Möglichen absinken. Bei gesunden Menschen unter 50 entspricht das etwa einer Pulsfrequenz von 125 bis 150, die man zwischen 12 und 15 Minuten erreichen muss (messen am besten an der Halsschlagader). Bei Personen über 50 gilt folgende Regel: Innerhalb von 12 bis 15 Minuten eine Pulsfrequenz von 180 minus Lebensalter erreichen.

Empfehlenswert für Schifahrer, die sich auf den meist nur kurzen Winterurlaub seriös vorbereiten wollen, sind – zusätzlich – andere Sportarten wie Tennis, Fußball, Schwimmen, Leichtathletik. Etwas weniger nutzbringend ist Radfahren. Wer sich mit den Brettern in größere Höhen wagt, muss besonders auf die Vorbereitung achten: mindestens acht Wochen vor der Tour damit beginnen! Wichtige Akklimatisationshilfe: viel trinken! Das Durstgefühl ist dabei trügerisch und sollte keinen Maßstab für die aufzunehmende Flüssigkeitsmenge darstellen.

Warnzeichen für beginnende „Höhenkrankheit"

Ruhepulserhöhung von mehr als 20 Prozent, Kopfschmerzen, Appetitlosigkeit, Schlaflosigkeit, Übelkeit, Atemnot bei Anstrengungen. Nicht höher steigen, bis diese Warnzeichen vorbei sind! Meist verschwinden die Symptome innerhalb eines Tages. Sollte das nicht der Fall sein, ist die Tour abzubrechen. Alarmzeichen sind: rasende Kopfschmerzen, Erbrechen, schwere Atemnot in Ruhe, graue Hautfarbe und blaue Lippen, brennender Druck hinter dem Brustbein, brodelndes Geräusch beim Atmen: Der Erkrankte ist rasch liegend (schräger Oberkörper) abzutransportieren. Sauerstoff zuführen und eventuell Kapseln mit Nitrolingual zerbeißen lassen.

Immer häufiger entstehen aber auch schwerste Verletzungen durch Zusammenprall auf der Piste. Wie im Straßenverkehr hat auch hier Alkohol prominenten Anteil. Alkoholgenuss sollte während des Schilaufes im eigenen Interesse strikt gemieden werden.

Anmerkung zur richtigen Ausrüstung

Anfängern wird geraten, Kurz-Schi zu verwenden, bis die Grundbegriffe der Schitechnik sitzen: Der fortgeschrittene Fahrer benötigt ausreichend elastische Schi, die sich den Geländewellen richtig anpassen können. Der Schi sollte bezüglich seiner Elastizität auf das Körpergewicht des Läufers abgestimmt sein.

Obwohl heute schon eine Unzahl von Sicherheitsbindungen den Markt überschwemmt, entspricht eigentlich keine einzige wirklich in idealer Weise den Anforderungen. Lockere Bindungen führen zu unsicherem Stand und zu Stürzen; zu feste Bindungen erhöhen bei Stürzen die Gefahr von Brüchen oder Bänderverletzungen. Um nicht ungerecht zu sein: Seit Einführung automatischer Bindungen sank die Zahl der Knochenbrüche bei Sturzverletzungen von 40 auf 10 Prozent. Wichtig ist, vor jedem Schiurlaub die Bindung immer neu einstellen zu lassen.

Große Bedeutung haben auch die Schischuhe im Hinblick aufs Verletzungsrisiko. Wir empfehlen eine individuelle Anpassung durch den Fachmann. Bei modernen Produkten sind die Schäfte erhöht, wodurch der Knöchel besser fixiert ist. In diesem Bereich kommt es auch seltener zu Verletzungen. Dafür hat die Zahl der Schienbeinbrüche (Schuhrandbrüche) zugenommen. Zu fest geschnürte Stiefel stören die Durchblutung, was wiederum die Entstehung von Erfrierungen begünstigt. Daher sollten die Zehen im Schuh gut beweglich sein. Gut ist das Tragen von Wollsocken, welche die Feuchtigkeit des Fußes aufsaugen und außerdem nicht zu Faltenbildung neigen.

Wie für Bergsportler, so gilt auch für Schiläufer: auf Sonnenschutz und richtige Ernährung achten!

Kondition pflegen und erhalten

Im Gegensatz zu einer Maschine, die sich durch den Gebrauch abnützt, muss der menschliche Körper ausgelastet sein, um leistungsfähig und ausdauernd zu bleiben. Das heißt; man sollte nach Möglichkeit mindestens dreimal in der Woche eine halbe Stunde

Kein Szenenfoto aus einem Film von Harrison Ford, sondern die Atmosphäre im „Hamam". Wem die Sauna zu heiß ist, der fühlt sich dort perfekt wohl.

Kreislaufausdauer trainieren. Dies geschieht am besten durch Laufen jeder Art. Egal ob Eislaufen, Schilanglaufen oder Dauerlaufen. Ja, selbst Zimmerradfahren mit entsprechender Intensität kann die Kreislaufkondition erhalten.

Etwas anderes ist es mit der Kraft und Wendigkeit. Die erhalten Sie am besten durch Fortsetzung Ihrer Schigymnastik.

Ich selbst führe, wenn ich unterwegs bin und keine Zeit für einen Dauerlauf habe, folgendes Programm durch:

- Zum Aufwärmen laufe ich fünf Minuten lang auf der Aktiv-Matte, wobei ich mich bemühe, in den letzten zwei Minuten die Knie so weit wie möglich an die Brust heranzuziehen.
- Anschließend gehe ich ins Treppenhaus, stelle mich an die unterste Stufe und steige nun eine Minute lang, so rasch ich kann, immer die Stufe rauf und runter.
- Dann beruhige ich eine Minute lang den Kreislauf durch Hüftkreisen nach rechts und links.
- Danach versuche ich in Grätschsprüngen abwechselnd mit dem rechten und linken Fuß auf die zweite Stufe zu springen.
- Nach dieser Minute stelle ich den Fuß auf die dritte Stufe, neige

meinen Oberkörper nach vorne und dehne mich im Schritt – gleichzeitig mit dem Vorwärtsbeugen atme ich ganz fest aus.
- Anschließend kommt das rechte Bein dran: rechts und links je fünfmal.
- Inzwischen hat sich der Puls wieder beruhigt. Nun stelle ich mich in der Hocke auf die unterste Stufenkante und wippe in dieser Hockstellung ein bis zwei Minuten.
- Danach erfolgt das Ausschütteln der Beine. Insgesamt brauche ich für dieses Training etwa 10 Minuten: 10 Minuten Zeit habe ich immer; und Stiegen gibt es bekanntlich auf der ganzen Welt. Da gibt es keine Ausrede.

Heiße Tipps gegen die Kälte

Ein großes Thema sind immer: *kalte Füße, allgemeine Kälteempfindlichkeit und Wetterfühligkeit.* Eines steht dabei außer Zweifel: Bei allen Beschwerden ist eine verminderte periphere Durchblutung die Hauptursache. Also kann es durch Nikotin nur schlechter werden, daher mein Rat Nummer 1: „Nicht rauchen", denn ohne Rauch geht's nicht nur auch, sondern ohne Rauch geht's viel besser. Aber natürlich leiden auch Nichtraucher unter kalten Füßen. Die wirksamste Methode dagegen ist das Laufen auf der Aktivmatte oder auf Schotterboden. Bei den Schispringern stellten wir Vergleiche an: Eine Gruppe lief am Morgen auf der Matte, eine nicht. Jene, die auf der Matte liefen, hatten bis Mittag warme Füße, die anderen litten deutlich mehr unter der Kälte.

Überhaupt ist die Bewegung die beste Medizin zur Erwärmung. Ein wesentlicher Faktor ist auch die Bekleidung, Sie muss schweißsaugend sein und möglichst aus natürlicher Faser bestehen. Zu enge Schuhe, starke Gummizüge usw. vermindern die Durchblutung und erhöhen die *Kälteempfindlichkeit.*

Ein hervorragendes Mittel zur *Förderung der Durchblutung* ist die Bürste. Am besten bürstet man gleich am Morgen, nach dem Aufstehen. Mit den Armen beginnen, von den Fingern bis zur Schulter, 10 Striche auf jedem Arm. Dann die Beine, von den Zehen bis zur Leiste und zum Gesäß (wieder 10-mal). Danach Rücken und Nacken (erst der Nacken und dann aufwärts vom Becken zu den Schultern). Auf den Rücken folgt die Brust. Wir beginnen am Rippenbogen, bürsten entlang des Brustbeins, dann über das Schlüsselbein zur Achsel. Beide Seiten je fünf- bis zehnmal. Zum Abschluss bürsten wir den Bauch.

Wer unter Verdauungsbeschwerden leidet, wird die Bauchbürstungen sehr zu schätzen lernen.

Wichtig ist dabei, dass die Bürstungen im Uhrzeigersinn erfolgen. Wir beginnen im rechten Unterbauch, führen die Bürste nach oben zum rechten Rippenbogen, dann quer über Bauch, linken Unterbauch, über der Blase lassen wir nach – und dann wieder von vorne beginnen (immer wieder im Uhrzeigersinn, von rechts nach links).

Ein spezielles Problem ist der *Schutz des Gesichtes.* So wurde ich immer wieder nach geeigneter Winterkosmetik gefragt. Leider werden hier tatsächlich Fehler begangen, die manchmal zu richtigen Hautschäden führen.

Anlässlich der Vorbereitung auf die Olympischen Spiele in Lake Placid machten wir mit dem ÖOC Tests, bei denen sich herausstellte, dass die Frostbelastung des Gesichts stärker ist als vermutet. Noch bei Plusgraden und entsprechender Abfahrtsgeschwindigkeit kann es zu Erfrierungen der Haut kommen, wenn diese feucht ist. Da jedoch die meisten kosmetischen Präparate Wasser enthalten (es sind Emulsionen), kann durch Eincremen mit der falschen Creme Frostschaden entstehen.

Wichtig ist es daher, am Morgen, schon vor dem Frühstück, eine gute Nährcreme einzumassieren und vor Verlassen des Hauses Lichtschutz aufzutragen. Sollte es sehr kalt sein: eine geeignete Kälteschutzcreme verwenden. Wer den ganzen Tag über im Freien ist, sollte unbedingt nach einiger Zeit abermals Sonnenschutz auftragen.

Auch die *Lippenpflege* darf man nicht vernachlässigen. Am Abend muss die Kälteschutzcreme, die aus anorganischen Fetten besteht, und der aus synthetischen Stoffen bestehende Sonnenschutz von der Haut abgewaschen werden. Eine gute Pflegecreme bzw. ein gutes Hautfunktionsöl besänftigt dann die strapazierte Haut. Übrigens: Ein Besuch im Kosmetiksalon zur Beratung ist kein Luxus, sondern ein Zeichen von Vernunft.

Nun noch ein paar Tipps für all jene, die ständig unter *Wetterfühligkeit* leiden. Wenn es kalt ist, frieren diese Menschen, wenn es warm wird, werden sie müde oder haben Kopfweh. Für diese Menschen hat Pfarrer Kneipp die wahre Wundermedizin entwickelt. So wie jeder Muskel sind auch Kreislauf und Gefäßsystem trainierbar, und zwar durch Waschungen, Güsse oder Wechselbäder. Man muss nur ein paar Spielregeln beachten. Beim Kneippen darf kaltes Wasser niemals auf einen kalten oder ausgekühlten Körper kommen: Man erwärmt sich gegebenenfalls vor der Wasseranwendung durch körperliche Bewegung oder nützt die Bettwärme aus: Das heißt: Am Morgen frisch aus dem warmen Bett heraus und gleich mit der Wasseranwendung beginnen. Wenn man die Wärme so nicht erreicht, bewährt sich das Trockenbürsten oder vorher ein warmes Duschbad. Nach der Wasseranwendung muss innerhalb von 15 bis 20 Minuten die völlige Wiedererwärmung des Körpers eintreten. Deshalb darf man nachher nicht bewegungslos herumstehen und herumsitzen, sondern man zieht sich warm an oder legt sich nochmals für eine Viertelstunde oder 20 Minuten ins vorgewärmte Bett.

Die mildeste und überall auszuführende Kneipp'sche Wasseranwendung ist die *Waschung:* Sie dauert nur 30 bis 45 Sekunden, ist überall durchführbar und eine wahre Labsal. Sie sollte jedoch bei geschlossenem Fenster und ohne freien Luftzug erfolgen. Man verwendet dazu ein möglichst grobes Leinentuch, dieses wird mehrfach zusammengefaltet und in kaltes Wasser eingetaucht. Man beginnt auf dem Handrücken, streicht nach oben zur Schulter, von dort dann wieder zur Fingerspitze zurück. Anschließend kommt die Arminnenseite dran. Wieder bis zur Schulter und zurück. Der gleiche Vorgang beim nächsten Arm.

Kleidung beim Schifahren

Auf alle Fälle bewähren sich mehrere dünne Schichten besser als dicke Kleidung, wobei die Kleidung natürlich nicht beengen darf. Als Beispiel möchte ich anführen: Unsere Schispringer springen mit Seidenunterwäsche. Ich persönlich halte es für wichtig, Wäsche nur aus organischen Fasern (Wolle) zu verwenden, was Untersuchungen an der Hautklinik ergeben haben. Synthetics können die Feuchtigkeit auf der Haut nicht aufsaugen, diese Feuchtigkeit bleibt also sozusagen stehen. Versuche haben ergeben, dass Frauen, die mit Nylonstrümpfen im Wind standen, bereits bei Temperaturen von plus 5 Grad leichte Frostschäden an den Beinen erlitten. Damit ist klar: Wenn jemand nach dem Schifahren schwitzt und sich in diesem Zustand bei der Liftstation erneut anstellt, kann die in der Nylonwäsche freigewordene Feuchtigkeit nicht aufgesaugt werden, wirkt also wie ein Kältepanzer beziehungsweise – bis der Betreffende wieder zur Bergstation hinaufkommt – wie ein Eisgürtel. Die Folgen sind: Rheumatismus, Kreuzschmerzen, Hexenschuss, Schulterschmerzen bis zu Schädigungen der Nieren.

Daher mein Ratschlag: Mehrere dünne Schichten, damit sich die Feuchtigkeit wie in einem „Puffer“ aufsaugen kann. Damit hat man keine nasse Schicht mehr am Körper. Empfehlenswert: Nieren- und Kniewärmer.

Knieschmerzen in den ersten Winterurlaubstagen

Zuerst eine Gewissensfrage: Ist jeder auch wirklich überzeugt, dass er sich durch Schigymnastik ausreichend vorbereitet hat? Im Besonderen durch Wipp-Dreh-Übungen in den Knien? Es ist nämlich so, dass die Kniegelenkskapsel (die die Belastung ja nicht gewöhnt ist) wenig durchblutet und relativ unelastisch ist. Gerade am Beginn der sportlichen Tätigkeit, wenn man die Bewegung noch nicht richtig gewohnt ist, pendelt der Körper noch nicht so richtig – man fährt mit steifem, fixiertem Knie. Man federt nicht durch. Dadurch die Überbelastung. Was kann man dagegen tun?

Erstens natürlich zeitgerecht Schigymnastik, im Besonderen die Hockeübungen – wenn Sie aber schon unvorbereitet auf die Piste müssen, dann wenigstens mit durch Gymnastik aufgewärmten Muskeln.

Was gegen den Schidaumen hilft

Der Schidaumen (Schlaufendaumen) kommt meist dadurch zustande, dass bei Stürzen die Stockschlaufe den Daumen nach oben außen reißt, wodurch die Gelenkskapsel gezerrt wird. Das ist sogar einmal dem Formel-1-Weltmeister Niki Lauda passiert, als er am Arlberg bei der Liftstation zur wartenden Kolonne abfuhr und dort abschwang – wobei er ausrutschte und sich die Gelenkskapsel zerrte. Das Bedauerliche an diesen Kapselverletzungen ist, dass sie sehr schmerzhaft, vor allem aber langwierig sind.

Das Allerwichtigste ist daher, sofort nach der Verletzung das Daumengrundgelenk fünf bis zehn Minuten lang mit Schnee zu kühlen, damit eventuelle Blutungen sofort gestoppt werden können. Wenn kein großer Bluterguss entsteht, kann die Verletzung rascher ausheilen. Am Abend: Umschläge mit Arnika-Tinktur. Nach Tunlichkeit sollte man aber eine Röntgenkontrolle beim Arzt durchführen lassen.

Nach Abklingen des akuten Zustandes glaubt man zumeist, der Daumen sei schon schmerzfrei – aber sobald man wieder einen Gegenstand (z. B. den Schistock) in die Hand nimmt, verspürt man erneut heftige Schmerzen (weil einige dieser Kapselfasern sofort wieder überbelastet werden).

Mein Tipp: Es empfiehlt sich, mit 1 cm breiten Leukoplaststreifen den Daumen in Achtertouren zu fixieren. Also: Den Pflasterstreifen am Daumenballen ankleben, mit mehreren Streifen um das Daumengrundgelenk wickeln, so dass die Pflasterstreifen wie Dachschindeln übereinander liegen. Daher heißt dieser Verband „Dachziegelverband". Der Daumen kann nun nicht mehr überbelastet werden. Das beschleunigt die Heilung und verhindert vor allem das Immerwiederkehren dieser Verletzung.

Normal benötigt man zur Heilung eines „Schidaumens" sechs

bis acht Wochen, bei Niki Lauda haben wir's in 14 Tagen schaffen müssen. Im ersten Rennen danach (Monte Carlo) fuhr Lauda mit diesem „Dachziegelverband" und wurde Zweiter, damals ging das Wort vom „Lauda-Verband" um die Welt. Ohne Verband hätte er nicht antreten können, und noch vier Wochen nach der Verletzung war der Daumen auf abrupte Bewegungen schmerzempfindlich.

Spitzensportler sind keine Krankenkassenpatienten, die sich je länger, je lieber zu Hause pflegen, sondern immer ungeduldig: Sie können nach Verletzungen ihr Comeback kaum erwarten..

Wie Magnetfolien fast Wunder wirken

Franz Klammer fuhr schon viele Rennen mit der berühmten Goldfolie. Magnetfolien machten schon viele andere Sportler wieder fit. Willi Dungl erinnert sich an drei spezielle, hartnäckige bis verzweifelte Fälle. Und alle drei geschahen gleichzeitig.

Hans Enn – Schirennläufer: Bronzemedaille in Lake Placid

Hans Enn hatte am 11. Juli 1982 einen Autounfall, bei dem ein Holzpfahl von 75 mm Länge und 35 mm Breite quer durch den Unterschenkel drang. Im ersten Moment schien es fraglich, ob er überhaupt das Bein behalten würde. Drei Wochen musste das Bein offen bleiben, dann erst konnte der Chirurg die Wunde operativ verschließen.

Als Enn am 15. August in unser Regenerationscamp nach Parga kam, war am Schienbeinmuskel ein 12 cm langer tiefer Krater, aus dem nässendes Sekret rann. Der Wadenmuskel hatte ein zwei Finger breites, tiefes Loch, das sehr stark gespannt war und aussah, als würde es jeden Moment aufplatzen. In den beiden Wunden waren noch die Nähte. Das Sprunggelenk war stark bewegungseingeschränkt, die große Zehe hing schlaff nach unten. Ich bedeckte die Wunde mit Sofratyl und klebte darauf jeweils eine Folie. Ebenso klebte ich eine Folie auf den Fußrücken. Nach einem Tag waren die Schmerzen im Bein fast komplett weg. Die Tage danach war das Gewebe so entspannt, dass wir jede zweite Naht entfernen konnten. Am fünften Tag, nach Entfernen der Restnähte, klebte ich die Folie direkt auf die Wunde und musste feststellen, dass die Krater sich wesentlich verflachten. Nach einer Woche konnte Hans Enn im Sand laufen und mit Flossen kurze Stücke schwimmen.

Nach weiteren vier Wochen war totales Kraft- und Lauftraining möglich. Im September machte Enn einen Salto rückwärts aus dem Stand. Wer nur ein wenig von Bewegung versteht, weiß, welche Kraft man dazu in den Beinen benötigt: Vier Monate nach dem Unfall sah man bei Enn, der inzwischen voll rennmäßig trainierte, nur noch zwei kleine Narben und niemand würde glauben, dass vor kurzem hier noch eine so schwere Verletzung bestanden hat. Ich bin fest davon überzeugt, dass ohne die Folien eine derart rasche Rehabilitation nicht möglich gewesen wäre.

Niki Lauda – Trainingsunfall am 6. August 1982 in Hockenheim

Niki Lauda fuhr mit seinem Formel-l-Boliden mit 270 km/h in die Fangzäune und zog sich eine schwere Prellung und Zerrung des rechten Handgelenkes zu. Er wurde in der Unfallklinik Heidelberg ärztlich untersucht und röntgenisiert. Anschließend bekam er für vier Wochen eine Gipsschiene, wobei ihm in Aussicht gestellt wurde, dass er nach Abnahme der Gipsschiene weitere zwei Wochen Bewegungsübungen machen muss, ehe er wieder mit dem Rennfahren beginnen kann. Lauda wollte sich mit dieser Tatsache nicht abfinden, und so versuchte ich, nach Absprache mit dem Wiener Prof. Dr. Johannes Poigenfürst, eine Alternativbehandlung. Ich begann am Samstag, dem 7. August, die äußerst schmerzhafte und dick verschwollene Hand, an der die Finger kaum beweglich waren, kurz mit Eis zu behandeln und klebte anschließend eine Art Kapsel mit zwei Magnetfolien um die Handwurzel. Zwölf Stunden später konnte Lauda die Finger wieder zaghaft bewegen, nach 24 Stunden war die Schwellung praktisch verschwunden. Am Montag, dem 9. August, begannen wir mit den ersten praktischen Bewegungsübungen der Handwurzel und am Mittwoch, dem 11. August, machten wir ein Krafttesttraining und konnten mit Freude feststellen, dass die Hand so weit wiederhergestellt war, dass Lauda am Freitag rennmäßig trainieren und am Sonntag, dem 15. August, das Rennen bestreiten konnte.

Hier hat sich gezeigt, wie hervorragend sich die Folie zur Aufsaugung des Hämatoms und zur Regenerierung des Gewebes bewährt hat.

Vinzenz Hörtnagl – Gewichtheber-WM-4. im Superschwergewicht

Vinzenz Hörtnagl erlitt im Sommer 1982 bei den Gewichthebermeisterschaften einen schweren Sehnen- und Muskelabriss und kam nach umfassender chirurgischer Versorgung (Gipsabnahme am 15. August) in das Regenerationscamp der Österreichischen Sporthilfe. Das Knie war stark geschwollen, Beugung und Streckung gehemmt.

Ich klebte eine zugeschnittene Folie quer unter die Patella, zwei weitere Folien links und rechts, darüber 10 mm Klebeschaum, zum Abschluss einen leichten Gummistrumpf. Nach drei Tagen war die Schwellung weitgehend zurückgegangen, die Beweglichkeit wesentlich besser, innerhalb einer Woche konnte Hörtnagl mit Flossen schwimmen. Die Schmerzen waren fast zur Gänze verschwunden, und am zehnten Tag war die erste Kniebeuge möglich. Nach zwei Monaten war praktisch der Muskelschwund ausgeglichen und Kniebeugen mit 150 kg Belastung waren wieder möglich. Obwohl äußerlich kein Anlass mehr besteht, verwendet Hörtnagl weiterhin beim Training eine Folie unterhalb und oberhalb der Kniescheibe und behauptet, dies sei für ihn der beste Schutz vor Überbelastung.

Kleines ABC der Willi-Dungl-Tipps

Achillessehnen-Probleme

Das Problem bei Achillessehnenentzündungen ist, dass drei relativ große Muskeln (Wade) gemeinsam an einem dünnen, unelastischen Sehnenstück ziehen (bei Sprintern wurden beim Start 600 kg Zugbelastung gemessen). Beim Fußballspiel haften die Schuhstoppeln im Boden, es kommt zu einem ähnlichen Effekt wie bei Sprintern. Obendrein ist die Achillessehne, wie alle Sehnen, schlecht durchblutet und daher weniger leicht regenerierbar. Als oberstes Gebot gilt, die Sehne zu entlasten, indem Sie die Ferse erhöhen, das heißt: Absätze bis zu 3,5 cm. Fersenkeil in den Schuh einlegen. Nachts durchblutungsfördernde und entzündungshemmende Salbenverbände anlegen.

Autogenes Training

Jedes mentale Training erfordert lange Vorbereitung, vor allem lange und konsequente Übungen, wenn man damit Erfolg haben will. Also glauben Sie bitte nicht: eine Übung – und schon kommen die Superleistungen.

Ein ganz einfaches Beispiel für Entspannungsübungen: Angenommen, Sie sind nervös, wollen aber eine Abfahrt fahren – von der Sie nicht wissen, ob Sie's wirklich schaffen. An die Wand lehnen, stehend oder sitzend, Augen schließen, sich geistig vorstellen, Sie stehen auf einer Rolltreppe, die sich abwärts bewegt. Zählen Sie jetzt von 10 langsam zurück bis null, völlig locker lassend und total entspannt – bei null: sich genau das vorstellen, was Sie jetzt tun wollen (Abfahrt, Tennismatch), tief einatmen, alles anspannen und Augen auf. Sie werden staunen, wie konzentriert Sie plötzlich die Aufgabe bewältigen!

Bandscheibenoperation: Wieder fit werden

Wir unterscheiden verschiedene Phasen nach der Bandscheibenoperation. Die erste: die postoperative, unmittelbar nach der Spitalsentlassung. Der Patient geht noch sehr vorsichtig, etwas bewegungseingeschränkt. In diesem Stadium machen wir nur Lymphdrainagen, das sind weiche, pumpende Massagegriffe, mit denen ein Stau im Operationsgebiet vermieden werden soll.

Als zweites folgen dann immer mehr aktive Kräftigungsübungen für die Rücken- und Bauchmuskulatur mit zunehmend muskulärer Massage (klassische Massage). Gleichzeitig beginnen wir etwa nach drei bis vier Wochen den Patienten zum Schwimmen zu schicken. Der Patient darf jedoch nur rückenschwimmen. Das einzige Verbot: Brustschwimmen, da beim Brustschwimmen sowohl die Lenden- als auch die Halswirbelsäule geknickt werden und hier unter Umständen eine schlechtere Stellung erfolgt.

Wenn dagegen beim Rückenschwimmen der Körper locker im Wasser liegt, ist er völlig entspannt und kann so eine bessere Haltung annehmen. Wenn diese Kräftigungsübungen schmerzfrei vertragen werden und die Muskulatur einen möglichst gleichen Spannungstonus hat, das heißt, dass keine einseitigen Verspannungen vorliegen, dann kann man langsam mit weiteren Aktivierungen beginnen. Nach etwa vier Monaten erlaubt der Chirurg dem Patienten das erste Mal vorsichtiges Schilaufen. Natürlich obliegt es der Vernunft jedes einzelnen, hier kein unnötiges Sicherheitsrisiko (extreme Hänge fahren, Sturzrisiko) einzugehen. Meine persönliche Meinung: Wäre ich Bandscheibenpatient, würde ich eher langlaufen.

Für die Rehabilitation gilt als Erstes: Schwimmen – vor allem Rückenschwimmen, mit über dem Kopf weit ausholenden Armbewegungen. Es kommt dabei nicht so sehr auf das Tempo an, sondern auf das richtige Dehnen und Strecken der Wirbelsäule.

Bei Kraftübungen muss man zunächst etwas vorsichtiger sein.

Befestigen Sie über dem Kopf ein Gummi-Gymnastikband, das 15 kg Zugbelastung aushält, so dass sie ihn gerade erreichen – dann ziehen Sie nach unten. Da das bei aufrechter Körperhaltung geschieht, wird die Muskulatur des Schultergelenkes und der

Nicht immer nur im Trainingsanzug: Dungl mit Kurt Waldheim …

Rückenstrecke gekräftigt und somit ein natürlich kräftiges Muskelmieder aufgebaut. Sie können auch vorsichtige Expanderübungen über dem Kopf und vor der Brust machen.

Zur Auslockerung sollte man nach diesen Übungen unter die Dusche. Richten Sie den Wasserstrahl drei Minuten auf die vorher trainierte Muskulatur. Dabei machen Sie Lockerungsübungen (Schulternkreisen usw.).

Besonders schlecht sind lange Autofahrten ohne Unterbrechungen, Tragen von schweren Lasten, Springen von erhöhten Stellen. Ebenso ist bei Rumpfbeugen Vorsicht geboten. Es besteht sehr leicht Verletzungsgefahr im Operationsgebiet. In diesem Fall lieber ein bisschen weniger als ein bisschen mehr.

Beim Schifahren nicht mit verschwitztem Rücken in der Kälte stehen, Verspannungen können die Folge sein. Ebenso beim Tennis. Auflockerungsübungen sind wichtig.

… und mit Peter Weck. Zwei Professoren auf einem Bild.

Bergsteigen und Radtouren – Oberkörpertraining

Viele Hobbysportler wollen eher universell trainieren, besonders wenn sie Bergsteigen und Radfahren gewählt haben. Fürs Oberkörpertraining empfehle ich folgende Übungen:

Befestigen Sie einen elastischen Widerstand (Gummizug) über Ihrem Kopf und ziehen Sie fest nach unten, einmal vor dem Körper, einmal hinter dem Körper. Den Gummizug bringen Sie jedoch so an, dass Sie ihn mit ausgestreckten Armen gerade noch erreichen. Sollte dies nicht möglich sein, empfehle ich Klimmzüge, Liegestütze, das Heben schwerer Gegenstände und das Arbeiten mit Hanteln. Wer keine Hanteln hat, verwendet kleine Sandsäcke.

Laufen ist zwar sehr gut für die Ausdauer, aber physiologisch kein Ersatz fürs Radfahren. Die Muskeln werden beim Radfahren anders belastet als beim Bergsteigen. Wichtig wären Beinübungen. Spitzenfahrer haben das Problem Platzmangel so gelöst: Sie haben im Keller zwei Walzen. Auf diesen Walzen trainieren sie mit jenem Rennrad, mit dem sie fahren.

Blutdruckprobleme im Urlaub

Normalerweise heißt es immer wieder: bei niederem Blutdruck Urlaub in den Bergen, bei hohem: Urlaub am Meer. Allerdings hat der Salzburger. Prof. lnama nach jahrelanger Forschungsarbeit nachweisen können, dass Kreislauf- und Blutdruckkranke nach entsprechenden Höhenterrainkuren weitgehend beschwerdefrei wurden. Prof. Doktor lnama ließ Patientengruppen in Höhen zwischen 1.800 und 2.400 m täglich über einen Zeitraum von zwei Wochen wandern. Zusätzlich wurde jeweils einmal täglich eine Kreislaufbelastung durch Laufen, Radfahren usw. herbeigeführt. Der dadurch erzielte Trainingseffekt war dann drei bis vier Monate nachweisbar.

Unabhängig davon gibt es witterungsanfällige Menschen. .Sie sollten auf alle Fälle nicht versäumen, sieh zu erkundigen, ob der gewählte Urlaubsort fönanfällig ist. Planen Sie eher einen längeren Urlaub ein, Ihr Kreislauf kann sich dann besser stabilisieren. Sollten Sie einen Aufenthalt in höheren Regionen eingeplant haben, fahren Sie nicht gleich in einem auf 3.000 m Höhe durch, sondern legen Sie immer wieder Pausen ein, damit sich Ihr Kreislauf einstimmen kann.

Trotz aller Tipps, die ich gebe, ist es für Kreislaufkranke ratsam, einen Arzt zu befragen, denn es gibt keine generelle Empfehlung.

Fersensporn – Überbelastung der Sehnen

Er entsteht durch Überbelastung der Sehnenansätze am Fersenbein, die später durch Kalkeinlagerungen verknöchern und daher stechende Schmerzen beim Auftreten verursachen können. Erste Hilfe schafft eine Weichlegung mit Klebeschaumstoff. Weiters sollte vom Orthopäden eine Schaleneinlage angefordert werden. Flache Schuhe belasten die Ferse mehr, daher empfiehlt sich eine Absatzhöhe von 35 bis 40 mm.

Frühjahrsmüdigkeit

Vergessen Sie auf keinen Fall, den Körper im Frühjahr zu entschlacken! Bestimmt hat schon jeder von den berühmten Kneipp'schen Wasseranwendungen gehört. Kurz wiederholt: 30 bis 45 Sekunden lang kalt waschen, aber unbedingt bei geschlossenem Fenster (ohne Zugluft!) und mit einem möglichst groben Leinentuch.

Nach jedem Arm wird das Tuch frisch eingetaucht. Nun folgen fünf bis sechs zügige Längsstriche über Brust und Leib, über die ganze Rumpfseite. Anschließend, nach abermaligem Eintauchen, die Beine von vorne, nun die Beine von hinten eintauchen, und zum Schluss fünf bis sechs Streichungen über den Rücken. Anschließend wird der Körper nicht abfrottiert, sondern nur ganz

Freundschaft und Respekt: ORF-Generaldirektorin Dr. Monika Lindner, auch die Präsidentin des sehr effizienten „Vereins der Freunde Willi Dungls", hat den Bio-Professor immer besonders geschätzt. Sie hatte auch die Idee zur ersten (und einzigen) Dungl-Biographie.

leicht abgetrocknet, in einen Bademantel gehüllt, und dann geht es noch einmal für 10 bis 15 Minuten ab ins warme Bett.

Wer diese Übung einige Zeit durchführt, wird bereits nach zehn Tagen bemerken, um wie viel sich sein leibliches Wohlbefinden gebessert hat.

Wer danach die Wirkung vertiefen möchte, sollte es mit Güssen versuchen. Die einfachste Form, speziell bei kalten Füßen, ist es, in die leere Badewanne zu steigen, den Schlauch der Handbrause nun mit dem Wasserstrahl auf die große Zehe zu richten, dann geht es hinauf über die Schenkelinnenseite zum Knie, vom Knie wieder abwärts bis zur kleinen Zehe zurück zur Ferse, dann an der Schenkelrückseite an der Wade hinauf in die Kniekehle und hinunter zum Innenknöchel.

Beim zweiten Bein die gleiche Reihenfolge einhalten.

Diese Anwendung dauert maximal eine Minute.

Anschließend kurzes Abstreifen des Wassers, nochmals kurz ins Bett steigen, bis die Füße richtig warm sind, anschließend bekleiden Sie sich.

Bei *Wetterfühligkeit* empfiehlt sich der *Armguss.* Hiezu eignet sich wieder die Badewanne: Man beugt sich über sie und beginnt mit dem Wasserstrahl beim Daumen, fährt langsam bis zur Schulter hoch, beschreibt rund um die Schulter einen kleinen Kreis, zurück an der Außenseite des Armes bis zum kleinen Finger, anschließend an der Arminnenseite nach oben bis zur Achselhöhle. Der zweite Arm wird in der gleichen Weise behandelt:

Die Wirkung kann man verstärken, indem man auch den Schultergürtel mit einbaut und eventuell mit dem Schlauch über der Brust zwei bis drei Kreise zieht. Wichtig bei den Güssen ist, dass der Wasserstrahl nicht zu stark ist. Das Wasser soll locker rinnen und die Extremität richtig umhüllen.

Eine sehr einfache, abhärtende Form ist das *Wassertreten.* Dazu lässt man kaltes Wasser in die Badewanne rinnen, so viel, dass das Wasser bis zur Mitte der Wade reicht. Nun hebt man die Beine so hoch; dass man damit aus dem Wasser herauskommt. Man tritt eine bis maximal drei Minuten. Der Effekt ist erreicht, wenn man ein schneidend-kaltes Schmerzgefühl verspürt, dann soll man aufhören. Nun steigt man wieder aus dem Wasser, streift das Wasser kurz ab und zieht dicke, warme Socken an ,oder man schlüpft noch einmal ins Bett. Das Wassertreten ist eine der besten Methoden gegen kalte Füße.

Eine ausgezeichnete Alternative ist das *Tautreten.* Wer immer die Möglichkeit hat, sollte es vom Bett aus tun: Bademantel anziehen und barfuß über den Rasen laufen, bis nach 1 bis 2 Minuten ein leichtes Kältegefühl in den Füßen eintritt. Nun zurück in die Wohnung und warm duschen. Aber, Achtung, beim Wassertreten bzw. Tautreten: Bei Nieren- und Blasenleiden sollte von derartigen Behandlungen abgesehen werden.

Hier empfiehlt sich das *Fußbad mit ansteigender Temperatur.*

Dazu nimmt man am besten einen großen Topf oder Eimer, füllt ihn etwa knöchelhoch mit 35 Grad warmem Wasser, stellt die Füße hinein und gießt nun laufend heißes Wasser zu. Im Verlauf von 20 Minuten sollte die Temperatur auf 40 oder 42 Grad gesteigert werden. Zum Abschluss kann dann ein kurzer kalter Guss über die Füße erfolgen. Wichtig ist es, die Füße nachher gut einzuwickeln und 15 Minuten im Bett zu liegen.

Ansteigende Fußbäder sind bei beginnenden Erkältungskrankheiten, bei ermüdeten Füßen nach langem Stehen, bei leichtem Katarrh der Nase und des Rachens und, wie erwähnt, bei allen Arten der Wetterfühligkeit oder kalten Füßen empfehlenswert. Vorsicht bei Krampfadern und Venenentzündungen! In diesem Fall muss unbedingt vorher mit dem Arzt gesprochen werden.

Immer öfter höre ich, dass Menschen mit Beginn der wärmeren Jahreszeit über Müdigkeit, Kreislaufstörungen und angeschwollene Beine und Füße klagen.

Wie kommt es dazu?

Die lapidare Bezeichnung dafür ist „Frühjahrsmüdigkeit“. Bei Klimawechsel von kalt auf warm werden die Blutgefäße etwas schlaffer. Die Blutsäule drückt nach unten, daher werden die Venen in den Beinen ausgeweitet. Die Folgen: schwere Schwellungen. Die Beine sind natürlich schwerer, da mehr Flüssigkeit in den Beinen ist und das Blut nicht so rasch zirkuliert.

Was kann man dagegen tun?

Wenn man dem Wetterbericht entnimmt, dass das Wetter auf Wärme umschlägt, am Morgen bereits mit Trockenbürstungen beginnen. Mit einer mittelharten Massagebürste werden speziell Arme und Beine in Richtung Herz gebürstet. Oder unter der Dusche bei nicht zu warmem Wasser (32 bis 35 Grad) mit dem Massagehandschuh von den Zehen den Körper nach oben massieren. Nach der Dusche maximal 15 Sekunden mit kaltem Wasser nachduschen. Danach fest, mit einem möglichst harten, trockenen Frotteehandtuch, den Körper abreiben. Anschließend sollten Sie ein leichtes Frühstück zu sich nehmen: Joghurt, Müsli, Obst usw. – Ham und Eggs, Sardinen usw. sind zu schwer. Je weniger Plage der Körper mit der Verdauung hat, desto weniger Müdigkeit tritt ein.

Für jene, die besonders zu Verdauungsschwierigkeiten neigen, empfiehlt es sich, 1 EL Leinsamen zusätzlich zum Frühstück zu sich zu nehmen. Für den weiteren Tagesablauf mindestens alle zwei Stunden den Kreislauf kurzfristig in Schwung bringen. Verzichten Sie auf den Lift und gehen Sie die Stiegen in rascher Folge hinauf. Es sollte jedoch nicht nur ein Stockwerk sein. Oder laufen Sie auf dem Stand in kurzen, aber dafür schnellen Schwüngen. Die Umlaufpumpe „Herz" wälzt dadurch um und in Kürze kommt die Erleichterung.

Für jene Glücklichen, die in der Mittagspause ein Bad zur Verfügung haben, gilt die folgende Methode: Vom Knie bis zum Fußrücken einen kalten Wasserguss (wenn kein Schlauch vorhanden, dann mit einem Topf). Anschließend die Füße gut trocknen. Der Erfolg: Erleichterung für den ganzen Nachmittag.

Wenn körperliche Müdigkeit auftaucht, über den Puls an beiden Handgelenken einen kalten Wasserstrahl – ca. 1 Minute – rinnen lassen. Plötzlich fühlt man sich wie nach einem Vollbad. Die Gefäße ziehen sich nämlich zusammen und der Kreislauf funktioniert wieder.

Auch 2 Tropfen „Japanisches Pfefferminzöl" wirken Wunder: Verreiben Sie je 1 Tropfen davon auf beiden Schläfen. Zuerst tritt zwar ein kurzes Brennen und Kältegefühl ein, anschließend

Wer will da noch behaupten, Müsli-Essen macht grantig?

kommt jedoch das große Frischegefühl. Sehr zu empfehlen wären Aktiv-Matten. Diese Matten sind ca. 34 x 34 cm groß, wiegen ca. 700 g und werden aus Polyurethan hergestellt. Die Oberfläche sieht aus wie eine Geröllhalde. Die Buckeln sind so angebracht, dass der Fuß nach allen Seiten hin richtig durchgewalkt wird.

Grippe, Wiedererlangung der Kondition

Das erste, was bei einer Grippe bzw. bei allen Krankheiten, die zu Bettruhe zwingen, schwindet, ist die Kreislaufkondition. Das bemerkt man beim ersten Aufstehen: leichter Schwindel, Schwäche in den Beinen usw. Darum ist es am wichtigsten, die Kreislaufkondition wieder aufzubauen. Ich empfehle, mit einfachen Übungen in der Wohnung anzufangen:

– Auf den Boden legen, die Füße auf eine Sesselsitzfläche legen, in rascher Folge 10- bis 15-mal aufsetzen, danach Puls kontrollieren, warten, bis er sich wieder normalisiert hat.
– Kniebeugen im Stand, wieder 10- bis 15-mal; wenn der Puls jetzt nicht mehr so hoch ansteigt, können Sie mit der nächsten Übung beginnen:
– Fünf Minuten am Stand locker durchlaufen, am besten barfuß und auf rauer Unterlage, etwa einer Kokosmatte, damit gleichzeitig Reiz auf die Fußsohlen entsteht. Wichtig ist: nach jeder Übung warten, bis Sie wieder zum Ruhepuls kommen. Anschließend: warm duschen, aber dabei nicht ruhig stehen, sondern 3–4 Minuten im körperwarmen Duschstrahl bewegen. Und zum Abschluss: 15 Sekunden mit 20 Grad warmem Wasser abduschen.
– Sehr schlecht sind lange, heiße Wannenbäder, weil dabei die Blutgefäße schlaff werden und dadurch – bei ohnehin vorhandener Kreislaufschwäche – die Gefahr eines Kollaps groß wird.

Fürs permanente Aufbauprogramm – für jede Sportart, egal ob Schilauf, Tennis usw. – schlage ich als Basistraining folgendes Kreislaufkonditionstraining vor: Laufen Sie locker, solang Sie können, in eine Richtung und merken Sie sich den Punkt (z. B. Baum,

Der gesunde Alltag in Gars am Kamp. Willi Dungl beim Frühtraining mit seinen Gästen, für die er immer Zeit hatte. Und als einmal ein ganz Prominenter mit sieben Anzügen, aber ohne Sportschuhe zu einer Trainingswoche nach Gars kam, hat er auch ausgeholfen …

Strauch, Weg usw.), bleiben Sie aber dann nicht stehen, sondern gehen Sie zügig weiter, bis sich die Atmung wieder halbwegs normalisiert hat – bis Sie wieder durch die Nase atmen können (Faustregel: wahrscheinlich brauchen Sie dazu 50 Prozent der gelaufenen Strecke).

Das wiederholen Sie 10-mal. Wenn Sie mit 200 Metern beginnen, kommen Sie also auf 3.000 Meter.

Die Finnen haben dieses Trainingssystem einmal mit den Morsezeichen verglichen (Strich–Punkt–Strich), weil dieses Streckenverhältnis einem menschlichen Urempfinden entspricht. Wichtig ist nur, dass Sie jeden Tag laufen – und zwar jeden Tag ein Stück weiter. „Die schonungslose Therapie", wie es einmal ein deutscher Arzt genannt hat. Der richtige Trainingseffekt stellt sich ein, wenn Sie 5,6 km durchlaufen können.

Auf dieses Basistraining können Sie Ihr sportspartenspezifisches Krafttraining oder Koordinationstraining aufbauen. Dazu gehören Lockerungsgymnastik, d. h. Beweglichkeit sämtlicher Gelenke, aber genauso Dehnungsübungen. Sie kennen bestimmt die Fotos, wie sich z. B. Schirennläufer vor dem Start aufwärmen. Als Drittes müssen Sie die statischen Kraftübungen beachten.

Gymnastik-Schäden, was tun?

Natürlich gibt es Übungen, die dem Körper schaden können, jedoch meist bei extremer Ausführung oder bei Vorliegen gewisser körperlicher Schwächen. Das könnte etwa sein: bei Übungen in Bauchlage, wenn man ein Wirbelsäulen- oder Bandscheibenleiden hat. Bei der Übung in Rückenlage werden sämtliche Bruchleiden im Bauchbereich (Leistenbruch, Nabelbruch) gefährlich. Normalerweise sollte jede gymnastische Übung zur Steigerung der körperlichen Leistungsfähigkeit und Elastizität auf den Körper so abgestimmt sein, dass Schäden vermieden werden. Diese beiden Übungen sind jedoch sehr wichtig – die Übung in Bauchlage für die Rückenmuskulatur, die in Rückenlage für die Bauchmuskulatur.

Kapselriss durch Aufwärmungs-Absenz

Manche Verletzung ist symptomatisch für heute. Würde man sich zeitgerecht aufwärmen und Dehnungsübungen machen – es würde 80 Prozent der Verletzungen nicht geben, z. B. einen kleinen versteckten Kapselriss. Zu einem Kapselriss kommt es meist bei sportlicher Betätigung ohne Aufwärmtraining. Der Muskel dehnt sich, die Kapsel ist dazu noch nicht fähig und reißt ein. Die Beschwerden gehen jedoch rasch wieder zurück – bei großer Belastung kommen sie aber wieder. Dann empfehle ich, sich einmal in der Woche von einem Masseur behandeln zu lassen.

Konzentrationstraining, zum Beispiel für eine Wiederholungsprüfung

Viele Schüler haben eine Nachprüfung – und Konzentrationsprobleme. Ich bin kein Pädagoge. Aber ich kann einerseits aus meiner Erfahrung als Lehrer an der Massageschule, andererseits als Vater von zwei Töchtern meine Meinung kundtun. Rein prinzipiell weiß jeder von uns, dass die Konzentrationskurve nur eine gewisse Zeit aufrechterhalten werden kann. Prof. Gutmann meint, dass die Konzentration zwei bis maximal drei Stunden optimal ist. Wenn der Mensch lange sitzt und konzentriert beschäftigt wird, beginnt er sich zu verspannen. Die Muskulatur beginnt zu schmerzen, die Sauerstoffversorgung im Körper funktioniert nicht mehr optimal und das so genannte „Strebern" bringt dann zumeist nichts. Es ist daher eher empfehlenswert, zwei kurze Lernblöcke von $1^1/_2$ bis 2 Stunden pro Tag einzuschalten und sich zwischendurch körperlich zu betätigen: durch Sport, Gymnastik, Schwimmen usw. Ich glaube, so hat ein Kind eine bessere Vorbereitung auf eine Nachprüfung, da sich ja auch Geist und Körper erholen müssen.

Kopfschmerzen: abgenützte Halswirbelsäule

Die Hauptgründe dafür, dass Menschen in der zweiten Hälfte der Nacht oder am Morgen durch Kopfschmerzen wach werden, sind meist Abnützungs-Erscheinungen der Halswirbelsäule oder einseitige Tagesbelastung (Schreibtischarbeiten, Autofahrten ...). Im Schlaf sinkt die Halswirbelsäule durch, dadurch kommt es zu Verspannungen. Die Folgen sind Schmerzen, die oft wie ein Zangendruck am Hinterkopf verspürt werden. Natürlich verspannt sich dann die Nackenmuskulatur und in der Früh stehen Sie zusammengeschlagen und abgespannt auf, da die Erholung in der Nacht nicht möglich war.

Ich rate, sich sofort nach dem Aufstehen unter die Dusche zu stellen – zu entspannen und den Duschstrahl auf den Nacken zu richten (die Wassertemperatur darf etwas höher als die Körpertemperatur sein: ca. 37 Grad). Nach ca. zwei bis drei Minuten, wenn die Muskeln aufgewärmt sind, beginnen Sie mit Lockerungsübungen. Kreisen Sie mit den Schultern und mit dem Kopf, zuerst in eine Richtung, anschließend in die entgegengesetzte Richtung.

Man sollte jedoch auch tagsüber etwas zur Stärkung der Nackenmuskulatur tun: Machen Sie Übungen mit einem Gymnastikband. Umfassen Sie das Band mit beiden Händen und ziehen Sie es hinter dem Kopf auseinander. Wenn Sie kein Gymnastikband haben, nehmen Sie ein Telefonbuch und machen Sie kreisende Bewegungen hinter den Schultern. Diese Übungen führen Sie 20- bis 30-mal aus und machen anschließend Lockerungsübungen. Kreisen Sie mit den Armen, einige Male Kopfkreisen, Überdehnen der Schulter usw.

Bei regelmäßiger Durchführung dieser Übungen werden Sie bald feststellen, dass die Beschwerden seltener auftreten.

Eine wichtige Übung gegen alle Wirbelsäulen- und Haltungsschäden ist das Rückenschwimmen. Die Wassertemperatur sollte jedoch mehr als 26 Grad betragen.

Muskelkater

Zuerst muss ich gleich sagen: Einen andauernden, also hartnäckigen Muskelkater gibt es gar nicht, wenn man richtig trainiert, weil der Muskelkater am Beginn einer sportlichen Tätigkeit auftritt, wenn die Muskulatur die Übung und damit die Belastung noch gar nicht gewohnt ist.

Darüber hinaus gibt es zwei Arten von Muskelkater: Der eine kommt von Übersäuerung, der Anreicherung mit Milchsäure. Man braucht, um Zucker zu verbrennen, viel Sauerstoff. Wenn man etwa. in eine sehr starke Sauerstoffschuld gelangt, bleibt Milchsäure zurück, die sich im Gewebe ablagert und Schmerzen verursacht. Im gleichen Ausmaß, in dem der Muskel jetzt lernt, die Belastung anzunehmen und seinen Stoffwechsel zu ökonomisieren, geht der Muskelkater zurück, weil – ganz logisch – weniger Milchsäure zurückbleibt.

Jetzt zur zweiten Form von Muskelkater: Diese entsteht dadurch, dass die relativ unelastische und untrainierte Muskulatur plötzlich Belastungen ausgesetzt wird, bei der es zu Mikrorissen im Gewebe kommt. Auch das ist schmerzhaft. Meist ist dies auf abrupte Bewegungen ohne vorhergegangenes entsprechendes Aufwärmen zurückzuführen.

Was für beide Arten von Muskelkater gilt: Er kann nur dann sinnvoll bekämpft werden und ganz verschwinden (und auf längere Zeit wegbleiben), wenn man, ohne die Schmerzen zu beachten, sofort den Muskel gleich weiter belastet. Es gibt einige Sportlehrer, die meinen: „Muskelkater ist das Zeichen, dass du bis jetzt zu wenig Bewegung gemacht hast und dass du mehr für dich tun musst!“ Das ist eine Faustregel. Normalerweise verschwindet der Muskelkater, wenn man weiter Bewegung macht.

Was aber können Sie tun, um sich den Muskelkater zu erleichtern?

Zweierlei: Das eine ist viel duschen, 7 bis 8 Minuten lang, die belastete Muskulatur im Duschstrahl bewegen, damit sie dadurch gewärmt und locker wird, und dann kurz, 15 bis 20 Sekunden, mit kaltem Wasser abgießen (20 bis 24 Grad). Dadurch ziehen sich die Kapillare zusammen, Schlacken werden ausgeschleust.

Die andere Hilfe: Vor der Gymnastik können Sie mit durchblutungsfördernden Mitteln (Ölen oder Emulsionen) den Muskel einschmieren. Nehmen Sie aber keinesfalls Mittel, die Nikotinsäure enthalten, weil diese nur Hautreiz hervorrufen. Zwar wird die Haut dadurch rot und heiß, aber im Muskel selbst kommt es kaum zur Durchblutungssteigerung – und wenn man dann noch zu schwitzen beginnt, brennt die Haut – also ein sinnloser Hautreiz.

Zur Frage, ob ich genauso viel Wert auf aerobische Übungen lege wie Cooper oder Gymnastik genauso bewerte: Ich glaube, dass beides sehr wichtig ist. Die aerobischen Übungen sind extrem wichtig für den Kreislauf – die Ausdauerläufe stehen bei mir an vorderster Stelle. Aber wenn mein Kreislauf noch so gut funktioniert, wird mir das Lauftraining sehr wenig bringen, wenn meine Wirbelsäule schwach ist und die Stützmuskulatur fehlt. Denn diese Muskulatur kommt nicht vom Laufen. Das eine kann also das andere nicht ersetzen, daher brauche ich Gymnastik.

Natürlich kann ich auch mit Gymnastik eine gewisse Kreislaufbelastung erzielen, aber Kreislauftraining als solches hat erst ab 17 Minuten Dauerbelastung einen Trainingseffekt für den Körper. Bei Gymnastik hat man kaum über einen längeren Zeitraum konstante Kreislaufbelastung, weil die Belastung eher in Wellen erfolgt.

Nochmals: Ich glaube, dass beides gleich wichtig ist, und da man nicht jeden Tag Ausdauerläufe machen muss (sogar Cooper schreibt: „Viermal in der Woche laufen ist genug"), kann man die Sache so lösen, indem man z. B. jeden geraden Tag läuft und jeden ungeraden Tag intensive Gymnastik betreibt. Das wäre das Beste.

Ich glaube, dass seit Jahrzehnten jeder den Namen Cooper kennt. Dr. Cooper war Fachmann für Flugmedizin, verantwortlich für die Fitness der US-Astronauten, und hat das Laufen als einziges Mittel herausgefunden, um Ausdauerkondition und körperliche Fitness zu erreichen.

Der so genannte „Cooper-Test": Man läuft eine Strecke in 12 Minuten ab, misst danach, wie weit man in diesen 12 Minuten gekommen ist. Waren es 2,4 km, dann kann man sagen: Man verfügt über ausgezeichnete Fitness. Bei über 35-jährigen genügen bereits 2,1 km binnen 12 Minuten.

Sommergetränke

Jeden Sommer werde ich gefragt: Ist Trinken gesund? Und was soll man trinken?

Dazu gleich eine prinzipielle Feststellung: Zwei Drittel unseres Körpers bestehen aus Flüssigkeit, diese dient als Lösungs-, Transport-, Kühl- und Wärme-, Reinigungsmittel usw., hat also alle möglichen Funktionen zu erfüllen.

Was passiert nun, wenn ich schwitze? Das Wasser verdunstet und kühlt die Hautoberfläche, dadurch wird die Körpertemperatur reguliert. Gleichzeitig aber treten mit dem Schweiß verschiedene Stoffe aus der Haut aus, vor allem Kalzium und Kalium. Bei extremem Flüssigkeitsverlust wird das Blut richtig dick. Dadurch fließt es schwerer durch die kleinen Haar- oder Kapillargefäße, die Folgen sind Kreislaufbelastung (das Herz muss schwerer umpumpen), dadurch schlechter werdende geistige Reaktion und Konzentrationsschwäche.

Aus diesem Grund hat Professor Peter aus Deutschland Hämatokrit-Untersuchungen bei Niki Lauda nach einem Rennen durchgeführt. Was das heißt?

Prof. Peter hat erforscht, um wie viel das Blut dicker wird. Dank dieser Forschungsergebnisse bekommen die Autorennfahrer bei den heißesten Grand-Prix-Rennen, vor allem in Südamerika, spezielle Mineralgetränke, um das Flüssigkeitsdefizit auszugleichen. Damit werden die Fahrer vor gesundheitlichen Schäden bewahrt.

Noch etwas: Die wichtigen Salze, vor allem Kalium und Kalzium, die beim Schwitzen ausgeschieden werden, müssen dem Körper unbedingt wieder zugeführt werden, weil sonst die Muskulatur mit Krämpfen reagiert.

Typisches Beispiel, an das sich manche vielleicht noch erinnern: Der deutsche Gewichtheber Rolf Milser musste bei der Olympiade 1976 in Montreal drei Kilogramm abschwitzen (um das Limit für seine Gewichtsklasse zu erbringen) und geriet dadurch in ein so starkes Flüssigkeits- und Mineralmanko, dass er, als er auf die Bühne stieg und das Gewicht erstmals hochheben wollte, am ganzen Körper von Krämpfen geschüttelt wurde und keine Leistung zuwege brachte: Fehlversuch. Erst als man Milser ein Getränk mit

Mineralien gab und somit sein Defizit ausglich, brachte er seine ganz normale Leistung – ja, er schaffte damals sogar einen Weltrekord! So viel also über die Wichtigkeit der Salze und Minerale, nicht nur bei hochsommerlichen Temperaturen.

Wie wichtig aber Flüssigkeit als Transport-, Verdünnungs- und Reinigungsmittel ist, hat man auch bei der „Höhen-Olympiade" in Mexiko 1968 schmerzhaft zur Kenntnis nehmen müssen. Sie kennen vermutlich den Ausdruck „Montezumas Rache", mit dem Durchfall in diesen Breiten bezeichnet wird. Der Großteil der Athleten wurde von diesem Übel befallen, bekam Durchfall, aber aus Angst (einerseits vor neuerlicher Infektion, andererseits vor dem neuerlichen Sprint zum WC) tranken die Leute fast nichts mehr. Die Folgen waren verheerend: Binnen einer Woche häuften sich Nierenkoliken, Nierensand, Nierensteine – in Wirklichkeit nur durch zu wenig Flüssigkeit schlecht ausgeschwemmte Schlacken, die sich jetzt in den Nieren ablagerten. Als die Sportler wieder ihr normales Quantum tranken, waren die Nierenbeschwerden mit einem Schlag weg.

Wie viel soll man also trinken? Die Faustregel sagt: Im Durchschnitt 1 1/2 bis 2 Liter Flüssigkeit pro Tag, bei größerer Hitze und stärkerer Verdunstung entsprechend mehr. Bei täglicher Durchschnittsbelastung genügen normale Mineral- bzw. Tafelwässer, um die Mineralbilanz auszugleichen. Bei sportlichen Leistungen, speziell über einen längeren Zeitraum, wie etwa beim Tennis, empfehle ich, zusätzlich Elektrolyte in Mineralwasser aufzulösen. Jene bekommen Sie beim Apotheker, dieses beim Greißler an der nächsten Ecke oder im Supermarkt. Natürlich kann ich noch das Nützliche mit dem Angenehmen verbinden, also den Geschmack der Getränke durch Zusatz von Fruchtsäften variieren. Sicherlich ist auch der" G'spritzte", mit Maß und Ziel genossen, ein sehr gutes Erfrischungsgetränk.

Noch ein Wort zum Unterschied zwischen Tafelwasser und Mineralwasser: Tafelwasser ist eher geschmacksneutral und somit mit allem mischbar, Mineralwässer haben, wie schon der Name sagt, einen etwas höheren Mineralgehalt und können entweder alkalisch oder säuerlich sein. Das heißt, ein Mineralwasser kann die Verdauung verbessern, ein anderes den Leberstoffwechsel anregen

Ein großer Tag. Der damalige Wissenschaftsminister Tuppy verleiht Dungl – der eigentlich Eisenhändler hätte werden sollen – die Urkunde zum Professor. Aufgehängt hat er sie nie, aber er war mit Recht stolz darauf.

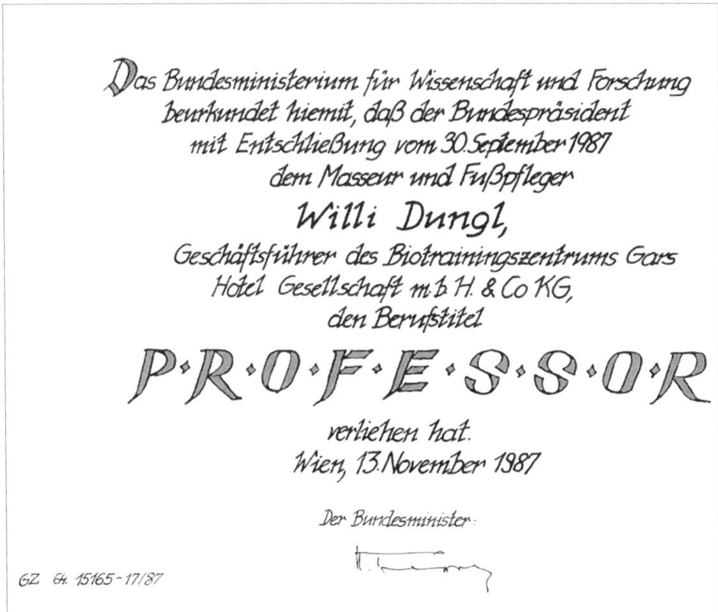

Das Bundesministerium für Wissenschaft und Forschung
beurkundet hiemit, daß der Bundespräsident
mit Entschließung vom 30. September 1987
dem Masseur und Fußpfleger

Willi Dungl,

Geschäftsführer des Biotrainingszentrums Gars
Hotel Gesellschaft m.b.H. & Co KG,
den Berufstitel

P·R·O·F·E·S·S·O·R

verliehen hat.
Wien, 13. November 1987

Der Bundesminister:

GZ 64. 15165-17/87

(Karlsbader). Also nochmals: Tafelwasser kann jeder trinken – bei Mineralwasser kann es unter Umständen notwendig sein, sich vorher über die Wirkungen zu informieren. Die Indikationen stehen ohnehin zumeist auf der Flasche.

Noch eine Bemerkung zum Thema Kalorien: Während Mineralwasser keinerlei Kalorien hat, kann es Ihnen passieren, dass Sie mit manchen Limonaden bis zu 200 Kalorien pro Viertelliter zu sich nehmen. Also aufgepaßt! Auf die Frage, gekühlt oder nicht gekühlt, gibt es nur eine Antwort: Als unser Organismus konstruiert wurde, hat's noch keinen Kühlschrank gegeben. Trinken Sie also ungekühlt, etwa Zimmertemperatur, das Spektrum wäre 20 Grad bis Körpertemperatur. Unter 20 Grad riskieren Sie eine ganze Menge: Gastritis und Halschmerzen.

Schuhschnallen drücken – der Klebeschaum

Wer einen hohen Fußrist mit oberflächlicher Unschrägmaterie hat, dem empfehle ich folgenden Versuch: Tasten Sie am Fußrücken, dort, wo die Strecksehne von den großen Zehen nach oben geht, nach dem Fußpuls und markieren Sie diese Stelle mit einem Filzstift.

Nehmen Sie nun ein Stück 5 mm starken Klebeschaum und kleben Sie es links und rechts der Markierung, so dass in der Mitte eine 1 cm breite Rille bleibt. Ziehen Sie dann vorsichtig die Strümpfe an, ohne den Klebeschaum zu verschieben. Versuchen Sie die Schischuhe. Wahrscheinlich werden die Beschwerden durch die entlastete Arterie nicht mehr auftreten.

Schweiß kann zur Plage werden

Schweiß ist normalerweise eine physiologisch wichtige Körperfunktion, kann allerdings durch zu viel Waschen, synthetische Kleidung oder auch Nervenbelastung überhand nehmen und so zur Qual werden.

Die schweißhemmende Wirkung von Salbei und Apfelessig ist

seit Jahrhunderten bekannt. Wenn Sie zu viel schwitzen, versuchen Sie weiters kühle Waschungen mit Salbeitee, dem ein Esslöffel Apfelessig zugefügt wurde. Versuchen Sie, eine Woche lang auf Seife zu verzichten. Es gibt jedoch auch fertige schweißhemmende Badeextrakte ohne klinische Zusätze. In schweren Fällen müsste allerdings der Arzt aufgesucht werden, da ebenso eine Stoffwechselkrankheit vorliegen könnte.

Senkfuß – Fußgymnastik

Beim Senkfuß sinkt der Fußinnenrand ab, beim Spreizfuß sinkt das vordere Quergewölbe durch. Beides ist die Folge des Nachlassens der Muskulatur und Sehnen. Abhilfe bringen Kräftigungsübungen wie Aufheben eines Bleistifts mit den Zehen, Zusammenknüllen eines am Boden liegenden Handtuches mit den Zehen und jede Greifbewegung. Aber auch das Gehen auf Schotter oder Rasenboden verbessert die Fußmuskulatur.

Laufen auf der Fußmatte und Fußmassage sind taugliche Mittel zur Verbesserung. Und natürlich: richtige, gehbewegliche Einlagen in Schuhen. Was macht ein Schiläufer mit Senkfuß? Bei längerer Belastung sinken die Fußgewölbe durch. Die im Unterschenkel entspringenden Sohlenmuskeln werden überbelastet und verkrampft. Da hilft der Orthopäde mit gezielter Fußgymnastik und elastischen Einlagen im Schischuh. Zum Trost vieler: Vor Jahren hatte ein prominenter Rennläufer das gleiche Problem. Seit er Einlagen hat, kann er wieder bis ins Ziel voll fahren, ohne aus der Hocke zu gehen.

Tee. Die älteste Heilform überhaupt …

Er war vor jedem Pulver da, und vor jeder Salbe. Mit Tee kann man vielerlei erreichen: den Kreislauf aufputschen oder beruhigen, eine Darmverstopfung provozieren oder einen Durchfall.

Warum? Tee, richtig gemacht, ist nichts anderes als das Herausziehen von Naturkräften aus Blüten, Pflanzen oder Wurzeln.

Worauf es ankommt: Den richtigen Tee zur richtigen Zeit auf die richtige Art zuzubereiten.

Nur ein Beispiel: russischer Tee. Ganz hell, also nur kurz gebraut, ist er anregend, kann sogar aufmuntern und den Schlaf vertreiben – hingegen ist dunkel gebrühter Tee beruhigend, besonders, wenn Milch beigefügt wird oder mit Honig gesüßt wurde. Sicherlich hätten Sie genau das Gegenteil erwartet.

Die Kräfte der Natur warten nur darauf, benützt zu werden. Übrigens: Kaum ein Spitzensportler, der heutzutage ohne Tee auskommt. Tee-Rezepte, eine kleine Auswahl:

- *Entschlackungstee:* 4 Teile Sennesblätter, 2 Teile Kamille, 2 Teile Kümmel, 1 Teil Anis. Von dieser Mischung 2 Esslöffel mit $^{1}/_{4}$ l kochendem Wasser überbrühen, 15 Minuten ziehen lassen. Schluckweise trinken.
- *Entwässernder Tee:* 2 Teile Brennnessel, 1 Teil Sauerampferblätter, 1 Teil Spitzwegerich, 1 Teil Tausendguldenkraut, 1 Teelöffel mit einer Tasse kochendem Wasser überbrühen, 10 Minuten lang ziehen lassen, 2 Tassen täglich schluckweise trinken.
- *Blutreinigender Tee:* 1 Teil Ehrenpreis, 2 Teile Brennnessel, 1 Teil Pfefferminze. Ein Teelöffel pro Tasse. Zubereitung wie oben: überbrühen und 10 Minuten lang ziehen lassen.
- *Frühstückstee,* der gleichzeitig erfrischt: 2 Teile Hagebutten, 1 Teil Melisse, 1 Teil Eisenkraut, 1 Teil Orangenblüten oder, als Alternative dazu, 4 Teile Brombeerblätter, 2 Teile Himbeerblätter, 2 Teile Erdbeerblätter, 1 Teil Pfefferminze, 1 Teil Holunderblüten.
- Gegen hohen Blutdruck werden 2 Teile Johanniskraut, 1 Teil Schafgarbe, ein halber Teil Arnikablüten genommen.
- Blutdruckregulierend wirken immer Weißdornblüten und Knoblauch. Wichtig gegen Frühjahrsmüdigkeit ist es, den Körper auch bei der Verdauung zu entlasten. Denn man darf nicht vergessen: Verdauung ist Arbeit und belastet den Kreislauf.
- Mein Tipp: Öfter einen Rohkosttag einschalten! Und wer viel Arbeit hat, sollte zu leichtem „Brennstoff“ greifen.

Wadenmuskel-Brennen

Wir kennen die bei Spitzensportlern immer wieder auftretenden brennenden Wadenmuskeln. Nach eingehender Behandlung stellt sich meist heraus: Eine Verletzung mit Bluterguss wurde ohne Komplikationen und Behandlung ausgeheilt. Nun kann auch wieder beschwerdefrei trainiert werden, bis zum Augenblick, wo wieder eine extreme Belastung vorhanden ist. Es kommt nun im gleichen Bereich (wo der Bluterguss war) zu brennenden Schmerzen und zu einer neuerlichen Verletzung. Warum? Im Blut ist Fibrin enthalten (zur Gerinnung des Blutes, außerdem auch ein sehr intensiver Klebstoff). Bei einem Bluterguss oder bei einer Blutung wird dieses Fibrin frei und verklebt Gewebsfasern oder -schichten. Bei normaler Schonbelastung fällt nichts auf. Man glaubt, die Muskelverletzung sei ausgeheilt. Kommt nun mit zunehmendem Training die erhöhte Belastung, wird der Muskelbauch größer, die Muskelfasern und Muskelkapseln werden mehr gedehnt. Wo nun die alten Verklebungen sind, wird die Kapsel nicht so elastisch, da sie jedoch extrem gedehnt wird, beginnt der Schmerz.

Reduziert man die Belastung, verschwinden die Beschwerden rasch und ohne Folgen – bis zur nächsten Belastung, Versucht man, diesen Schmerz zu überwinden, kann es zu einem neuerlichen Kapselriss kommen.

Was kann man nun tun? Mit gut passendem Gummi- oder Wadenstrumpf den Muskel stützen und verhindern, dass der Muskelbauch die Muskelkapsel überdehnt. Nächtens Wickel mit Arnikatinktur – eventuell tagsüber mit Muskelsalbe mehrmals eincremen. Es muss jedoch gesagt werden, dass die Erfolgsaussichten der Selbstbehandlung nicht übermäßig hoch sind.

Hartnäckige Fälle dieser Art behandeln wir nach vorheriger Abklärung mit dem Arzt durch Stäbchenmassage. Hierbei handelt es sich um eine Methode, bei der man mit speziell geformten Stäbchen die verklebten Stellen bearbeitet und löst. So wirksam diese Methode ist, so schmerzhaft kann sie auch sein. Oft ergänzen wir diese Stäbchenmassage mit Elektrobehandlung.

Manchmal kommen auch Sportler zu uns, die ähnliche Beschwerden haben – es stellt sich aber heraus, dass in Wirklichkeit eine Nervirritation durch einen Abnützungsschaden in der Wirbelsäule die Schmerzen im Bein verschuldet. Hier helfen keine Muskelmassagen im Bein, sondern eine spezielle Behandlung der Wirbelsäule. Deshalb sollte man bei hartnäckigen Beschwerden zeitgerecht zur Differenzialdiagnose den Arzt aufsuchen.

Wasserschifahren: Muskelkater verhüten

Die häufigsten Schmerzen nach dem Wasserschifahren entstehen durch Muskelkater in der Waden-, Oberschenkel-, Bauch-, Schulter- und Unterarmmuskulatur. Wobei die Beschwerden am Beginn der Saison am stärksten sind und im Lauf der Zeit immer schwächer werden. Das hängt damit zusammen, dass man anfangs zu steif am Schi steht und sich in schlechter Zughaltung verkrampft am Seil anhält. An und für sich werden diese Beschwerden mit zunehmendem Können und Training immer geringer. Für jene, die dagegen etwas unternehmen möchten, hier einige Tipps:

1. Wie beim alpinen Schilauf sollte man sich auch beim Wasserschilauf die Kondition in den Monaten vorher durch entsprechende Gymnastik (Schigymnastik eignet sich dafür vorzüglich) und leichtes Krafttraining verschaffen. Nehmen Sie z. B. eine Gummischnur bzw. einen Gummiring, hängen Sie die Schnur über die Türschnalle und spannen Sie nun den Gummi durch Zurückgehen an. Lassen Sie Ihren Körper bei gestrecktem Halt in Wasserschistellung zurücksinken, verharren Sie in dieser Stellung 2–3 Minuten. Danach auslockern und eventuell wiederholen. Wer diese Übung verstärken möchte, kann sich mit den Füßen auf einen Nudelwalker (Rundholz tut's auch) stellen – aber Vorsicht vor dem Ausrutschen!

2. 30 Minuten vor dem Wasserschifahren die belastete Muskulatur mit Muskelwärmer einmassieren, danach Aufwärm- und Lockerungsgymnastik.

Erfrierungen bei +10 Grad!

Schon vor Jahren hat man an der Hautklinik festgestellt, dass bei plus 10 Grad Lufttemperatur und starkem Wind Damen mit nassen Nylonstrümpfen Frostschäden an der Haut erlitten! Diese Erkenntnisse sollte gerade der Wasserschiläufer beherzigen und den Kühleffekt von Fahrtwind und Wasser nicht unterschätzen. Bei Temperaturen unter 24 Grad nur mit Schutzanzug fahren!

Windsurfen – Vermeidung von Rücken- und Wirbelschmerzen

So mancher Windsurfer stellt im Laufe des Tages fest, dass er Rückenschmerzen bekommt, fallweise schmerzen auch die Schultern, die Arme und die Brust. Meist liegt die Ursache darin: Am Anfang steht der Surfer nicht sehr locker auf dem Surfbrett, dadurch ist er verkrampft. Es lässt sich doch sehr selten vermeiden nass zu werden, und dann streicht der Wind über den Körper. Es besteht die Gefahr von Unterkühlung der Muskelgruppen und Verhärtungen. Man kann jedoch durch entsprechend zweckmäßige Surfkleidung vorbeugen und nach dem Surfen fünf Minuten lang mit warmem Wasser duschen, dabei die Muskulatur locker durch bewegen, so dass sie wieder homogen und gleichmäßig wird. Sollte trotzdem in der Schulter ein Ziehen oder Schmerzen auftreten, so empfehle ich Massagen mit durchblutungsfördernden Mitteln.

Ich halte Tennis für einen ausgezeichneten Ausgleichssport zum Windsurfen, denn beim Windsurfen steht man statisch auf einem Fleck und macht doch nur kleine Bewegungen. Beim Tennisspielen hat man sehr intensive Bewegungen und ein kreislaufmäßiges Training, dadurch wird die Muskulatur wieder gelockert. Nach dem Surfen sollte man, wie gesagt, duschen und anschließend kann man ohne weiteres eine Stunde Tennis spielen, damit man den Ausgleich hat.

Zerrung vom Fußballspielen – leider hartnäckig

Es passiert des Öfteren, dass nach Zerrungen im Oberschenkel der Bluterguss in die Kniekehle absinkt und dort zu Verklebungen führt. Meiner Erfahrung nach sind, nach Ausschluss gefährlicher Zustände durch den Arzt, folgende Maßnahmen am brauchbarsten: Man tränkt ein Tuch in einer Salzwasserlösung (1 Teelöffel auf $^1/_4$ Liter Wasser) und legt es anschließend für eine Viertelstunde ins Tiefkühlfach. Die gekühlte Kompresse legt man auf die Kniekehle und lässt sie ca. 10 bis 15 Minuten dort. Danach mit der „Trauma-Salbe" den Kniekehlenbereich bis zwei Handbreit darüber eincremen. Das geht so vor sich: Setzen Sie sich ganz vorne auf einen Stuhl und stellen den Fuß leicht auf, so dass sämtliche Muskeln entspannt sind. Dann nehmen Sie Streichungen vor – immer wieder von der Wade über die Kniekehle bis zum Oberschenkel. Anfangs leichter beginnend und den Druck dann etwas steigernd. Anschließend machen Sie Gymnastik und Lockerungsübungen – der Kasatschok-Sprung ist dafür bestens geeignet.

Wanderfreuden sind zu planen

Über die Ausrüstung

Wenn der Frühling mit voller Kraft eingekehrt ist und uns auf Schritt und Tritt begegnet, es überall grünt und blüht, so sollten auch wir – wie die Natur – unsere Kräfte neu aktivieren, den Kreislauf und die Muskeln anregen, Sauerstoff und Vitalität tanken: Die einfachste Möglichkeit hiezu bieten Wandern und Laufen.

Wie bei allem sollte man mäßig beginnen: Auch beim Wandern sollte man vor der ersten größeren Tour nicht nur auf die Schuhe, sondern auch auf sich selbst achten. Damit können Sie schon am Morgen beginnen: Am Abend, nach dem Nachtmahl, die Schuhe anziehen und eine Stunde in der lauen Nacht spazieren gehen. Das tut der Verdauung und dem Schlaf gut und ist der erste Sehritt zum Wandertraining. In den folgenden Tagen verstärken Sie das Tempo bzw. erweitern Sie die Strecke. Auch sollten nun ansteigende Wegstrecken eingebaut werden.

Wer in keiner hügeligen Gegend wohnt, findet sicherlich ein Haus, in dem er bis zum fünften oder sechsten Stock hinaufklet-

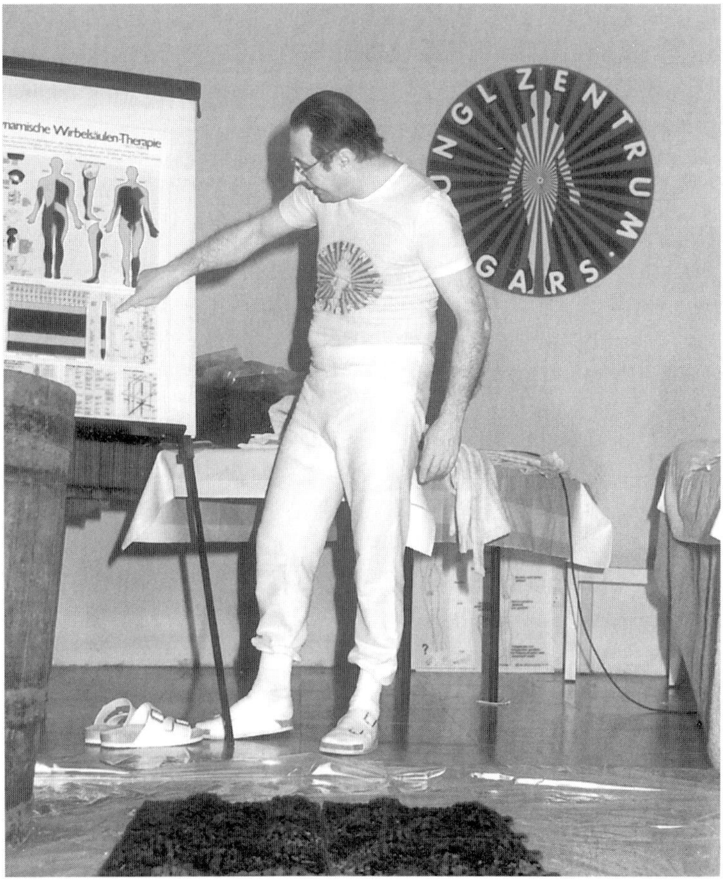

So beginnt – im Idealfall – ein Dungl-Training: Zuerst einige Minuten Laufen auf der grünen genoppten „Dungl-Matte". Das aktiviert den Kreislauf und die Fußreflexzonen.

tern kann (in Amerika gibt es jetzt sogar einen neuen Sport: „das Wolkenkratzergehen").

So wie der Autofahrer vor einer großen Tour sein Auto noch kurz durchsieht, sollten Sie Ihre Füße vor einer großen Wanderung bei einem Fußpfleger behandeln lassen. Ein eingewachsener Nagel, ein Hühnerauge oder eine Hornschwiele an der Ferse kann die ganze Wanderung zur Tortur werden lassen: Nicht selten passiert es, dass zu lange Zehennägel beim Bergabgehen vom Socken nach rückwärts gestoßen werden und zu Blutergüssen unter dem Nagel führen. Erfahrene Bergwanderer baden allerdings ihre Füße einen Tag vor der Wanderung nicht mehr und gehen schon am Wochenanfang zur Fußpflege. Dafür werden die Füße am Tag vor der Wanderung mit einer fetten Fußcreme intensiv massiert.

Wenn dann der erste Wandersonntag vor der Tür steht, sollte auch die richtige Ausrüstung parat sein. Das Wichtigste ist einmal die richtige Kleidung. An erster Stelle steht das gute Schuhwerk. Es soll das Sprunggelenk stützen und das Umknöcheln verhindern. Eine gute, griffige Sohle sollte uns vor dem Ausrutschen und unnötigen Verletzungen schützen, außerdem soll sie uns einen sicheren Tritt geben.

Oberstes Prinzip: Nie mit einem neuen Schuh auf Wanderschaft gehen! Baumwollstutzen sollten schon einmal getragen sein. Noch ein paar wichtige Tipps: Wanderhose mit gut sitzendem, aber nicht zu engem Bund. Baumwoll- bzw. Seidenunterwäsche. Baumwollhemd, Wanderjacke.

Bei Westen sollte unbedingt ein Regen oder Windschutz im Rucksack sein, da sonst der verschwitzte Körper bei der ersten Rast bereits den Hexenschuss bekommen kann. Eine leichte, luftige Kopfbedeckung sollte als Sonnenschutz dienen und vor Zugluft schützen. Ebenso sollte man als Augenschutz eine Sonnenbrille tragen.

Wichtiges Prinzip: Lieber etwas mehr anziehen, denn ausziehen kann man es dann immer noch. Aber wenn einem erst einmal kalt ist, kann es zu spät sein.

Der Wanderrucksack soll mit einem guten Traggestell ausgerüstet sein und sich gut an den Rücken anpassen. Gute Qualität ist hier von Vorteil: Spart man beim Preis, so spart man am falschen Fleck. Inhalt des Rucksackes sollte sein: eine kleine Notapotheke, Unterwäsche zum Wechseln, ein Hemd und Socken, ein Wetterfleck oder sonstiger Regen- und Windschutz und eine nicht zu große Proviantdose.

Wenn Sie Ihre erste Rast machen, dann bitte nicht auf kalte Steine setzen – immer etwas unterlegen! Hämorrhoiden, Blasen- und Prostataentzündungen sind Leiden, die man sich ersparen sollte. Nicht vergessen: Den verschwitzten Körper durch Anziehen einer Jacke vor Zugluft schützen. Die Jause sollte eine kleine Erfrischung und kein Gelage sein. Denn bedenken Sie: Verdauung ist Arbeit, die das Weitergehen erschwert. Ein Stück Vollkornbrot und ein Apfel (gut gekaut), das kräftigt, schmeckt auch gut und belastet nicht.

Haben Sie endlich den Gipfel erreicht, dann wechseln Sie vor dem Abstieg die verschwitzte Wäsche, um Erkältungen zu vermeiden.

Die Notfallsapotheke

Ein Briefchen mit Hansaplast-Strips, ein 2 cm breites, wasserfestes Leukoplast, eine sterile Injektionsnadel (in Hülle), ein kleines Verbandspäckchen, ein kleines Fläschchen Merfen orange, eine Schere, eine Splitterpinzette, eine elastische Binde (noch besser ist eine Koban-Binde, 7,5 cm breit), ein Stück Klebeschaum, ein Dreiecktuch, zwei Sicherheitsnadeln, ein Fläschchen mit japanischem Heilpflanzenöl, ein Briefchen Sofratyl, ein Melolin. Eventuell noch eine Fußcreme, eine Sonnencreme, eine Tube Xylocain-Salbe (5 Prozent).

Unser oberstes Prinzip ist ja: So wenig Medikamente wie möglich einzunehmen. Nicht gleich bei den geringsten Beschwerden eine Tablette schlucken. Trotzdem sollten Sie Ihren Arzt um ein Medikament gegen Kopf- oder Zahnschmerzen bitten, das Sie Ihrer Notfallsapotheke beifügen könnten. Sollten Sie irgendwelche Schwierigkeiten haben, wird Ihnen der Apotheker gerne Auskunft geben.

Die Proviantdose

Sie sollte Trockenfrüchte (eventuell getrocknete Aprikosen, Feigen oder Datteln) enthalten. Es ist jedoch zu beachten, dass Trockenfrüchte durch den hohen Fruchtzuckergehalt manchmal durstig machen. Ich selbst ziehe Aprikosen den anderen Früchten vor, außerdem enthalten sie mehr Mineralien. Nüsse sind richtige

Energiespender: Wer jedoch beim Wandern abnehmen will, sollte auf die Nüsse verzichten, da sie sehr kalorienreich sind. Vollkornbrot und Grahamweckerl sind das richtige Gebäck für den gesundheitsbewussten Wanderer. Aber auch Hafergebäck ist ein guter Energiespender und liegt nicht schwer im Magen. Käse und Äpfel sind die Ergänzung dazu. – Speck und Wurst sollten jedoch in keiner Proviantdose zu finden sein. Sie belasten nur die Verdauung und bringen keine kurzfristig verwertbare Energie.

Für den Teeliebhaber würde ich folgende *Tees* empfehlen: Hibiscustee oder eine Mischung aus Brombeer-, Himbeer- und Erdbeerblättern, aber auch Melisse mit etwas Ehrenpreis kann ein sehr guter Durstlöscher sein – und den Stoffwechsel verbessern.

Eingewachsene Nägel

Sie kommen meist vom falschen Schneiden oder von schlechten Schuhen. Ausschneiden allein bringt nur im Moment Erleichterung und verstärkt die Beschwerden langfristig noch mehr. Der geschulte Fußpfleger korrigiert den Nagel vorsichtig, unterfüttert mit Tamponadestreifen und kann schließlich durch eine Nagelprothetik mit Kunstharz das Problem auf Dauer beseitigen.

Der Fußpilz

Etwa 70 Prozent aller Menschen haben heute bereits unter diesen Parasiten zu leiden. Hauptmerkmale: weiße, aufgequollene Haut zwischen den Zehen, manchmal auch Einrisse. Auf der Sohle schält sich die Haut und es bilden sich kleine Bläschen. Bei den Nägeln erkennt man den Fußpilz an weißgelben bis braunen Streifen. Der Nagel ist an der Unterseite meist verdickt und bröckelig. In schweren Fällen sind die Zehennägel bis zu einem Zentimeter dick, im Volksmund werden sie als Holznägel bezeichnet. Die Behandlung wird vom Arzt durchgeführt und vom Fußpfleger unterstützt. Nach Feststellung der Pilzart (es gibt unzählige Stämme) durch eine Kultur (einige Hautschuppen werden in eine

Nährlösung gegeben und bebrütet) verordnet ein Arzt ein antimykotisches Fußbad, eine Tinktur für die Nägel bzw. eine Salbe für die Haut. Da beim Fußpilz durch Sporen in den Socken und Schuhen eine neuerliche Infektion möglich ist, sollte man diese mit Hilfe eines entsprechenden Sprays desinfizieren. Der Fußpfleger kann mittels Fräsers die verdickten Nägel abtragen und so eine raschere Heilung unterstützen.

Hühneraugen

Sie entstehen durch Druckeinwirkung von außen. Das alleinige Abtragen der Hornhaut bedeutet noch nicht, dass das Hühnerauge wegbleibt. Richtig wäre, das Hühnerauge abtragen zu lassen und anschließend die Ursache zu bekämpfen: durch Anlegen eines Druckschutzes aus Schaumgummi. Ein altbewährtes Mittel ist: einen Wattebausch mit Rizinusöl tränken und diesen während der Nacht auf die Druckstelle auflegen. Mehrmaliges Eincremen mit fünfprozentiger Xylocain-Salbe kann vorübergehend Schmerzempfindlichkeit lindern.

Blasen

Hier nützt auch der Grundsatz: „Vorbeugen ist besser als heilen." Erstens: gut passendes, eingegangenes Schuhwerk nehmen. Das Leder eventuell mit Lederfett geschmeidig machen, eventuell an Druck- und Reibstellen das Leder innen mit Seife einreiben. Zweitens: Wenn man einen Reibungs- und Druckschmerz verspürt, sollte man sofort die Schuhe ausziehen, die Druckstelle durch Klebeschaum entlasten oder einen Streifen wasserfestes Leukoplast straff über die blasengefährdete Stelle geben. Drittens: Hat sich bereits eine Blase gebildet, dann mit Merfen orange desinfizieren, mit der sterilen Injektionsnadel anstechen und die Flüssigkeit abfließen lassen. Abermals desinfizieren und mit Hansaplaststrips steril versorgen. Um den Druck zu vermindern, kann man außen mit Klebeschaumstoff ein Entlastungsriff aufkleben.

Der Wolf

Eine der gefürchtetsten Torturen für Radler, Läufer, Reiter und Wanderer ist der Wolf. Er wird in erster Linie durch unsachgemäße Unterwäsche verursacht. Raue Unterhosen, harte Wäschenähte oder schlecht gespülte Unterwäsche mit Waschmittelrückständen können im Schritt die Haut aufscheuern und die bedauernswerten Opfer haben dann – bis handtellergroße – blutige, nässende Abschürfungen zwischen den Beinen: Sie sind dann kaum mehr fähig, noch einen Schritt zu machen. Auch hier ist die Vorbeugung das Wichtigste: gut anliegende, wollene Beinunterhose ohne große Naht im Schritt. Die Radfahrer haben zu diesem Zweck eine eigene Radlerhose, die eine Rehledereinlage hat und vor dem Rennen mit Hirschtalg eingerieben wird. Spürt man beim Wandern, dass es im Schritt zu brennen oder zu reiben beginnt, sollte man sofort mit einer guten Fettcreme die Haut reichlich einfetten. Lieber eine fette Unterwäsche als offene Schenkel! Schlimm kann es auch bei synthetischer Wäsche werden, wenn Leute stark schwitzen und der Schweiß nicht aufgesaugt wird. Am besten für den Wolf ist, sich mit Salbeitee zu waschen und mit Schweißpuder einzustauben.

Fieberblasen

Es gibt unzählige Hausmittel, aber anscheinend doch kein hundertprozentiges. Allein in den Apotheken findet man eine ganze Anzahl von Salben und Pasten. Wenn ich das leichte Brennen, also den Beginn der Fieberblase, spüre, gebe ich sofort ein japanisches Heidpflanzenöl drauf. Aber auch ein Tropfen hochprozentiger Alkohol kann helfen. Wichtig: so früh wie nur möglich. Hat sich die Fieberblase bereits gebildet, so sollte man – wenn nichts anderes vorhanden ist – etwas Zinkpaste draufgeben.

Lustmacher Laufen

Man sagte schon früher, Jogging sei out. Das bezog sich aber nur auf die große Jogging-Welle und den Abgang von Präsident Carter. Der gesundheitliche Faktor des Laufens ist nach wie vor der gleiche: Eines der besten Mittel, um Körper und Kreislauf in Schwung zu bringen und leistungsfähig zu erhalten. Wer schon beim Stiegensteigen außer Atem kommt, sollte schleunigst mit dem Laufen beginnen.

Es gibt dabei zwei Möglichkeiten:

- *Variante 1:* Für jene, die es genau wissen wollen, gibt es den Cooper'schen 12-Minuten-Test. Laufen Sie einmal so lang, bis Ihnen die Luft ausgeht, bleiben Sie allerdings nicht stehen, sondern gehen Sie weiter, bis Sie wieder ruhig atmen können. Dann laufen Sie abermals, bis die 12 Minuten komplett sind. Nachher messen Sie die zurückgelegte Wegstrecke. Am einfachsten ist das auf einem Sportplatz, denn dort misst ja jede Runde 400 m. Oder Sie suchen sich eine schwach befahrene Straße und messen die zurückgelegte Strecke mit dem Kilometerzähler Ihres Autos. Laut Cooper sind Sie mit weniger als 2 km in 12 Minuten schlecht, mit 2 bis 2,4 km mäßig, mit 2,4 bis 2,8 km gut, und mit mehr als 2,8 km ist Ihre Kondition schon sehr gut. Herren über 35 Jahre dürfen von der Entfernung 10 Prozent abziehen. Bei Damen dürfte die richtige Zahl bei minus 15 Prozent liegen. Man sollte aber beim Ausgleichssport nicht auch noch das Leistungsdenken aufkommen lassen, denn wir haben im Beruf genug Druck und Stress. Die Freude an der Bewegung sollte den Ausschlag geben. Deshalb vielleicht die …
- *Variante 2:* Suchen Sie sich eine größere, hügelige Rundstrecke aus, die Sie in etwa einer Stunde zügig durchwandern. Beim nächsten Mal versuchen Sie, streckenweise locker zu laufen, so dass sich Belastungs- und Erholungsphasen abwechseln. Sie werden sehen, dass die gelaufene Strecke von Woche zu Woche länger wird, und eines Tages werden Sie den ganzen Rundkurs durchgelaufen sein.

Laufen ist die wichtigste Bewegung, Als sich Dungl von seiner schweren Erkrankung erholte, feierte er jeden dazugewonnenen Meter wie einen Sieg.

Einige Regeln zum erfolgreichen Laufen

- Nie mit vollem Magen laufen! Man sollte nach einer Mahlzeit wenigstens zwei Stunden warten, ehe man mit dem Laufen beginnt.
- Gutes Schuhwerk ist eine wesentliche Voraussetzung. Eine gute Fersendämpfung und die richtige Stütze des Quergewölbes sind dabei besonders wichtig.
- Die Kleidung sollte luftig, leicht und aus natürlicher Faser (Baumwolle) sein. Es gibt ja schon ausgezeichnete Laufanzüge im Handel.
- Langsam beginnen, erst richtig aufwärmen, Gymnastik, laufen, dehnen, laufen – 10 Minuten genügen.
- Nach dem Laufen sollten Sie zum Schutz gegen die Zugluft etwas Warmes (eine Windjacke) umhängen und bis zur Normalisierung des Pulses langsam gehen. Nicht gleich mit hohem Puls niedersetzen!
- Nun unter die warme Dusche. 5 bis 10 Minuten den Körper richtig im Duschstrahl bewegen, zum Schluss einen kurzen, kalten Guss, intensiv abtrocknen und, wenn möglich, eine halbe Stunde nachher ruhen. Sie werden sehen, Sie entdecken einen neuen Jungbrunnen.

Freude am Tennis

Risikofaktoren beim Tennis – nicht nur der Ellbogen

Am häufigsten tritt beim Tennisspiel nicht der gefürchtete Tennisellbogen auf, weitaus häufiger sind Knöchelverletzungen sowie Zerrungen oder Einrisse an der Unterschenkelmuskulatur. Vor allem die Achillessehne ist durch das abrupte Abstoppen und kräftige Abstoßen beim Start sehr stark gefährdet. Viele sprechen sogar vom „Tennisbein", wenn der Spieler beim plötzlichen Aufrichten zum Aufschlag einen stechenden Schmerz in der Wade verspürt. Wie immer kommen auch hier zwei Ursachen in Frage: mangelndes Aufwärmen oder Übermüdung, daher erhöhte Anfälligkeit.

Schläger, Platzverhältnisse und die diagonale Belastung stellen weitere Risikofaktoren dar.

Zum Schläger

Er kann oft die alleinige Schuld am Tennisarm tragen. Dann nämlich, wenn durch falsch gewählte Griffgröße eine Fehlbelastung entsteht. Daher empfiehlt es sich, im Falle von Beschwerden vor anderen Maßnahmen einmal den Griff nochmals mit einem Band zu überwickeln – das verändert die Zugwirkung auf die Unterarmmuskulatur und kann eine sofortige Erleichterung bewirken. Natürlich spielt auch die Bespannung eine wichtige Rolle. Größere Schläger haben zudem den Vorteil, dass die Prellungswirkung geringer ist und damit auch die Belastung für die Gelenke.

Der Boden

Sandplätze bieten den Vorteil des Nachgebens – der Spieler führt schleifende Bewegungen durch und belastet dadurch die Beingelenke wesentlich weniger als beim plötzlichen Abstoppen etwa auf Kunststoffböden. Die sofortige Bremsung wird nämlich extrem stark auf Sehnen und Bänder im Gelenksbereich übertragen – viele Schäden sind darauf zurückzuführen. Vor allem die Wirbelsäule kann solcherart erheblich in Mitleidenschaft gezogen werden. Wer also ohnedies bereits anfällig und vorgeschädigt ist, möge grundsätzlich nur auf Sand spielen.

Interessanterweise hat auch die Ballfarbe Bedeutung für die Gesundheit des Sportlers. Hebt sich nämlich der Ball nicht deutlich genug von seiner Umgebung ab, entstehen durch das angestrengte Schauen Kopfschmerzen und Nackenverspannungen. Jeder Tennisspieler sollte daher vor Match oder Training testen, welche Ballfarbe gerade zu wählen ist.

Besonders zu beachten

Manches Match wird durch Krämpfe entschieden: Daher ist bei diesem Sport besonders ausreichende und richtige Flüssigkeitszufuhr wichtig. Während des Spiels keine eiweißhaltigen Nahrungsmittel einnehmen – Eiweiß benötigt für die Verarbeitung im Körper sehr viel Sauerstoff – der dann fehlt.

Athleten mit empfindlichen Händen bekommen vom Tennisspielen leicht Blasen. Dem beugen sogar Profis auf höchst einfache Weise vor: Sie überkleben die anfällige Stelle einfach straff mit einem Leukoplaststreifen und haben dann auch bei länger währenden Partien keine Probleme. Das Handgelenk sollte durch ein Kraftband geschützt werden, das in allen Sportgeschäften gekauft werden kann. Auch spezielle Bandagen gegen Tennisarm sind empfehlenswert. Betrachten Sie Stirnbänder nicht als Zierde, sondern als durchaus nützlichen Sportbehelf. Das Band, das die Augen vor Schweiß schützen soll, muss allerdings locker sitzen, da sonst Kopfschmerzen auftreten.

Vergessen Sie im Sommer nicht auf Sonnenschutz: Brillen allein genügen bei glühender Hitze nicht: Setzen Sie, ohne sich zu genieren, eine Schirmmütze auf. Durch intensive Sonneneinwirkung gerät der Spieler sonst unter Stress und begeht Fehler, die er sich auf Grund seines vielleicht sonst ausgezeichneten Trainingszustandes nicht erklären kann. Wer aggressiv und nervös spielt, schadet überdies seiner Gesundheit.

Und noch eines: Anfänger sollten nicht am falschen Platz sparen, sondern die Dienste eines erfahrenen Trainers in Anspruch nehmen. Schon die richtige Technik der Schlägerführung kann Verletzungen vermeiden helfen. Außerdem macht dieser Sport viel mehr Freude, wenn man darin ein zufrieden stellendes Niveau erreicht.

Die Belastungen des Körpers differieren mit der Art des Belages, auf dem gespielt wird: Bei Green-Set-Böden wird das Sprunggelenk am stärksten strapaziert. Bei Filzbelägen gerät das Knie am stärksten in Mitleidenschaft. Bei Sandplätzen treten häufig Kreuzschmerzen auf.

Der Tennisarm

Der Tennisarm entsteht durch zwei gegeneinander gerichtete Muskelbewegungen. Der Muskelbauch wächst, der Muskelansatz bleibt klein. Ergebnis: Überdehnung oder Mikrorisse mit Kalkeinlagerungen.

Erste Reaktion: Änderung der Griff- oder Spieltechnik. Dadurch könnte bereits eine Entlastung der strapazierten Muskelpartien gegeben sein. Injektionskur. Galvanischer Strom für gezielte Durchblutung. Eisbehandlung (sie wird von vielen Tennisprofis vorgenommen): Man wickelt Eiswürfel in ein Tuch und legt dieses auf die schmerzende Stelle. Durch die Kühlung des Gewebes kommt es reaktiv zu einer tiefen Durchblutung.

Was hilft gegen den Tennisellbogen?

Tennisellbogen und Werferarm: Diese Erscheinungen gehören neben Beschwerden im Bereich der Achillessehne zu den häufigsten chronischen Sportleiden. Sie können begeisterte Sportler an den Rand der Verzweiflung bringen, betreffen aber nicht nur Tennisspieler oder Leichtathleten, sondern vielfach auch Personen, die an Wochenenden in mühevoller Kleinarbeit ein Haus bauen. Vor allem Büromenschen sind der Anstrengung – die sie ja nicht gewöhnt sind – nicht gewachsen und entwickeln die charakteristischen Schmerzen an der Außen- oder Innenseite des Ellbogengelenks.

Grob unterschieden, bezeichnet man Schmerzen an der Außenseite als Tennisarm und Beschwerden an der Innenseite als Werfer- („Backhandarm“) oder Golferarm. Wesentlich häufiger tritt der Tennisarm auf. Die Funktion des betroffenen Gelenks kann mitunter schwer beeinträchtigt sein, obwohl das Gelenk selbst ja gesund ist.

Ursache der Krankheit ist nämlich ein Missverhältnis zwischen Belastung und Belastbarkeit des Muskel-, Sehnen- und Bandapparates. Allerdings können auch Eiterherde im Körper sowie Störungen in der Hals- und Brustwirbelsäule die Symptome auslösen. Die

Unterarmmuskeln setzen mittels Sehnen am unteren, verdickten Teil des Oberarmknochens an. Wer nun diese Muskeln ständig beansprucht, macht sie entsprechend kräftig. So kräftig, dass unter Umständen die Sehne, die ja nicht mitwächst, zu schwach wird und infolge von kleinsten Faserrissen zu schmerzen beginnt. Akut kann eine Entzündung mit Schwellung und lokal erhöhter Temperatur einhergehen.

In dieser Phase muss der Arm unbedingt ruhig gestellt werden – jede weitere Sportausübung (sofern sie trotz der erheblichen Schmerzen überhaupt möglich ist) bedeutet unweigerlich eine Verschlechterung der Heilungschancen auf lange Sicht. Den Arm also entlastend lagern (leichte Beugung im Ellbogen, völlig entspannte Unterarmmuskulatur, auch Hand- und Fingergelenke müssen ruhig gestellt sein) und mit Kältebehandlung beginnen. Sehr gut eignen sich Eispackungen, aber auch Massage mit einem Eiswürfel bringt sofort Linderung der Beschwerden.

Wichtig ist, einen entlastenden Verband nach der Behandlung anzulegen: Wickeln Sie eine elastische Binde vom Handgelenk her in Richtung Ellbogen, allerdings nicht ganz bis zum Gelenk. Die Bandage wird einige Zentimeter vorher fixiert. Mit dieser Maßnahme erreicht man, dass die Unterarmmuskeln nach oben geschoben und dadurch entlastet werden. Auf die Sehnen wird nur minimale Zugwirkung ausgeübt. In weiterer Folge macht man Umschläge mit Arnikatinktur oder Beinwellabsud.

Da eine Beteiligung der Wirbelsäule nie ganz auszuschließen ist, sollte im Akutzustand auch die Rückenmuskulatur im Nacken- und Schultergürtelbereich von einem guten Masseur durchgearbeitet werden. Erst später, wenn die Schmerzen bereits abgeklungen sind, kann auch der Unterarm massiert werden, um eventuelle Ablagerungen zu beseitigen.

Warum kann die Wirbelsäule schuld sein? Ganz einfach deshalb, weil sie sowohl beim Tennisspiel als auch beim Speerwurf und anderen Wurfdisziplinen extrem belastet wird. Vor allem die Nackenpartie ist durch Aufschlag, Ausweichen und beim Abwurf stark beansprucht. Sehr häufig treten daher so genannte Blockierungserscheinungen auf. Die Schmerzen strahlen in den ganzen Arm aus.

Sind die Beschwerden bereits chronisch, kann man sie mit Wärme bekämpfen. Dann helfen Moorpackungen, heiße Kompressen; aber auch Ultraschall bewährt sich. In jedem Fall muss eine ausgiebige Sportpause eingelegt werden. Vor Beseitigung der Schmerzen darf die Karriere – auch des Hobbysportlers – nicht fortgesetzt werden. Bei hartnäckigen Beschwerden wird von manchen Sportärzten sogar eine dreiwöchige Ruhigstellung mit Gips angeraten. Chirurgen empfehlen – fast möchte man sagen: „natürlich" – eine Operation mit Einkerbung des Sehnenspiegels. Nach Abklingen der Beschwerden sollte nicht sofort wieder mit Volldampf das Racket geschwungen oder der Speer geworfen werden. Der Aufbau soll langsam mit Gymnastik erfolgen, um die nun wieder schlafferen Muskeln schrittweise an die Belastung zu gewöhnen.

Günstig ist es, in das Aufbauprogramm gymnastische Übungen für die Wirbelsäule einzubauen. Die Übungsbehandlung beginnt aber sinnvollerweise wie bei allen anderen Verletzungen mit isometrischen Übungen für die betroffene Muskulatur. Dabei allerdings nie die Schmerzgrenze überschreiten – auftretender Schmerz ist ein Zeichen zur Beendigung des Aufbautrainings.

Einige einfache Übungen

– Nur das Handgelenk bewegen – nach oben und nach unten.
– Im Handgelenk drehen – die Handfläche zeigt einmal nach oben, dann nach unten.
– Schulterkreisen, in weiterer Folge Armkreisen.
– Bei Schmerzfreiheit Streck- und Beugeübungen im Ellbogengelenk, später mit leichten Gewichten, um einen Übergang zur sportlichen Belastung herzustellen.
– Erst wenn nach diesem Übungsprogramm keine Schmerzen mehr auftreten, kann das sportspezifische Training, also Tennis oder Leichtathletik, wieder aufgenommen werden. Man muss aber doch rechnen, dass der Heilungsprozess mehrere Wochen dauert. Ungeduld verzögert den Erfolg.
– Vorbeugend sollte sich jeder Sportler, der zu den genannten Beschwerden neigt, zu einer regelmäßigen Massagebehandlung entschließen.

Jetzt aber nochmals zum berüchtigten Tennisarm. Es handelt sich hierbei um eine Überbelastung eines Teiles des Ursprungs der Streckmuskeln am Unterarm, die am äußeren Köpfchen des Ellbogengelenks angewachsen sind. Da Sehnen relativ unelastisch und wenig durchblutet sind, können sie sich der plötzlichen einseitigen Belastung nicht so rasch anpassen, es kommt zur Entzündung, manchmal auch zu mikroskopisch kleinen Einrissen, die später schon bei geringster Bewegung heftige Schmerzen verursachen und im chronischen Stadium oft sogar einen chirurgischen Eingriff nötig machen. Im akuten Zustand sollte auf jeden Fall der Arzt (die Spezialisten sind hier Orthopäden und Unfallchirurgen) aufgesucht werden, um Spätschäden zu vermeiden.

Da Vorbeugen immer besser als Heilen ist, sollten wir uns als Erstes überhaupt die häufigsten Ursachen des Tennisarms vor Augen halten. Die erste Ursache ist ein falscher Griff, das heißt, wenn das Racket falsch in der Hand liegt und daher mehr Kraft für die Haltung des Rackets aufgebracht werden muss, als notwendig wäre. Dazu wäre die richtige Anpassung des Racketgriffes wichtig.

Faustregel: Wenn die Hand das Racket umschließt, sollte zwischen Daumenballen und Fingerkuppe etwa ein Fingerbreit Platz sein.

Das Zweite sind technische Fehler, etwa das Schieben des Schlägers, das heißt: Der Schlag wird mit fixierter, verkrampfter Muskulatur durchgeführt, und zum Zeitpunkt des Aufpralles des Balles sind die Sehnen bereits gespannt und werden so überbelastet.

Dazu kommt mangelndes Aufwärmen vor dem Training: Durch Zeitmangel stürzen die Leute zum Tennisplatz, ziehen sich rasch um, nehmen das Racket in die Hand und beginnen zu spielen. Die Muskulatur ist nicht vorbereitet, sie ist nicht gut durchblutet, die Sehnen werden „überrascht“ und es kommt zur Zerrung.

Oft wird mangelnde Kondition durch erhöhten Ehrgeiz kompensiert. Wer gibt schon gerne wegen Übermüdung im dritten Satz auf? Nein, im Gegenteil, man beißt die Zähne zusammen und versucht, durch besonders harte Bälle dem Spiel letztlich doch noch eine Wendung zu geben, ohne daran zu denken, dass die übermüdeten Muskeln das gar nicht mehr aushalten. Folge: Überbelastungs-Schmerzen im Arm.

Nach dem Match denken die wenigsten an das so wichtige Auslockern der verspannten Muskulatur, man duscht gerade, zieht sich an und geht vom Tennisplatz, als hätte man eben das Radio abgedreht. Ohne daran zu denken, dass die verspannte Muskulatur und die Schlacken im Arm bleiben und somit bereits eine Belastung für das nächste Tennismatch darstellen. Wichtig ist daher:

– Die richtige Anpassung eines Rackets durch einen Fachmann. Nicht immer ist das teuerste Racket unbedingt das beste für den Spieler. Griff, Bespannung und Schwingungen müssen auf den Spieler abgestimmt sein.
– Es ist zu bedenken: Der ganze Körper spielt beim Tennis mit, und wenn irgendein Teil des Menschen schwach wird, wirkt sich das Ganze letztlich auf den Arm aus. Wenn meine Beine gut laufen, wenn meine Allgemeinkondition genügend ist, dann werde ich jeden Tag meine Form schneller erreichen, daher präziser und besser schlagen können und dadurch weniger zur Übermüdung neigen.

Richtiges und sinnvolles Konditionstraining kann daher nicht nur in Tennisspiel bestehen, sondern muss durch Dauerläufe von mehr als 10 Minuten, Gymnastik, die den ganzen Körper umfasst, und Kraftübungen ergänzt werden. Für die Kraftübung eignet sich am besten eine ca. 8 mm starke und 1 m lange Gummischnur, die man ständig bei sich tragen kann und, wann immer Gelegenheit ist, für Zugübungen benutzen sollte.

Hierzu einige Beispiele: Man nimmt die zusammengelegte Schnur mit den beiden Enden und versucht nun mit gestreckten Armen, die Schnur wie einen Expander hinter dem Kopf auszuziehen. Die gleiche Übung vor der Brust. Ein guter Behelf für Zugübungen ist die Türschnalle. Indem man die Schnur über die Türschnalle hängt, stellt man sich im rechten Winkel zur Tür und zieht nun mit dem rechten Arm die Schnur im Schwung vor dem Körper aus. Dann wendet man um 180 Grad und macht das Gleiche nochmals. Wenn man die Bewegung betrachtet, führt man praktisch einen Backhand- oder Forehandschlag aus.

Dreht man sich mit dem Rücken nun gegen die Tür und zieht die Schnur über den Körper schräg nach vorne, belastet man so die

Schultermuskulatur und kräftigt den Schultergürtel. Diese Übungen können mit etwas Phantasie ein variantenreiches Konditionsprogramm nebenher ergeben.

Bedenken sollte man nur: Die Summe vieler Reize regt den Muskel zur Kräftigung an. Gelegentlich einmal anziehen bringt nichts.

Die richtige Vorbereitung auf ein Match sollte etwa so aussehen: Kommen Sie zeitgerecht auf den Tennisplatz, so dass Sie Ihren Körper in Ruhe auf die Belastung vorbereiten können. Bedenken Sie: Anfangs ist die Muskulatur noch kalt und unelastisch, daher ist es von Vorteil, Arme, Schultergürtel und Beine mit einem muskelwärmenden Präparat einzumassieren. Danach warme Überkleidung, eventuell einen leichten Oberanzug anziehen. Die Wärme soll nun gespeichert werden und nicht von vornherein zu rasch abstrahlen. Wichtig: Leichte Lockerungsgymnastik von den Füßen bis zum Kopf, Rumpfbeugen, Kreisen, so dass alle Gelenke gut gedehnt und bewegt werden.

Eine sehr gute Übung ist, auf dem Weg zum Einschlagen, wenn Sie aus der Kabine gehen, das Racket in die Hand zu nehmen und nun, leicht schwingend, den Arm nach rechts und links zu drehen. Danach über die Schulter weit nach rückwärts auf den Rücken klopfen, ebenso von unten rückwärts zum Kopf hin. Dabei überdehnen Sie die Schultern und durchbluten gleichzeitig die Muskeln. Nun mindestens 20 Minuten einschlagen, dabei die Arme immer wieder ausschütteln. Erst wenn Ihnen richtig warm ist, die Überkleidung ablegen. Nun ist der Körper richtig durchblutet und für die kommenden Leistungsanforderungen bereit.

Während des Matchs sollte man in den Pausen darauf achten, dass der Körper nicht abkühlt. Wenn man sich niedersetzt: warme Kleidung um den Körper legen und die Muskulatur möglichst entspannen.

Nach dem Spiel nicht verschwitzt herumstehen, sondern so rasch wie möglich unter die Dusche, wobei die Dusche nicht nur der Reinigung dient, vielmehr sollte die vorher beanspruchte Muskulatur durch den Duschstrahl gelockert und entspannt sowie der Abbau von Schlackenstoffen gefördert werden.

Falls trotz dieser Maßnahmen der Arm zu schmerzen beginnt,

hier einige Tipps: Massieren Sie mit einem Eiswürfel in kreisenden Bewegungen das schmerzende Gebiet 3 bis 5 Minuten lang. Kurze Zeit darauf entsteht eine Rötung der Haut, als Zeichen der gesteigerten Durchblutung. Nun nehmen Sie ein muskelwärmendes Massagemittel und massieren es im betreffenden Bereich mehrmals ein, bis ein leichter Überschuss auf der Haut bleibt. Diesen Körperteil bedecken Sie nun mit einer Plastikfolie und umwickeln das Ganze locker, ohne einzuschnüren, mit einer Binde.

Dieser Dunstverband bleibt bis zum nächsten Morgen. Nach der Abnahme des Verbandes lassen Sie nun im Waschbecken warmes Wasser (aber nicht zu heiß!) über den Arm laufen. Dabei bewegen Sie durch Drehen und Bewegung der Hand die Unterarmmuskeln locker über einen Zeitraum von 10 Minuten. Abermals Einmassieren muskelwärmender Massagemittel.

Vor dem nächsten Training müssen wir nun den Muskel entlasten. Zu diesem Zweck nimmt man ein Stück Schaumstoff, ca. 5 bis 7 mm stark, und wickelt es vom Handgelenk, beginnend mit einer 7 cm breiten Coban-Binde, bis zum Ellbogen ein. Der Verband soll zwar stützen, darf aber nicht stauen und schnüren. Für besonders Anfällige gibt es eigene Tennisarmstrümpfe mit eingewebten Verstärkungen.

Bei trotzdem anhaltenden Beschwerden sollte auf jeden Fall der Arzt aufgesucht werden. Dieser kann dann durch Verordnung physikalischer Maßnahmen – wie Strombehandlung oder auch Spezialmassagen, etwa Stäbchenmassage, Lymphdrainagen usw. – schwerere Schäden verhindern. Ich muss aber unbedingt darauf hinweisen, dass nicht jeder als Tennisarm bezeichnete Schmerzzustand ein solcher sein muss.

So kann ein Schaden im unteren Bereich der Halswirbelsäule die gleichen Schmerzsymptome verursachen. Man spricht in diesem Falle von Cervical-Syndrom. Ein zu straffes Sehnenband an der Handwurzel kann den Nerv einschnüren und ebenfalls ähnliche Schmerzanfälle verursachen. Daher meine Bitte: Bei anhaltenden Schmerzen zum Arzt, nur er kann differenzieren.

Blasen an Händen und Füßen

Blasen treten in erster Linie bei Anfängern auf (oder vielleicht wenn man auf ein neues Tennis-Racket umsteigt). Bei Anfängern hängen Blasen mit der ungewöhnlichen Belastung und dem Schwitzen zusammen. Daher ist es auch wichtig, dass der Racketgriff mit einem gut saugenden Leder umwickelt ist. Bei einem wasserabweisenden Leder schwitzt man leicht, das Racket rutscht, es entsteht eine Reibung, und nun dauert es nicht mehr lange und die Blasen sind da.

Wer zu Handschweiß neigt, sollte seine Hände möglichst nicht mit Seife waschen, sondern mit Salbeitee, dem ein Spritzer Apfelessig beigegeben wird. Die Hände leicht abtrocknen und den Rest eintrocknen lassen.

Wenn Sie ein Match zu bestreiten haben, waschen Sie Ihre Hände bereits am Vorabend und auch vor dem Match mit Salbeitee.

Bei den Füßen gilt im Prinzip das Gleiche. Verwenden Sie schweißsaugende, möglichst wollene Socken und vor allem Schuhe aus Leder. Ein gutes Vorbeugungsmittel gegen Blasen ist eine elastische Haut. Damit nun die Haut elastisch bleibt, empfehle ich ein Gemisch aus Hirschtalg und Vitamin-F-Creme.

Blasen sollten Sie folgendermaßen behandeln: Desinfizieren Sie die Stelle und stechen Sie die Blase mit einer Injektionsnadel an einer Stelle an. Sie drücken nun die Flüssigkeit aus und kleben ein elastisches Pflaster (Hansamed) über die aufgestochene Blase, so dass keine Reibung entsteht.

Gesundheit ist trainierbar

Die Willi-Dungl-Philosophie

Ernährungs- und lebensbedingte Erkrankungen nehmen immer größeren Umfang an, und trotz größter Anstrengungen gelingt es der Medizin nicht, diese Probleme in den Griff zu bekommen. Im

Gegenteil: Die ständig steigenden Krankenhaus- und Arzneimittelkosten bringen die Sozialversicherungsträger langsam an den Rand des finanziellen Infarktes.

Die Reihenuntersuchungen des Bundesheeres zeigen schon bei den 18-Jährigen orthopädische Schäden, bei 30-jährigen werden bereits Gefäß- und Kreislaufschäden gefunden. Von den 40- bis 50-Jährigen hat sogar schon eine größere Anzahl Gefäßoperationen oder einen Herzinfarkt hinter sich.

Von Übergewicht, zu hohen Blutfetten oder Harnsäurewerten können die Ärzte für Allgemeinmedizin ein Lied singen, ebenso wie die Fachärzte für Orthopädie, die ob der schier aussichtslos überfüllten Warteräume manchmal verzweifeln, weil sie wissen, dass sie in den meisten Fällen nur symptomatische Hilfe in Form von Pillen, Injektionen oder elektrophysikalischer Therapie auf Zeit geben können. Noch nie zuvor wurden so viele Patienten an Bandscheiben und Gelenken operiert. Wer sich kein Sanatorium leisten kann, muss im Falle eines Bandscheibenvorfalls sechs Wochen und länger warten.

Alles keine Kassandrarufe, sondern bittere Realität, die allerdings vermeidbar ist. Paradox ist, dass die meisten Menschen die Lösung des Problems kennen.

Sozialmediziner, fortgeschrittene Ernährungswissenschaftler, ja selbst der Durchschnittsbürger, sie alle wissen, man sollte gesünder leben – warum funktioniert es dann nicht?

Es liegt an den Umständen: keine Zeit; wann, wo und wie? – Das sind, von schlechtem Gewissen begleitet, die häufigsten und bequemsten Ausreden; oder man versucht es mit den jährlichen Frühjahrs-Abmagerungskuren aus den Zeitungen … Des Rätsels Lösung liegt darin, dass unser Verhalten schon von klein auf durch Werbung und Medien beeinflusst wird. Denaturierte Industrienahrung wird uns überall angepriesen. Künstliche Aromen, Farben und Düfte verändern unser angeborenes gesundes Geschmacksempfinden. Lift, Auto und Fernsehen vermindern den Bewegungsdrang auf ein Minimum. Stress und Erfolgszwang sowie das Streben nach falschen Idealen halten uns ständig unter Spannung und verhindern die so notwendige Regeneration.

Dies geht so weit, dass es, wenn der Erfolgsmensch endlich

Harmonie total im Waldviertel. Dungl im Einklang mit der Natur, dem Leben – und mit sich selbst.

Bevor sich Dungl für Gars entschied, besuchte er viele Plätze in Österreich. Aber der romantische ehemalige „Kamptalhof" entsprach seinen Vorstellungen und Wünschen am perfektesten.

Urlaub macht, erst recht wieder extrem wird: weite Reisen, stundenlanges Autofahren, Sport, um zu gewinnen; unbedingt der Beste im Tennis sein, noch schneller und noch weiter laufen, noch mehr Kilometer mit dem Rad: Quantität ist das Maß – statt ausgeglichener Qualität.

Am Ende steht der Herzinfarkt, die Gelenksüberlastung oder eine psychosomatische Störung. Niemand fragt: Was braucht der Körper wirklich?

Eine große Zahl von Krankheiten ließe sich nämlich gerade mit dem richtigen Quantum an Ausgleichsgymnastik, Kreislauftraining usw. beeinflussen. Genauso steht es um viele Stoffwechselprobleme, egal ob Gicht, Fettstoffwechselstörungen oder Verdauungsbeschwerden.

So manches Magengeschwür, manche Schlafstörung und vegetative Dystonie könnte mit mentalem Training kuriert werden. Im herkömmlichen klinischen Therapieplan ist für diese Dinge kaum Platz, mit dem Biotraining könnte aber eine Lücke geschlossen werden.

Seit Jahren wird in verschiedenen Kurorten das Biotraining mit Erfolg angeboten. Zahlreiche Sportler – wie Niki Lauda, Franz Klammer, Hans Enn –, Politiker oder auch Künstler, wie der Popsänger Falco, haben unser Biotraining längst entdeckt.

Dazu gehören aber nicht nur die angeschlossenen Sportanlagen, sondern auch eine Kuranstalt für Regeneration und Rehabilitation, eine Fußpflege-, Massage- und Kosmetikabteilung, ein Kneippzentrum mit je einem Schwimm- und Bewegungsbecken (26 bzw. 32 Grad). Eine Schule, die als Fortbildungszentrum für alle Gesundheitsberufe dienen soll, ist in Gars entstanden.

Das Ziel unseres Zentrums ist: Wir wollen für alle da sein. Wir wollen kein Sanatorium sein, bei uns ist das Etikett „Patient" eigentlich nicht notwendig, weil wir der Meinung sind, dass jeder Mensch im Prinzip gesund ist, er hat nur gewisse Schwächen oder gewisse Probleme, die man beseitigen kann, die er aber in erster Linie selbst beseitigen kann, indem er mithilft, und das wollen wir den Leuten beibringen, nicht nur die Passivität, sich massieren zu lassen, sondern dass sie auch die entsprechenden Dinge dazu tun, um selbst etwas zu verbessern. Das kann sowohl bei der Ernährung als auch bei der richtigen Bewegung geschehen wie auch im mentalen Training.

Kein Wunder also, dass man seit Jahren immer wieder Spitzensportler im Dungl-Biotrainingszentrum findet. Und viele kommen, nach erfolgter Heilung, abgeschlossener Behandlung und erfolgreichem Training immer wieder zur Erholung oder Entspannung nach Gars am Kamp.

Dungl und der Leberkäse …

☺ Die Dungls waren stets schon eine große, zusammengeschweißte Familie, aber auch für Freunde, Sportler und Rekonvaleszente war immer Platz. Franz Klammer, der früher öfters zum Essen, Massieren oder Schlafen in die Irenäusgasse in Wien-Strebersdorf kam, staunte oft, „wie viele Leut da aus den Zimmern kommen".

Auch Niki Lauda übernachtet einmal in Strebersdorf: Er war in Panik aus Ibiza angeflogen, weil ein Bein plötzlich doppelt so dick war wie das andere – Verdacht auf Skorpionbiss. Als ich Niki tags darauf besuche, flüchtet er aus der Dungl'schen Obhut: „Hast ein bissl Zeit? Ich müsst schon lang beim Zahnarzt zur Kontrolle vorbeischauen …" Also gut. Im Nebenhaus des Zahnarztes residiert ein Metzger. Und weil sich in Lauda manchmal der Rebell regt, hat er nach Dungl-Körndln plötzlich Heißhunger auf eine Wurstsemmel. Heimlich natürlich, damit der Bio-Papst nichts merkt – aber was verboten ist, schmeckt ja immer besonders gut. Nur: Zurück in Strebersdorf, säubert Lauda den Autositz penibel von den kleinsten Brotkrumen – schließlich riskiert keiner ungestraft, den Professor zu verärgern. „Wenn das der Willi sieht …"

☺ Dabei verspeist Dungl selbst einmal – auf Boxenstopp bei einer Autobahntankstelle – mit sichtlichem Genuss eine Leberkässemmel. Die anderen Autofahrer glauben, sie sehen ein Gespenst.

„Was, Herr Dungl, Sie essn an Leberkas?"

„Warum nicht?", fragt der Professor zurück, „man muss auch hie und da seinen Körper a bissl provozieren."

☺ Da taucht eine Vision auf: ORF-Chef Teddy Podgorski ertappt einmal bei einem Sechstagerennen den früher berühmten Radrennfahrer, totalen Gesundheitsfanatiker und Vegetarier Ferry Dusika bei einem herzhaften Biss in eine Burenwurst – freilich versteckt hinter einer Säule des Velodroms. Warum auch nicht?

☺ Mit einer Faser seines Herzens – nur einer kleinen – ist Dungl manchmal auch ein Fan barocker Lebenslust: Wörthersee, vor 25 Jahren, sein erster Fitnesskurs, mit Wettpaddeln vom Schloss Seefels hinüber nach Maria Wörth. Im Ziel ist eine Mini-Erfrischung eingeplant. Daraus wird aber ein opulentes Grillfest im Strandrestaurant – und der Bio-Professor genießt.

☺ „The Voice", der legendäre Ernst Grissemann, verbringt drei Gesundheits- und Fitnesswochen in Gars am Kamp. Drei Wochen keine Zigarette, kein Tropfen Alkohol. Am Abreisetag – Koffer schon fix gepackt in der Lobby – spaziert Grissemann nochmals durch Gars, freut sich über die Sonne, setzt sich in einen Schanigarten und bestellt einen Pfiff Bier.

Wie es der Teufel und der Zufall so wollen, biegt in diesem Augenblick – man kann's erraten – gerade der Professor ums Eck und erspäht die rückfällige „Voice".Was für ein Schock … Ein mahnend-böser Blick.

„Ollas umasunst, ollas umasunst", flucht Willi und geht kopfschüttelnd weiter. Er versteht die Welt nicht mehr.

☺ Als neu ernannter Professor sitzt er bei einem Autokorso am Wörthersee auf der Tribüne. Nicht als teilnehmender Autofahrer, sondern als Ehrengast. Aber warum zwinkert Willi immer so hektisch, wenn jemand höflich und artig „Grüß Gott, Herr Professor!" hinüberruft? „Sogts bitte net immer ‚Herr Professor' zu mir", klärt er später auf, „neben mir sitzt a echter Dozent."

Er sieht alles, weiß alles, spürt alles – wie der legendäre Fußballtrainer Ernst Happel, der oft mit dem Rücken zum Spielfeld stand und trotzdem alles bemerkte, als hätte er auch hinten Augen.

☺ Dungl greift Franz Klammer aufs Knie und stellt fest: „Hast in letzter Zeit viel Fleisch 'gessen, stimmt's?"

☺ Er sieht Niki Lauda kommen und bestellt sofort beim Kellner: „Hirse."

☺ Er hört im Radio eine Ö-3-Moderatorin und ruft spontan an: „Ich hör an deiner Stimme: Du bist total übersäuert."

☺ Seine Diätpläne greifen immer, auch wenn der urwüchsige Formel-1-Pilot Keke Rosberg mault: „Ich ess und schlaf lieber mit einer Freundin als mit einem Dungl." Vielleicht war Rosberg auch darum nur ein Mal Weltmeister – Niki Lauda drei Mal.

☺ Weil ihm Laudas Karriere wichtiger ist als die eigene Gesundheit, verschiebt Dungl 1984 zweimal eine Nierentransplantation – wobei die richtige, optimal passende Niere ohnehin schwer genug zu finden ist. Und Dungl hat auch keinen Bruder wie Niki seinen Florian, der seinem berühmten Bruder 1997 wie selbstverständlich sein „Ersatzteillager“ zur Verfügung stellt.

Die Fäden bei Nierentransplantationen laufen immer über die Zentrale in Leiden (Holland). Aber die erste Niere lehnt Dungl ab, „weil da ist gerade der Grand Prix in Monte Carlo“, und auch die zweite, „weil da geht es für den Niki in Estoril um den WM-Titel“ – den Lauda mit einer unfassbaren Aufholjagd auf Rang 2 auch wirklich erkämpft. Bei der großen Weltmeisterparty nachher gesteht er: „Ich fuhr wie in Trance.“

☺ Aber wenn jemand wie Willi Dungl täglich zwanzig Stunden immer nur für andere da ist, drängt sich die Frage auf: „Wer massiert eigentlich dich, wenn du zu viel Stress und Probleme hast?“

„Wenn ich verspannt bin“, sagt mir der berühmte Fitnesspapst entwaffnend und offen, „kratz ich mich am Türstock ...“

☺ Dungl liebt die Natur, die Menschen und die Tiere, aber nicht alle grenzenlos. Der erste Vierbeiner im Dungl-Stall ist die Schäferhündin Cora, gefolgt von der Pudeldame Pipsi und dem Langhaardackel Waldi, der sich als Dackeldame entpuppt und daher auf Susi umgetauft wird. „Nach ihr“, schwört Dungl, „kommt mir kein Tier mehr ins Haus.“

Glaubt er jedenfalls.

Als Dungl mit Dieter Quester beim 24-Stunden-Rennen in Le Mans ist, steht im Kalender: Vatertag. Seine Töchter Andrea und Claudia überraschen ihn mit einem stubenreinen Kater: Der springt ihm schon entgegen, als Willi in Strebersdorf die Tür öffnet. Der Hausherr ist entsetzt.

„Der ist stubenrein“, beruhigen ihn die Töchter. „Alles Gute zum Vatertag!“ Dungl ist ganz bös – aber später hat er den Kater heiß geliebt. Eigentlich heißt er Bruno, aber Dungl will die rote Reichshälfte und vor allem den Bundeskanzler nicht provozieren und verärgern, weshalb er ihn auf Schnurrli umtauft. Oft genug ist Dungl wegen Bruno Kreisky alarmiert: „Unserem Altkaiser“; sagt er dann hektisch, „geht’s nicht gut.“

☺ Für viele Tiere aber ist Dungl ein Professor Doolittle. Vor allem für das Reitpferd seiner Tochter Claudia, bei dem Satteldruck auftritt, also eine offene Wundstelle. Im Reitstall reden sie schon vom Pferdefleischhauer, was Claudia und ihren Vater schockiert. Willi hat Mitleid, mixt Salben, einmal muss Claudia über die Mauer klettern, weil der Reitstall geschlossen hat – und das Pferd wird wirklich gesund!

Zwei Konsequenzen: Als das Pferd wieder reitbar ist, wird es verkauft – und zwar als Reitpferd. Und als sich die Kunde von Dungls veterinär-ärztlichen Talenten wie ein Lauffeuer verbreitet, hält bald mancher Fiaker vorm Dungl-Geschäft in der Schottengasse. „Die Leut glauben, ich kann auch Hufe beschlagen …" Nicht nur Fußpflege für Menschen.

☺ Im Raubtierkäfig der Formel 1 ist der Ire John Watson – jahrelang Niki Laudas Teamgefährte bei Brabham und McLaren – eher wie ein Lamm. Dungl glaubt jahrelang: Wenn es gelingt, den Rennfahrer in eine aggressive Stimmung zu versetzen, könnte er öfter gewinnen.

„Darum reib ich ihm vorm Rennen Hafer ins Frühstücksmüsli. Hafer gibt man ja auch Rennpferden, damit sie angriffslustiger werden." Prompt gewinnt Watson vom miserablen zweiundzwanzigsten Startplatz aus den Grand Prix von Long Beach in der Nähe von Hollywood. Lauda, der ohne Hafer gefrühstückt hat, wird Zweiter.

☺ Tausende Storys, tausende Gesichter, viele Geheimnisse.
Einem befreundeten Ehepaar, das sich seit Jahren ein Baby wünscht, hilft Dungl mit heimlicher Fußreflexzonenmassage im dunklen Schlafzimmer. Neun Monate später ist das Wunschbaby da. Dungl hat diese Story nie offiziell bestätigt, aber sie auch nicht wirklich dementiert .

Ein Fest für Willi Dungl: zum Sechziger

Am 17. Juli 1997 feiert Willi Dungl seinen 60. Geburtstag. Was für ein Fest, wie viel Herzenswärme und was für ein Lebensweg! Dass es sein letzter runder Geburtstag sein sollte, ahnt keiner.

Andrea Zauner-Dungl, die ältere Tochter, im charmanten Zeitraffer:

„Ich weiß nicht, ob es deine eigene Kindheit mit den dich liebenden Eltern war oder die Nachkriegswirren, war es die Zeit im Kongo, die deine Kinderliebe prägte; es ist auch egal. Selbst im Alter von drei oder vier Jahren, als ich die Puppe, die du mir während deiner Rehabilitation nach deiner Operation schenktest, verloren hatte, verziehst du mir und schenktest mir eine neue Puppe. Diese Liebe ist auch heute noch Motor vieler deiner Aktivitäten, die aus innerstem Herzen kommen.

In den 1960er Jahren beherrschten der Aufbau deines Geschäftes und die UNO dein Leben. In den 1970er Jahren prägte der Sport deine Tätigkeiten. Dies hatte nicht selten zur Folge, dass, als du nach Hause kamst, deine Töchter ausgeflogen waren oder deine jüngere Tochter mit dir unbekannten Männern am Tisch saß oder du auch eine Katze zum Vatertag erhieltst, obwohl du meintest, allergisch auf Katzen zu sein. Mutti musste in dieser Hinsicht immer als Vermittlerin tätig werden. In diesem Sinne alles Gute zum Geburtstag und herzlichen Glückwunsch!"

Der niederösterreichische Landeshauptmann Erwin Pröll überreicht Willi Dungl nicht nur das Goldene Ehrenzeichen für Verdienste um sein Bundesland, sondern ernennt ihn auch zum „größten Fettvernichter in diesem Land, das ist auch der Grund, warum dich viele Menschen fürchten und gleichzeitig lieben. Du bist auf der zweiten Seite allerdings auch der berühmteste Raser auf der Bundesstraße 4 von Gars nach Wien. Gewöhnlich gut informierte Kreise haben mir gesagt, dass die Ampel an der Kreuzung in Groß Weikersdorf deswegen errichtet wurde, weil damit eine natürliche Barriere zwischen Gars und Wien aufgebaut wurde. Die gewöhnlich gut informierten Kreise, verehrte Damen und Herren, sind die Gendarmeriebeamten des Gendarmeriepostens Ziersdorf. Willi weiß, was das bedeutet, es war die einzige Chance, dass man des Willi habhaft wurde."

Der Großindustrielle Rudolf Humer, der Dungl geschäftlich oft geholfen hat, beschreibt Willis Vielseitigkeit: „… oder du schreibst wieder an einem Buch oder beschäftigst dich auch mit Banalitäten wie Hotelabrechnungen oder liest vielleicht umfangreiche Fanpost, über deren Inhalt du uns allerdings nie genau Bescheid gibst.

Dungl, bescheiden wie immer: „Wenn ich heute hier stehe, zu meinem 60. Geburtstag, dann ist es sicherlich ein Grund zum Feiern. Für mich selbst ist es eher ein Grund zum Danken. Es war kurz nach meinem 40. Geburtstag, ich habe plötzlich Nierenversagen gehabt und war am linken Auge blind. Am Abend um halb acht hat mir ein Arzt auf die Schulter geklopft und hat gesagt: ‚Lieber Freund, wir kennen uns lange genug, mehr als vier Monate haben Sie nicht mehr bis zur Dialyse, und wir werden sehen, wie das geht, wir werden morgen schauen, dass wir Ihnen einen Rentenantrag bringen', und ich bin um halb acht dort gestanden, habe mir gedacht, 40 Jahre, du hast Schulden, du hast eine unversorgte Familie, und mich gefragt: Warum passiert mir das? Dass ich noch einmal auf die Füße komme, und dann will ich schauen, dass ich mit den Talenten, die ich bekommen habe, auch etwas weiterbringe. Am nächsten Tag in der Früh habe ich zu zum Professor gesagt: Bitte, wenn mir eh nicht zu helfen ist, dann lassen Sie mich nach Hause gehen."

Was wünschst du dir zum 60. Geburtstag?

„Ich wünsche mir natürlich, dass ich gesund bleibe, dass ich leistungsfähig bin, vor allem, dass ich weiter so helfen und arbeiten kann wie bisher. Was aber für die Zukunft ein Wunsch ist, dass das, was man geschaffen hat, dann noch weiter bestehen wird. Ich freue mich sehr.

Liebe Freunde, ich habe heute schon so viel Freude erlebt und ich habe jetzt ein bisschen Angst um eure Kondition, und nachdem ich eigentlich noch keine Angst habe, dass ich schlafen gehen will, wir haben da hinten noch zur Kräftigung, zur Stärkung … eine Gulaschsuppe, Krautfleisch, wie ich gesehen habe, einen Kaiserschmarrn … ich wollte euch nur sagen, dass ihr euch in der Zwischenzeit noch stärkt und dass wir dann weitermachen können. Bei dieser Gelegenheit möchte ich mich aber trotzdem noch einmal – ihr müsst das verstehen – bei meinen Mitarbeitern bedanken, denn was die Frau Burger und diese Leute in der Küche und im Service und überall, neben dem normalen Hotelbetrieb, in den letzten zwei Tagen geleistet haben, ist für mich das Größte überhaupt. Ich muss ehrlich sagen, hätte ich das vorher gewusst, ich hätte wahrscheinlich gesagt, ich stell mich dagegen, und das geht nicht, weil das ist nicht möglich. Die haben wirklich Übermenschliches geleistet, und dafür möchte ich mich noch einmal bedanken bei jedem einzelnen, der da mitgeholfen hat, dass wir diesen wunderschönen Abend gemacht haben. Bei euch natürlich, dass ihr gekommen seid, und ich persönlich will nicht sagen, dass ich mir wünsche, dass ich zum Siebziger genauso feiern kann, ich glaube, das ist ein Geschenk, wie lange man leben kann und wie gesund man ist. Ich möchte natürlich am heutigen Abend noch einmal danke sagen. Danke für dieses Gefühl, das Gefühl, dass man glaubt, dass jeder einzelne ein Freund ist, dass man zu jedem einzelnen eine Beziehung hat, wenn man zurückdenkt, wenn man schaut, was da war, das ist ganz einfach wunderbar. Danke."

Niemand von uns ahnt, dass es Willi Dungls letzter runder Geburtstag ist. Aber die Versteigerung, zu der er bittet, bringt 245.000 Schilling zusammen.

„Und wir, meine Mitarbeiter und meine Familie haben beschlossen, ein Haus für 15 Kinder hinzustellen – die sollen auch eine Zukunft haben. Wir wollen für sie die Patenschaft übernehmen, für ihr Fortkommen sorgen, uns darum kümmern, wie diese Kinder einmal ausgebildet werden – und was für eine Zukunft sie haben."

Willi Dungels letzte Liebe: China

Am 11. April 2002 erfüllt sich Willi Dungl den Traum seines Lebens: Er eröffnet sein grandioses Chinazentrum mit den zwei Pandabären.

Aber woher kommen Willi Dungls „chinesische Wurzeln"? Seine Tochter Andrea hat, genau wie Claudia, die gesamte Entwicklung direkt miterlebt.

„Als mein Vater in den frühen 80er Jahren im Zuge einer Studienreise mit Prof. Alexander und Dr. Gustav Meng und zahlreichen Ärzten nach China flog, fiel ihm sofort die unterschiedliche Betrachtungsweise der Gesundheit in den beiden medizinischen Systemen auf. Am augenscheinlichsten war das hohe Maß der Eigenverantwortung der chinesischen Bevölkerung. In China erlebte mein Vater, wie intensiv Ärzte und Patient zusammenarbeiten können.

Chinesische Vorboten: Willi und Andrea Dungl, flankiert von Landeshauptmann Erwin Pröll und Schönbrunn-Direktor Helmut Pechlaner, präsentieren stolz das chinesische Symboltier, den Panda, damals noch aus Stoff. Heute leben im China-Zentrum, zur Begeisterung nicht nur der Kinder, zwei lebendige Pandas. Sie überstanden sogar die Flutkatastrophe.

Die chinesische Medizin, die bereits in dem ältesten Lehrbuch der TCM, der ‚Traditionellen Chinesischen Medizin', 50% der Gesundheitspflege widmet, besteht aus der damals im Westen bereits bekannten Akupunktur, aber zusätzlich aus den Methoden des Qi Gong (hierzu gehören Tai Ji ebenso wie Schwert-Tai Ji, Fächertanz und auch die vielen Formen des Holz-Qi Gong), die chinesische Ernährungslehre übergehend in die chinesische Diätetik, verschiedenste Formen der chinesischen Massage, der Tuina, welche auch manualtherapeutische Griffe kennt, und zu guter Letzt die chinesische Heilkräuterlehre.

Die Basis des Einsatzes dieser verschiedenen Methoden sind verschiedenste philosophische Grundlagen, von denen die beiden bekanntesten die Lehre von Yin und Yang sowie die der Fünf Elemente sind.

Fasziniert von den in China erlebten Dingen, kehrte er mit den Meng-Brüdern nach Europa zurück und begann hier die erste Schule für Tuina gemeinsam mit Dr. Alexander Meng und Dr. Gustav Meng zu gründen. Er etablierte mit ihnen diese Lehrgänge für Ärzte, Physiotherapeuten, aber auch für Masseure. Die Faszination dieses Wissens ließ ihn nicht mehr los. Immer wieder schwebte ihm als Idealbild ein Zentrum für Chinesische Medizin, wo all diese Teilgebiete vereint werden, vor.

Dies haben natürlich auch seine Freunde und Kollegen erfahren, als 1997 eine chinesische Gruppe an Direktor Boyer herantrat, mit dem Anliegen, ein Zentrum für chinesische Medizin in Österreich zu gründen. Boyer wandte sich an Willi Dungl. Viele Gespräche und Ideen entstanden, und so wurde die alte Idee von Willi Dungl zur Gründung eines Chinesischen Zentrums umgesetzt.

Gleichzeitig führte er zahlreiche Studienreisen in besonderen Regionen in China durch, unter anderem in Benxi und Kumming, wo er auch Pläne für die Entwicklung eines Zentrums für Gesundheitspflege in Kooperation von chinesischer und westlicher Medizin entwarf.

Im Jahre 2002 wurde das Zentrum für Chinesische Medizin in Österreich in Gars am Kamp eröffnet. In jedem Detail spiegeln sich Willi Dungls Liebe für dieses Zentrum und seine Freude über

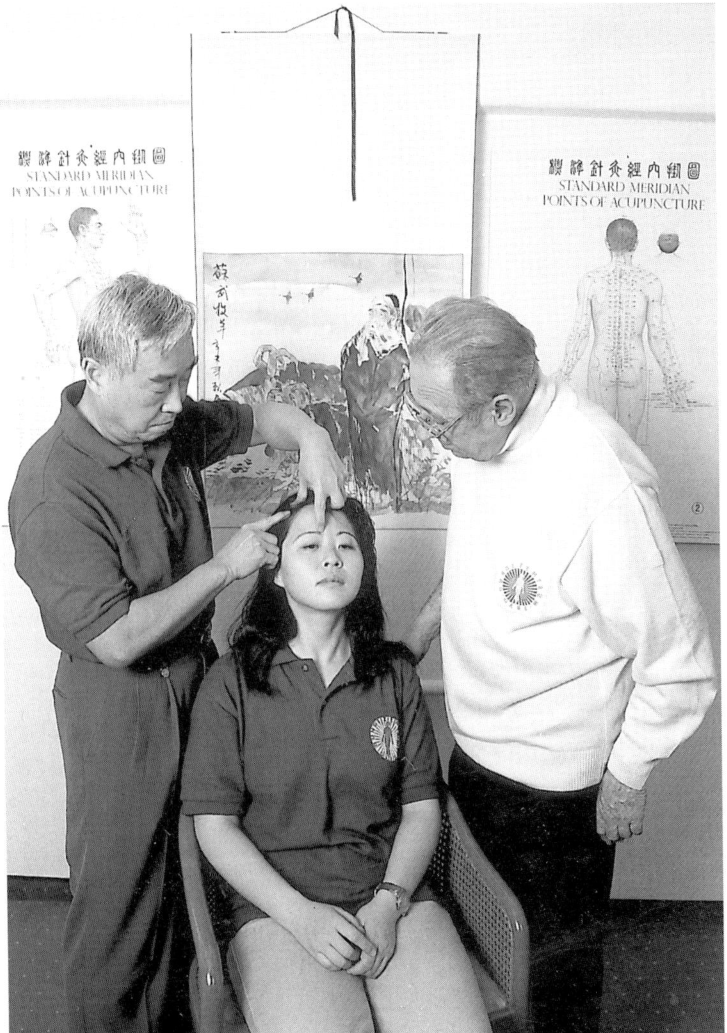

Die Lehren von Yin und Yang und von den fünf Elementen. China-Fan Willi Dungl war, wie in vielen Dingen, auch mit der chinesischen Medizin seiner Zeit voraus. „In der kurzen Spanne seines Lebens hat er mehr geschaffen, als andere in tausend Jahren zusammenbringen würden."

den Aufstieg dieses Zentrums zum ersten medizinischen Zentrum für TCM in Österreich wider.

Durch eine Kooperation mit der Donauuniversität Krems wird im Zentrum für Chinesische Medizin neben den therapeutischen Anwendungen auch Lehre für Laien, aber im Besonderen für medizinische Berufe und medizinische Assistenzberufe angeboten; so wird am Zentrum für Chinesische Gesundheitspflege in Gars der erste Masterlehrgang für Traditionelle Chinesische Medizin im deutschsprachigen Raum durchgeführt.

Die Kollegen aus China, die in diesem Zentrum arbeiten, tragen dazu bei, dass einerseits das alte traditionelle Wissen in seiner ursprünglichen Form hier gepflegt wird, andererseits auch vielen Patienten bereits eine sehr positive Verbesserung ihres Zustandes oder Heilung gebracht werden konnte. Hierbei ist es gleich, ob es sich um den Manager handelt, der über funktionelle Darmstörungen wie Blähungen klagt, begleitet von abwechselnd Durchfall und Verstopfung, oder um den Karzinompatienten, der die Lebensqualität durch die Gabe von chinesischen Kräutern und das Erlernen von Qi Gong-Übungen verbessert sieht.

Unterstützt werden die chinesischen Kollegen außer von österreichischen Ärzten auch von Ernährungswissenschaftlern und Heilmasseuren sowie Physiotherapeuten. Da Willi Dungl aber schon immer ein offenes Herz für alle Menschen hatte, ist dieses Zentrum gezielt als ein ambulantes Zentrum ausgerichtet, wo alle Gäste – auch wenn sie nicht in einem der Hotels nächtigen – herzlich willkommen sind.

Das Ziel Willi Dungls, dieses Zentrum zu dem führenden Zentrum für Traditionelle Chinesische Medizin sowohl auf dem Gebiet der Lehre als auch im Besonderen auf dem Gebiet der Therapie und der Gesundheitsvorsorge für die Menschen in Österreich und Europa zu machen, lebt weiter – auch wenn er den endgültigen großen Erfolg leider Gottes nicht mehr erleben durfte".

Und noch einmal die Stimme Willi Dungl zum Thema China-Faszination: „Jedes unserer Projekte hatte ich mindestens 5–6 Jahre im Kopf. Man muss Dinge anreißen und Geduld haben und bis zum richtigen Zeitpunkt warten."

So ist das auch mit dem Chinazentrum gegangen, das am 11. April 2002 eröffnet wurde. Ein wahr gewordener Traum nach einem Wettlauf Willi Dungls gegen die Zeit:

„Es geht immer ums Ausfeilen, ich habe schon einen Vertrag mit zwei Universitäten in China, wir haben zwei Professoren aus Shanghai hier und eine Ärztin, nächstes Jahr ein ganzes Team. Wir führen schon den ersten Post-Graduate-Universitätslehrgang für Traditionelle Chinesische Medizin durch.

Die Vision Chinazentrum ist unter bestimmten Voraussetzungen entstanden. Ich habe gewusst: Altersmäßig kann ich das nicht mehr zu Ende führen. Da müssen Menschen sein, die weitermachen. Da war für mich die Frage: Was sagen Schwiegersohn und Tochter dazu? Die Kinder haben sich dazu bekannt, aber aus sich heraus, nicht dass ich gesagt hätte, sie müssen. Das war, glaube ich, das Wichtigste. Und so sehe ich mich auch. Ich persönlich bin das Auslaufmodell – dessen muss man sich bewusst sein. Da brauchen die Jungen Zeit, um in die Schuhe zu steigen. Selber muss man noch so stark sein, dass man ihnen helfen kann, wenn sie die ersten Watschen bekommen. Ich hätte sicherlich viermal einen Flop landen können, wenn nicht immer eine hilfreiche Hand gekommen wäre. Vor allem auch Menschen, die an einen glauben. Das ist entscheidend."

Und: „Für mich das Wunderbarste war eigentlich, ich bin ja auch in China gelaufen am Morgen und hab meinen Morgensport gemacht, und da war die große Überraschung, als ich um 5 Uhr früh aus dem Hotel herausgekommen bin, dass nicht ich alleine gelaufen bin, wie ich mir vorgestellt habe, sondern dass da ein paar Millionen Menschen auf der Straße waren, und zwar vom 5. bis zum 80. Lebensjahr, und dort Frühsport gemacht haben – dieses berühmte Schattenboxen, wo der älteste Mann hinausgeht auf die Straße und sich an die Hausmauer stellt und dort irgendwelche Bewegungsübungen macht. Die machen dort gleich gemeinsam Bewegung plus geistiges Training, eine Art mentales Training, man denkt sich da in eine Geschichte hinein und macht seine Tanzübungen und bewegt alles, vom kleinsten Gelenk bis zum ganz großen, der ganze Körper ist in 20 Minuten durch bewegt".

So sah Willi Dungl in die Zukunft

Willi Dungl und seine Familie haben sich auf das Thema Gesundheit eingeschworen. Die Marke „Willi Dungl" lebt durch die Familie Dungl. Wie ist das gegangen, wie ist diese Begeisterung des Helfen-Wollens auf die Kinder und Schwiegerkinder übergegangen?

„Indem man sie zu nichts zwingt. Es hat eine Zeit gegeben, wo mein Leben für meine Kinder ein abschreckendes war. Als meine beiden Töchter so 17, 18 waren – wir haben immer ein Top-Verhältnis gehabt – hat die große Tochter zu mir gesagt hat: ‚Eins sag ich dir, Papa, so wie du werde ich nie!', sagte ich drauf: ‚Das brauchst du auch nicht!' Ich hab sie sogar zum ‚Demel' in Wien geschickt, ‚wenn du willst, kannst du Zuckerbäcker werden, schau dir das an, ich werde dir nicht sagen, was du zu tun hast! Du wirst das wissen.' Meine Tochter Andrea ist dann gekommen und sagte, sie will Ärztin werden. Die Claudia hat es zur Pharmazie gezogen. Trotzdem haben meine beiden Töchter Fußpflege und Massage, d. h. alle Berufsprüfungen von mir gemacht. Die Kleine hat zuerst gesagt: ‚Füsse … erspar mir, bitte, den Fußpfleger!' – ‚Tu, was du willst!', habe ich ihr gesagt, und dann ist sie gekommen, sie macht das auch, neben dem Studium.

Mit 60 habe ich gesagt, jetzt will ich ganz gerne wissen, wie das weitergeht. Andrea hatte die Chance auf eine akademische Karriere im AKH. Mein Schwiegersohn ist Alternativmediziner, Claudia hätte die größte Apotheke in Wien übernehmen können. Sie sind von sich aus gekommen und haben gesagt: ‚Wir wollen mit dir weiter machen! Das ist auch unsere Philosophie'. Daher haben wir eine Familiengesellschaft gegründet … Es hat immer eine große Gruppe gegeben, die an uns geglaubt hat. Wenn ich den Rudi Humer von Palmers nicht gehabt hätte! Zum Zeitpunkt, wo manche Leute gesagt haben: „Massieren wird er können, aber so ein Zentrum aufbauen?", da haben sich diese Leute dann angeschlossen. Die hätten Gelder abschichten können, und haben es nicht herausgezogen, sondern legten das im Aktivhotel an.

Ohne diese Menschen, die an dich und deine Ideen glauben,

geht es nicht ... Ich glaube nicht ans Glück! Ich glaube, dass es eine Bestimmung gibt. Du musst Ideen so reif machen und bekommst trotzdem deine Rückschläge. Du musst durchhalten, dich als würdig erweisen und natürlich auch bereit sein, zu verzichten, deinen Einsatz zu geben.

Ich bin überzeugt, dass ich jemanden, der sich so verhielte, wie ich mich in den vergangenen vier Monaten verhalten habe, rauswerfen müsste. Weil es momentan so konträr zur Philosophie läuft. Ich bin mir hundertprozentig bewusst, dass ich meine Reserven derzeit total auspowere. Aber ich sage mir, der 11. April ist der Stichtag, bis dahin muss ich noch bereit sein, alles zu geben.

Das bin ich bereit einzubringen. Aber wie viel ich davon wieder reparieren kann, weiß ich nicht. Ich weiß nur eins, am 12. April reiche ich die Pension ein. Ich trete in die zweite Reihe zurück. Das ist im Management-Team lange vorbereitet, mit einem Geschäfts-

„Einen Tag pro Woche geh ich Golf spielen", hatte sich Dungl für die Zeit nach seinem 65. Geburtstag vorgenommen. Es sollte bei diesem einen Foto bleiben – leider Gottes.

führer, der sich um die drei Häuser kümmert. Wir bauen die Strukturen auf. Entscheidend ist, ich habe in den letzten beiden Jahren geschaut, dass man ein Team aufbaut, das miteinander reden kann. Die müssen mich nicht mögen, ich muss noch manchmal der Krampus sein, aber wesentlich ist, die müssen zusammenpassen. Dann werden zwei Tage in der Woche mir gehören."

Und da fragt sich sogar ein Willi Dungl, wie er sich die Zeit nach der Pensionierung vorstellt.

„Einen Tag pro Woche will ich Golf spielen, 60 % der Zeit wird einwandfrei dem gewidmet sein, was ich gern tun möchte und was mich interessiert. Wir haben die Marke ‚Willi Dungl' im Aufbau, die Produkte realisiere ich mit meiner Tochter Claudia, ich habe meine Rezepte in Ordnern gesammelt. Das ist eine Freude, wenn ich mit ihr beisammensitze und das durcharbeiten kann. Ich habe unzählige Rezepturen aufgeschrieben. Immer, wenn ich jemanden behandelt habe, habe ich das notiert. Diese Rezepturen jetzt umzuwandeln und die Philosophie rein zu halten, das ist meine Aufgabe. Zwei Jahre haben wir gearbeitet, damit unsere Säfte ohne Konservierung und ohne künstliche Süßstoffe zubereitet werden. Wir sind die einzigen, die Gemüse und Fruchtsaft zusammengebracht haben und daraus ein schmackhaftes Getränk herstellen. Wir machen die einzigen vollkommen aromadichten Tees. Wenn man die öffnet, spürt man, da ist alles drinnen, mehr als beim offenen Tee, weil nichts entweichen kann.

Dort sehe ich meine Aufgaben … und natürlich auch in der Schule. Eine große Vision habe ich sicher: Was mich in China fasziniert, ist, was die ‚over fifties', diese Generation der Fünfzigjährigen, jeden Tag im Park tun, ihre Motivation, Qi Gong, die Auseinandersetzung mit dem eigenen Körper … Da gibt es die Post-Graduate-Ausbildung für Ärzte, diese Ausbildung gibt meine Tochter. Ich will mich um die Laienausbildung kümmern, will Menschen lehren: Was kannst du selber tun für deinen Körper in der Prophylaxe, was ist deine Verantwortung für den Körper? Der Schmerz ist dein Freund. Wenn dir was weh tut, was kannst du tun?

Sie müssen sich mit ihrer Vision auseinander setzen und sich fragen, ob sie wirklich an sie glauben. Visionen müssen länger halten als ein paar Tage. Sie müssen prüfen, ob sie in drei Monaten auch noch daran glauben. Die Ferne darf verschwommen sein, sie muss nur wie durch ein Milchglas scheinen, dann habe ich die mittel- und kurzfristigen Ziele. Welchen Weg habe ich dorthin? Wenn ich nur das Fernziel dort hinten sehe, werde ich hier vorne verhungern. Wenn ich mich über den 101. Schritt freue, habe ich mein Erfolgserlebnis. Ich muss wissen, dass es Zacken und Rückschläge gibt, ich darf mich vom nächsten Zacken nicht abbringen lassen.

Ich habe am Aufbau des Chinazentrums seit 1989 gearbeitet. Da hatten wir so genannte ‚Demonstrierer', Bürgerproteste und allelei weiteres. Ich war nie einem böse, denn wenn es zu solchen Widerständen kommt, muss man nicht sagen ‚Diese Bösen!', sondern sich fragen: Was habe ich gemacht, um sie zu überzeugen? Ich muss Geduld haben, damit die das mit der Zeit richtig sehen. Wichtig ist, an meine Sache zu glauben und überzeugt zu sein, dass ich sie gut mache, nicht nur aus Egoismus, da gehört mehr dazu …

Das ist die Fortsetzung meiner Kongo-Erlebnisse: Ich hab mir damals geschworen: ‚Wenn ich einmal in die Lage komme, dass ich mir das leisten kann, werde ich eine eigene Stiftung machen', und zu meinem Fünfzigsten habe ich das umgesetzt. Alle meine Vortragshonorare gehen in diese eigene Stiftung, auf das Konto ‚Hoffnung für die Kinder der Welt'. Manche fragen sich vielleicht: Was kann der schon alleine tun? Aus meinen Erlebnissen kann ich sagen: Hätte ich im Kongo sieben Schilling gehabt, hätten 20 Kinder überlebt. Deshalb unterstütze ich dies. In Ruanda habe ich ein SOS-Kinderdorf-Haus gebaut und komme für den Unterhalt von 18 Kindern auf. Ich bin aber noch nie hingefahren und werde auch nicht hinfliegen, denn wenn ich frage, was die Tickets kosten (ca. 3.000 Euro) … davon kann ich drei Monate die Kinder erhalten. Mit dem Sparschilling habe ich Straßenkinder aus dem Kanal herausgeholt. Jetzt baue ich in Afghanistan ein Krankenhaus wieder auf, wir haben gestern schon wieder über 10.000 Euro gesammelt. Das, glaube ich, gehört genauso zu meiner Vision. Auch wenn man gut zu essen und die Gnade hat, mehr zu bekommen, als man verbraucht, soll man auch teilen. Teilen in den verschiedensten Formen …

Eins will ich noch sagen, es geht nicht alles so einfach, dass man sagt, man hat eine Idee. Es gehören immer mehrere Sachen zusammen. Das eine ist sicherlich die Prägung: Für mich ist nach wie vor der größte Held meines Lebens meine Mutter. Was diese Frau unter schwierigsten Bedingungen gemacht hat, das sind starke Eindrücke, die du nie vergisst."

Dungl ist ein Familienmensch, zwei Angehörigen aber ist er in besonderer Dankbarkeit verpflichtet, seiner Mutter, und seiner Frau, der Gusti…

„Ich war gelähmt und lag im Bett, da kam eines Tages eine Frau vom Roten Kreuz, schaute auf mich und sagte (wir hatten von unserem einsamen Gehöft einen Kilometer auf die Straße): ‚Wenn Sie in 40 Minuten vorne an der Straße sind, dann nehmen wir Sie mit, wenn nicht, sind Sie bei den Russen', das zeichnete sich schon ab.

Willi Dungl war seiner Mutter (rechts) in großer Liebe verbunden und hat privat oft erzählt, „wie diese großartige Frau während meiner Polio-Erkankung nur mit ihrem natürlichen Gefühl und Mutterinstinkt alles richtig gemacht hat".

Meine Mutter hat mich siebenjährigen Buben im Kinderwagen auf dem eisigen, schäbigen Weg durch den Wald gezerrt. Es hat gerumpelt, und ich habe geweint und gefragt: ‚Mama, warum tust du mir so weh?' Meine Mutter ist 156 cm groß, und sie hat zu singen begonnen: ‚Es geht alles vorüber, es geht alles vorbei.' Dann kam ich endlich zur Behandlung, ich erinnere mich an die rauen Hände der Klosterschwester, die mir das Zäpfchen eingeschoben hat, und ich lag dort und wartete, bis die Tür aufging. Darum ist das der große Held. Weder mein Vater noch meine Mutter hatten eine Ahnung von meinem Thema ‚Helfen', das ist im Unterbewusstsein sicher vorhanden gewesen. Diese Initialzündung braucht man einerseits. Andererseits glaube ich, das Wichtigste ist, dass man ganz einfach an den eigenen Weg glaubt. Und dass man ja nicht aufgibt – und das war in meinem Leben, dass ich meine Watschen bekommen habe.

Auf dem Weg braucht man gute Kameraden – nicht auszudenken, wenn meine Familie nicht so zu mir gestanden wäre. Stellen Sie sich vor, meine Frau und ich haben 1960 geheiratet. 1960 und 1961 war ich praktisch die ganze Zeit mit den Sportlern unterwegs. Da hab ich ständig gelernt. In Sibirien erstmals über die Behandlung eines Kraftsportlers. Ich habe ein permanentes Assembling gemacht. 1961 kam unsere erste Tochter auf die Welt, 1962 bin ich im Kongo gewesen. 1964 bin ich im Dezember wieder zurückgekommen. Welche junge Frau – und meine Frau war wirklich ein hübsches Mädchen – macht da mit? Wir hatten nicht mal das Geld für Verbundscheiben für die Fenster – wir haben ein Stockhaus gebaut und hatten Heraklith in den Türen, weil wir kein Geld für Verbundglas gehabt haben. Wir hatten einen Gasherd in der Küche, mit einem Zusatzherd haben wir das Schlafzimmer geheizt.

Als ich meine Frau heiratete, war sie 17 Jahre alt. Eine Frau, die dazu steht und Kamerad ist, ... wenn man da die Kraft nicht bekommt. Das sind meine zwei Pfeiler: meine Mutter und der Kamerad, die Frau. Ich verdiente als Unteroffizier beim Bundesheer 1.400 Schilling im Monat. Ich kam in den Kongo, wollte unbedingt eine Kamera mitnehmen, damit ich photographieren konnte, und meine Frau ist gegangen, nahm einen Kredit auf, damit ich den Apparat hatte. Und sie blieb zurück, allein, mit dem Kind, mit Schulden. Wer macht das? Das sind die Bedingungen, die man auch dazu braucht. Der eine hat die Ehefrau, der andere hat einen Freund oder einen anderen Kameraden. Aber irgendwen brauchen Sie, ich glaube nicht an die Superwuzzis, die ohne ihre Umgebung erfolgreich sind.

Eins darf man auch nie vergessen: die Demut … Kontakt zum Boden bewahren und rechtzeitig das Knie beugen. Ich habe sehr oft in meinem Leben gesagt: ‚Dein Wille geschehe', und ich bin kein Kirchenrenner."

Claudia hat ihren Vater nicht nur immer geliebt, sondern auch beobachtet:

„Er war Meister im Sich-Sammeln, also er hat die chinesische Medizin sicher sehr früh am Beginn seiner Nierenerkrankung mitbekommen und hat da sehr viel umgesetzt. Er hat immer wieder Minuten gesucht in dem ganzen Trubel um ihn herum, in dem ganzen aktiven Leben, wo er sich zurückgezogen hat, wo er auch einmal für eine Viertelstunde in den Wald gegangen ist und sich einfach wieder gesammelt hat, und daraus hat er sehr viel Energie geschöpft.

Nicht nur in der Welt der berühmten Spitzensportler, sondern auch in der Welt der vielen unbekannten einfachen Menschen, die auch auf seinen Rat und seine Hilfe setzten. Viele Patienten wurden von seiner positiven Energie förmlich angesteckt."

Andrea bestätigt:

„Dem Papa war sicherlich der Mensch wichtig. Der Jet Set ist eine Sache, eine Umgebungssituation, aber letztendlich, wenn der Mensch, der da drinnen agiert und lebt, nicht als Persönlichkeit ernst genommen wird, dann ist auch das ganze andere unwichtig, und ich kann mich sehr wohl an Leute erinnern, die gemeint haben, sie können sich einen Willi Dungl kaufen, bloß weil sie Geld hatten, und er hat dann klipp und klar gesagt: *nein.*"

Die dritte Generation: Opa Willi Dungl mit einem seiner acht Enkelkinder – alles Buben. „Ein Arzt oder Professor", glaubt Oma Dungl für die Zukunft, „ist nicht darunter …"

„Nicht traurig sein, dass er gegangen ist, sondern dankbar dafür, dass er da war“

In der Nacht vom 30. April auf den 1. Mai 2002 stirbt dieser großartige Mensch, der so vielen Menschen die Gesundheit geschenkt hat, im Krankenhaus Horn an den Folgen eines Herzinfarkts.

In Gars am Kamp nehmen viele hunderte Menschen Abschied. Er wurde am Nachmittag beigesetzt, fast 2.000 Trauergäste waren zum Gottesdienst in den Kurpark gekommen. Dort in unmittelbarer Nähe des erst vor wenigen Tagen eröffneten Chinazentrums gedachten sie jenes Menschen, der vor allem eines wollte: *helfen.* Ganz gleich, ob Bürger der Region, Spitzen des öffentlichen Lebens oder Sportler, allen fällt der Abschied von Prof. Willi Dungl sehr schwer. In den Trauerreden wird besonders auf die aufopfernde Hilfsbereitschaft Dungls verwiesen, der, obwohl selbst schwer krank, nie auf sich Rücksicht genommen hat.

Der evangelischer Superintendent erwähnt das Bild vom Weizenkorn, das, um wirksam werden zu können, sich selbst bei Selbstaufgabe einsetzen muss, das ist ein gutes und ein treffendes Bild, um die Persönlichkeit von Willi Dungl zu beschreiben.

Eine Hilfsbereitschaft, die neben den Patienten der Dungl-Zentren vor allem Österreichs Spitzensportler immer wieder erfahren haben.

Niki Lauda: „Er war ein unglaublicher Mensch, der nur vom Helfen gelebt hat mit allen Facetten, die es dazu gegeben hat, also so einen wird man nicht noch einmal finden.“

„Arbeit und Geben waren sein Leben“ hatte die Familie auf die Parte von Prof. Dungl geschrieben. Ein Geben, das sich für viele nicht nur auf medizinische Hilfe beschränkte, sondern auch die Seele umfasste. In Anlehnung an Franz von Assisi nennt Landeshauptmann Erwin Pröll den Verstorbenen den „Willi von Gars“ und dankt: „Dank ist nur ein Wort. Heute, lieber Willi, heute soll's viel viel mehr sein. Du warst ein großer Mensch hier auf Erden, du bist ein ganz ganz großer Niederösterreicher und du warst ein echter, ein ehrlicher Freund.“

Abschied von Professor Willi Dungl: Nach den Familienmitgliedern und den engsten Angehörigen defilierten viele Tausende Freunde – unter ihnen ganz an der Spitze der Trauergästeschar Niki Lauda –, Weggefährten, Patienten und Hunderte Menschen aus Gars am Kamp am Sarg vorbei.

Abschied von Fitness-Pionier und „Krone"-Kolumnist Prof. Willi Dungl:

„Willi, du bleibst in den Herzen!"

„Helfen, heilen und gesund machen", das war die Mission von Gesundheits-Pionier und „Krone"-Kolummnisten Willi Dungl. An seinem Begräbnis im Kurpark von Gars am Kamp in Niederösterreich nahmen neben Familie, Freunden, Prominenz auch mehr als 1500 Trauergäste teil: „Willi, du bleibst in unseren Herzen", lautete eine der Hunderten Eintragungen im Kondolenz-Buch . . .

Prof. Willi Dungl 1937 – 2002

„Willi von Gars war eine Ausnahmeerscheinung wie Franz von Assisi, er hat mit leidschaftlicher Hingabe geheilt und gepflegt und seine

VON FLORIAN HITZ

Kamptaler Heimat auf die Weltkarte der Gesundheit geschrieben", würdigt Landeshauptmann Erwin Pröll

„ein Dunglianer der ersten Stunde" mit stockender Stimme das Vermächtnis des Verstorbenen.

„Den Menschen die Wunder zeigen, die sie bewirken können, war sein Lebensziel", sagt Niki Lauda leise. Neben ihm und dicht an dicht Steffi Graf, Gerhard Berger, Franz Klammer, Peter Weck, Kräuterpfarrer Josef Weidinger oder Weinpfarrer Hans Denk, die dem „engen Freund" ein letztes Geleit gaben.

„Es ist bezeichnend, dass er bis zuletzt mit totalem Einsatz für die Menschen da war", vergleicht der evangelische Superintendent Paul Weiland, der die Trauerfeier vornahm, den „großen Sohn Niederösterreichs" als Weizenkorn, das erst durch Selbstaufgabe neues Leben schafft. Palmers-Chef Rudolf Humer bedankt sich, „daß du uns ein Stück deines Lebenswegs mitgehen hast lassen, das ist dein Reichtum gewesen und so bleibst du unsterblich."

Trauern: ORF-Chefin Monika Lindner, Erwin und Sissi Pröll

lokales@kronenzeitung.at

Noch einmal verneigen sich Österreichs Sportler – und nicht nur die Sportler – in Trauer und Anteilnahme:

Niki Lauda: „Ich war der Erste, der mit Willi Dungl angefangen hat im Rennsport zu trainieren und zu essen, und dann hat er eigentlich mein ganzes Leben begleitet in allen meinen Höhen und Tiefen."

Als Schutzengel, Lebensretter?

Lauda: „Er hat alles in sich vereint, erstens hat er mich zum Training gebracht, dann hat er mir das Leben gerettet nach dem Nürburgring und bis zur Nierentransplantation, was immer ich gehabt habe, war er immer bei mir, für mich einer der unglaublichsten Menschen überhaupt."

Dungl war immer eine Art Lebensversicherung?

Lauda: „Es war nicht eine Lebensversicherung, er war ein Betreuer der besonderen Art, der sich mit jedem extrem auseinander gesetzt hat, wie man den Menschen helfen konnte und nicht nur mir, und das Tolle an ihm war, dass er jedem geholfen hat, dem er hat helfen können, und das war eigentlich seine Größe, es war wurscht, wer zu ihm kam. Wenn er einen Rat wusste, dann hat er ihn selbstlos gegeben."

Du hast ja einmal gesagt, der Willi hat Dinge für dich getan, die kein Mensch für dich getan hätte oder für andere Menschen.

Lauda: „Ja, weil ihm immer wieder Dinge eingefallen sind, besonders nach dem Nürburgring, da war er es, der Tag und Nacht nachgedacht hat, wie er mich wieder in Form bringt und wie er die Verletzungen so behandelt, dass ich wieder fahren kann, also er war in Wirklichkeit der Meilenstein für meine ganze Karriere, denn ohne ihn wäre ich vielleicht überhaupt nicht mehr gefahren. Er hat mir das Leben gerettet und mehrmals auch meine Karriere."

Er fehlt uns allen.

Lauda: „Ja unglaublich, sein plötzlicher Tod, muss ich ehrlich sagen, war ein Schock für mich."

Gars war immer die Zuflucht für alle, auch für Gerhard Berger nach seinem Imola-Feuerunfall 1989. Und für Karl Wendlinger:

„Ich glaub, wir haben einen sehr wertvollen Menschen für uns alle verloren, er hat Fähigkeiten in der Behandlung gehabt, die unvergleichbar waren, aber er hat auch eine Menschlichkeit hineingebracht, die ebenso unvergleichbar war. Ich hab einen schweren Unfall gehabt, eine schwere Verletzung 1994, und die Rehabilitation hier beim Willi ist um 5 Uhr früh losgegangen bis teilweise um Mitternacht, also es hat für ihn keine Grenzen gegeben, um anderen Leuten zu helfen, und das hat man auch in Erinnerung."

Dungls Credo war, den Menschen die Wunder zu zeigen, die sie selbst vollbringen können, aber ohne ihn hätte es viele Comebacks nicht gegeben. Stimmt's, Franz Klammer?

Klammer: „Sicher. Ich hatte angeblich eine Zerrung, und der Willi hat sofort erkannt, dass das eine schwere Verletzung war. Dann haben wir zwei Monate Rehab gemacht, jeden Tag, und der Willi ist nach Kärnten gefahren, war immer da, also ohne Willi hätte ich sicher nicht mehr Schi fahren können."

Er hat sich für euch Sportler aufgeopfert, erinnere ich den Olympiasieger.

Klammer: „Ja, total, Tag und Nacht, wenn du etwas gebraucht hast, der Willi war da, kannst anrufen immer, er war immer für alle da."

Nicht nur für die Spitzensportler, aber auch und vor allem für die Spitzensportler.

Klammer: „Man hat gewusst, den Willi kannst anrufen, egal wann, er ist da, er war immer für alle da, nur für sich selber da sein, das hat er vergessen."

Weil sich Dungl immer um die Probleme anderer kümmerte, auch um die Sorgen der Tennisstars, nicht nur von Steffi Graf oder Thomas Muster, bestätigt Ronnie Leitgeb:

„Für uns war er der Übervater, ganz einfach, er war der Übervater des großen Comebacks von Thomas, und er war einfach immer für uns da. Ich hoffe, er wird in unserem Geist auch immer da bleiben."

Denn Weinpfarrer *Hans Denk* kennt die richtigen Relationen: „Was Willi Dungl geschaffen hat in den wenigen Jahren, die ihm zur Verfügung standen, ist weit mehr, als manch andere Menschen in 100 und 1.000 Jahren bewegen können."

Willi Dungls Familie ist sehr tapfer. Und voll entschlossen, das gigantische Lebenswerk des Bio-Professors mit gleichem Einsatz fortzuführen.

Claudia: „Wir haben sicherlich von ihm positives Denken gelernt, wir haben auch gelernt, dass das Schicksal sehr vieler Menschen damit verbunden ist, ihr Arbeitsplatz usw., und wir haben eigentlich gewusst, gemeinsam wollen wir das Lebenswerk unseres Vaters fortführen, und das war immer unser Ziel, und da hat es keinen Moment der Überlegung gegeben."

Andrea: „Man muss auch ganz einfach dazu sagen, es ist ein Unterschied, ob man alleine oder mit Freunden da steht, und einerseits hatten wir ein Netz der Familie, meine Schwester, mein Mann, ihr Mann, dem ich gleich als Baumeister alles übergehängt und gesagt habe, lieber Andreas, diese Renovierung ist dein Werk, und dann haben sich nach dem Ableben meines Vaters noch jene als echte Freunde herausgestellt, die wirklich zu uns gestanden sind und die in dieser Situation gesagt haben, wir werden euch helfen, und mein Vater hat einmal gemeint, ihr werdet nicht alleine sein, und man muss ganz klar sagen, es hat gestimmt, es haben uns viele geholfen, bei Bankengesprächen genauso wie mit Marketingideen und -konzepten, in einer solchen Gruppe ist man einfach stark."

Claudia findet nach dem Ableben ihres Vaters einen Brief, in dem er seiner Familie eine „Weisheit mitgegeben hat, die uns immer wieder, gerade bei der Hochwasserkatastrophe 2002, einiges an Stütze gegeben hat und die wir uns immer ins Bewusstsein gerufen haben: *Den wahren Sinn einer Niederlage erkennst du erst in einem späteren Sieg.*"

Andrea: „Er hat sicher gewusst, dass er nicht mehr allzu lange zu leben hat, man muss sagen, er hat ganz klar die Übergabe der Zentren für dieses Jahr vorbereitet gehabt, er hat es genossen, dass die Zentren fertig geworden sind. Es gibt sicherlich so etwas wie eine Ahnung, und natürlich ist sich jemand, der medizinisch so versiert ist wie er, bewusst, dass, wenn man seit 25 Jahren regelmäßig doch gesagt bekommt, lange dauert's nicht mehr, es irgendwann einmal so weit ist. Ich glaube, für ihn war es aber weit wichtiger, sein Werk vollendet zu sehen, anstatt vielleicht noch ein paar Jahre anzuhängen nach der Devise: ‚Es ist besser, nicht dem Leben Jahre, sondern

Stolz auf ihren Vater – und Willi Dungl wäre heute stolz darauf, was seine Töchter leisten: Andrea Dungl-Zauner und Claudia Dungl-Krist führen das große Erbe des Professors in seinem Sinne weiter.

den Jahren Leben zu geben.' Und das hat er einfach gelebt und das mussten wir respektieren."

Gars am Kamp, heute. Wer das Dungl-Gesundheitshaus betritt, den umfängt sofort das optimistische, positive Ambiente – die Aura des Willi Dungl ist deutlich spürbar für jeden. Seine Töchter Andrea und Claudia haben mit ihren Männern – Manfred und Andreas – aus dem ehemaligen Kamptalhof wieder ein tolles, effizientes Schmuckkästchen gemacht.

„Eines habe ich in den letzten zwei Jahren gelernt", sagt Andrea, „ich fürcht mich nimmer. Noch mehr passieren kann mir nicht mehr – und mehr arbeiten kann ich nicht mehr."

Claudia hat mit Andreas die legendäre Schottengasse in Wien zu einem dreistöckigen Gesundheits- und Fitnessparadies umgebaut.

Und die Enkelkinder? Eine halbe Fußballmannschaft – alles Buben.

Aus Andreas' und Manfreds Familie: Alexander (16), Hotelfachschüler, der auch oft im Biotrainingszentrum aushilft, der sehr hilfsbereite Florian (14), ein Altenburger Sängerknabe, und Johannes (10). Aus Claudia und Andreas Familie: Benedikt (11), der wie sein Vater, der Baumeister, auf die HTL Mödling möchte, Bernhard (8), der Lustigste des Trios, und Christoph (6).

Welcher Bub ist dem berühmten Opa am ähnlichsten? „Höchstens der Johannes“, sagt Gustavine Dungl, „aber Mediziner kriegen wir aus unserer Familie keinen …“

Und Autofahrer?

Niki Lauda, der dreifache Formel-1-Weltmeister, hat immer behauptet: „Es gibt keinen zweiten Menschen auf der Welt, der so viel Gefühl in den Händen hat wie Willi Dungl – aber so wenig Gefühl in den Füßen.“

Ein Nachmittag in Monte Carlo. Stoßverkehr auf den Straßen, über die einmal im Jahr der Grand-Prix-Zirkus teufelt. Am Steuer eines Privat-Pkw sitzt Willi Dungl, auf dem Nebensitz Ronnie Leitgeb, der frühere Trainer und Manager von Thomas Muster.

Dungl ist in seiner gewohnten Autofahrerform, also etwas unkonzentriert, weil er immer über irgendwelche nötigen Heilmethoden nachdenkt: Anfahren im dritten Gang, Motor abgestorben, links der Randstein, rechts der Kotflügel eines anderen Autos – wie schon gelegentlich.

Ronnie Leitgeb fragt leise und höflich: „Willi, glaubst, sollte nicht vielleicht doch ich ein Stückl fahren?“, worauf ihn sofort ein ganz böser Seitenblick des großen Meisters trifft: „Du redst schon genauso deppert wie der Lauda.“

Willi Dungls Kräutergarten Von Arnika bis Wurmfarn

Vorerst einige grundsätzliche Anmerkungen

1. Denken Sie an den Naturschutz und sammeln Sie nur so viele Kräuter, wie Sie tatsächlich brauchen. Pflücken Sie die Pflanzen behutsam und schonen Sie den Wurzelstock. Sammeln Sie nur solche Kräuter, die Sie sicher kennen!
2. Heilkräuter weder neben verkehrsreichen Straßen noch in Gebieten, wo sie mit Spritzmitteln oder Kunstdünger behandelt werden, sammeln. Durch Gifte wie Blei oder Pestizide würden sie mehr schaden als nützen. Nur gesunde, kräftige, reine und trockene Pflanzen sind für unsere Tees geeignet. Frische Blätter

In Gottes Naturgarten hat sich Dungl immer besonders wohl gefühlt. Gottes Naturküche bot ihm ungezählte Variationen – und mit der „Schwarzwurzen" rettete er 1976 sogar Niki Laudas Ohren.

sind immer besser als alte. Wurzeln sollen im Herbst gesammelt werden, da sich viel mehr Saft angesammelt hat.
3. Gesammelte Kräuter nie über Nacht in der Tasche oder im Sack lassen. Sofort zuhause am besten an einem luftigen, trockenen Ort (z. B. Dachboden) auf Packpapier locker ausbreiten. Möglichst jede Sorte separat, da sonst in getrocknetem Zustand Verwechslungen passieren können. Wurzeln sofort mit Bürste und viel Wasser reinigen, wenn nötig schneiden – auf Bindfaden aufreihen bzw. Packpapier auflegen. Achtung vor Schimmel!
4. Die Aufbewahrung der Kräuter sollte licht- und staubgeschützt – am besten in braunen Gläsern – erfolgen. Beschriftung und Datum nicht vergessen!
5. Die Selbstbehandlung kann nie den Arzt ersetzen! Fragen Sie daher stets Ihren Hausarzt, wenn Sie ernstere Beschwerden haben – er wird vielleicht Ihre Kräuterbehandlung richtig ergänzen!

ARNIKA

Aussehen: Die Pflanze wird zwischen 25 und 60 cm hoch, hat große, orangegelbe Blütenköpfe, meist einzeln an der Stängelspitze. Blätter eiförmig, oberseits behaart.

Vorkommen: Auf Gebirgswiesen und torfigem Boden.

Verwendbarer Pflanzenteil: Blüten.

Anwendung: Wegen der möglichen Vergiftungserscheinungen nur äußerlich bei Verletzungen, Blutergüssen und Quetschungen. Die Wirkung ist entzündunghemmend, resorptionsfördernd und hautreizend.

Rezept: Auszug für Umschläge: 1 EL Arnika mit 1 l kochendem Wasser übergießen und 10 Minuten ziehen lassen. 100 g Arnikablüten mit 1 l Ansatzkorn 14 Tage an einen warmen Platz (eventuell Fenster) stellen – zum Einreiben bei Gliederschmerzen zu verwenden. – Für Umschläge: Mit Wasser 1 EL Tinktur auf $^1/_4$ l Wasser verdünnen. Allergiepotenzial.

AUGENTROST (Augenmild, Augenblümle)

Aussehen: Die einjährige Pflanze ist etwa 10 bis 15 cm hoch, im oberen Teil verästelt und weichhaarig. Die Blätter sind gegenständig angeordnet und an der Spitze scharf gesägt. Die weißen oder blassvioletten Rachenblüten sind achselstellig angeordnet und haben auf der dreilappigen Unterlippe kleine, gelbe Flecken. Sammelzeit: Juli–September.

Vorkommen: Auf trockenen Wiesen, Heiden oder Waldböden.

Verwendbarer Pflanzenteil: Das ganze blühende Kraut ohne Wurzel.

Anwendung: Die Hauptanzeigen für den Augentrost sind Augenleiden, Augenentzündungen, Augenschwächen durch Überanstrengung, Lidrandentzündungen.

Rezept: Zum Ansetzen des Tees verwendet man einen halben Löffel geschnittenes Kraut, welches mit einer Tasse kochendem Wasser übergossen wird und nur 2 Minuten zieht. Der Tee kann nun als Augenbad in Form von Umschlägen verwendet oder schluckweise – ein bis zwei Tassen pro Tag – getrunken werden.

Wichtig: Die Konzentration darf nicht zu stark sein. Für eine Tasse unbedingt nur einen halben Löffel Kraut verwenden. Wird Augentrost zu stark angesetzt, kann es zu Reizungen des Auges kommen. Bei andauernden Augenentzündungen ist auf jeden Fall ein Arzt aufzusuchen!

BALDRIAN (Katzenkraut)

Aussehen: Seine Blüten sind klein, rosa oder weißlich mit flachen Doldenrispen. Die Blätter, sind mit mindestens 11 Blättchen gefiedert. Der Stängel ist gefurcht und hohl. Der Wurzelstock ist braun, groß, dick und reich bewurzelt. Höhe: 30 cm bis 1,30 m. Sammelzeit: Ende August bis Oktober.

Vorkommen: Er wächst häufig auf nassen Lehmböden, an Gräben, Quellen und auch im Wald.

Verwendbarer Pflanzenteil: Wurzel.

Anwendung: Die Wirkung des Baldrians auf die Nerven ist seit jeher bekannt, daher auch sein Hauptgebrauch bei Nervosität und Schlaflosigkeit.

Rezept: 1 Kaffeelöffel zerkleinerte Wurzel in kaltem Wasser ansetzen, das ganze kurz aufkochen, sofort abseihen und schluckweise trinken. Baldriantee sollte nicht zu lange stehen, da er seine ätherischen Öle verliert, daher unmittelbar nach dem Ansetzen trinken!

Bei Schlafstörungen: 1 Tasse Tee vor dem Abendessen, die 2. Tasse kurz vor dem Schlafengehen trinken.

Schlafbad: 100–150 g Wurzeln in 2 Liter kaltem Wasser am Abend vorher ansetzen, den Abguss in das bereits vorgewärmte Badewasser gießen und anschließend 20 Minuten bei ruhiger, tiefer Atmung darin verweilen.

BÄRLAUCH (Waldknoblauch, Zigeunerlauch, Ramsel)

Aussehen: Grüne, langstielige, lanzettartige, große Blätter. Auf einem bis zu 30 cm langen Stängel, die Trugdolde aus rein weißen, sternchenförmigen Blüten, verbreitet einen durchdringenden Knoblauchgeruch. Die Blätter können mit denen der Maiglöckchen verwechselt werden, darum im Zweifelsfalle immer riechen! Vorsicht!

Vorkommen: Feuchte Wälder, Waldschluchten, Auwälder; meist in großen Gruppen; schattenliebend. Die Blütezeit ist von April bis Juni.

Verwendbarer Pflanzenteil: Die ganze Pflanze. Da die Wirkstoffe beim Trocknen verloren gehen, muss die frische Pflanze verwendet werden.

Anwendung: Ebenso wie beim Knoblauch ist die Wirkung der Fermente schwach darmdesinfizierend, auswurffördernd und blutreinigend.

Rezept: Die beste Verwendung ist die der frischen Pflanze als Frühjahrskur, Salat, Brotaufstrich usw. Magenempfindliche geben geschnittenen Bärlauch in Milch und trinken diese nach drei Stunden schluckweise.

BEINWELL (Wallwurz, Schwarzwurz, Wundwurz)

Aussehen: Schmalglockige, weißgelbe bis rosa und violette Blüten. Die Blätter sind zungenförmig und rauhborstig gestielt. Die Wurzel kann zwischen 30 cm und 1 m lang werden und ist außen schwarz und innen gelb.

Vorkommen: Nasse Gräben, feuchte Wiesen, Bachufer. Die Blütezeit ist von Mai bis August, die günstigste Erntezeit März und April.

Verwendbarer Pflanzenteil: Wurzel.

Anwendung: In früheren Zeiten war eine Abkochung der Wurzel ein beliebtes Mittel gegen Durchfall, Magenkatarrh und übermäßige Monatsblutung, diente aber auch als Gurgelwasser bei Rachenkatarrh, Halsentzündungen und ähnlichen Erkrankungen. Der Wurzelstock wird heute noch immer in Salbenform zur Behandlung von schlecht heilenden Wunden und als heiße Auflage bei rheumatischen Beschwerden, Gichtknoten, Zerrungen, Geschwüren, Blutergüssen und Sehnenentzündungen empfohlen.

Rezept: Umschlag: 2 EL der Wurzel mit 1/4 l Wasser 15 Minuten kochen, 15 Minuten ziehen lassen, anschließend als Umschlag verwenden und eine Plastikfolie darüberwickeln, damit es lange dünstet.

Schon im Altertum war Beinwell wegen der hervorragenden wundheilenden Wirkung geschätzt. Bei den Kreuzrittern gehörte die getrocknete Wurzel zum wichtigsten Gepäck. Aber auch in der Sportbetreuung hat sie einen geschätzten Platz. Ob Niki Lauda, Hubert Neuper, Claudia Binder oder Andrea Strachota, allen hat sie schon einmal geholfen.

Da im Beinwell krebserregende Pyrolizidinalkaloide gefunden wurde, wurde er im Handel verboten. Deshalb werden spezielle Pflanzen gezüchtet, denen dieser Inhaltsstoff fehlt. Salben oder homöopathische Kügelchen sind in der Apotheke erhältlich.

BERBERITZE

Aussehen: Scharlachrote, glänzende Büschel, an Sträuchern hängend.

Vorkommen: Hecken, Waldränder, Heimgärten. Blütezeit: Mai bis Juni.

Verwendbarer Pflanzenteil: Beeren.

Anwendung: Die Hauptanzeigen sind Leberkrankheiten und Gallenleiden. Aber auch als wertvollen Vitamin-C-Spender dürfen wir die Berberitze nicht vergessen. So manche Bäuerin macht heute noch ihre Weinscharlmarmelade. Wer ein Leber- oder Gallenleiden hat, wird innerhalb kürzester Zeit ein Frühstücksbrot mit Berberitzenmarmelade zu schätzen wissen.

Rezept: Zwei Arten der Zubereitung werden empfohlen. Erstens: Auspressen der Beeren und Eindicken des Saftes durch Kochen mit Honig. Die zweite Möglichkeit ist das Einkochen der Beeren zu einem Mus.

BIBERNELLE (Pimpinelle, Pfeffenwurz, Steinbrech)

Aussehen: Weiß bis gelblichweiße Blüten, zu Dolden zusammengesetzt. Stängel fein gerillt, ästig, unten behaart, oben fast blattlos. Fiederblätter gezahnt, rund bis eiförmig. Die Wurzel ist spindelförmig und riecht stark nach Harz. Höhe der Pflanze: Kleine Bibernelle 30 bis 50 cm, Große Bibernelle bis zu 1 m.

Vorkommen: Gebüsche, Waldränder, Hänge, Weiden, Magerwiesen. Blütezeit: Juni bis September; Erntezeit: März, April, September, Oktober.

Verwendbarer Pflanzenteil: Wurzel.

Anwendung: Der Kleinen Bibernelle wird die gleiche Wirkung nachgesagt wie der Großen, allerdings eine etwas schwächere. Ich selbst bevorzuge jedoch die Kleine. Sie enthält in ihrer Wurzel ätherisches Öl, Gerbstoff und Harz und wird bei Halsentzündungen und Erkältungskrankheiten usw. empfohlen.

Rezept: Tee: Am Abend 2 TL getrocknete Wurzel mit 1/4 l kaltem Wasser ansetzen, am Morgen in eine Kanne abgießen – den Rückstand nun mit 1/4 l kochendem Wasser übergießen,

10 Minuten ziehen lassen und den kalten Auszügen beimengen. Mit Honig süßen und tagsüber 2 Tassen trinken.

BIRKE (Nierenbaum)

Vorkommen: Lichte Laubwälder, Waldlichtungen, Hausgärten.

Verwendbarer Pflanzenteil: Knospen, zarte Blätter und eventuell die Rinde.

Anwendung: Nicht zu Unrecht wurde die Birke schon im Mittelalter als Nierenbaum bezeichnet: Jeder, der zu Nierensteinen oder Gicht neigt, sollte im Frühling eine drei- bis vierwöchige Kur mit Birkenblättertee machen. Aber auch für jene, die im Frühjahr zu Stauungen in den Beinen neigen, oder zur Unterstützung einer Schlankheitsdiät gegen Hüftspeck kann Birkenblättertee die richtige Ergänzung sein. – Bei Haarausfall helfen Waschungen mit Birkenabsud bzw. Kopfmassagen mit Birkensaft. Insgesamt kann man die Wirkung als harntreibend, harnsäure-vermindernd bezeichnen.

BRENNNESSEL (Hanfnessel, Nessel)

Aussehen: Kleine, grüne, hängende Rispen, längliche, grob gezackte, am Grund herzförmige Blätter, die teilweise mit groben Brennhaaren versehen sind. Der Stängel ist vierkantig und hoch aufgereckt und ebenfalls mit Brennhaaren versehen. Die Pflanze kann weit über 1 m hoch werden.

Vorkommen: Schutthaufen, Wegränder, Zäune, Hecken, Mauern. Blütezeit: Juni bis September.

Verwendbarer Pflanzenteil: Blätter, frische Triebe. Anwendung: Innerlich angewandt, hat die B. als sehr vitamin- und mineralsalzreiche Pflanze einen weiten Anwendungskreis.

Anwendung: Sie wirkt blutreinigend, blutstillend, stoffwechselanregend, verdauungsfördernd, schleimlösend und auswurffördernd. Zu Frühjahrskuren kann der frisch gepresste Saft verwendet werden (Press-Saft zu gleichen Teilen mit Wasser verdünnt, zweimal täglich 1 TL einnehmen). Als Spinat zubereitet ist die Brennnessel köstlich und gesund. Im Frühjahr und Herbst trinken die Skispringer 10 Tage (täglich) eine Tasse Brennnesseltee zum Frühstück, während der Wettkampfzeit jeden dritten Tag. Brennnessel-Abkochungen werden auch bei Haarausfall zur Haarwäsche verwendet, da die enthaltenen Wirkstoffe die Durchblutung der Kopfhaut anregen.

Rezept: Tee: 2 bis 3 EL geschnittene Blätter mit 2 Tassen siedendem Wasser aufgießen und 10 Minuten ziehen lassen. – Zur Haarwäsche: 100 g fein geschnittene Blätter mit $^1/_2$ l Wasser und 1 EL Essig kurz aufkochen.

BROMBEERE

Aussehen: Bis zu 2 Meter hohe Rankpflanze, stachelige Sprossen, Blätter gefiedert. Früchte: schwarz.

Vorkommen: Wälder, Hecken, Ufer, auch Nutzpflanze im Garten. Erntezeit: August–September.

Verwendbarer Pflanzenteil: Beere. Im September; Oktober werden die schwarzen Früchte der Brombeere reif zum Pflücken.

Anwendung: Der Satz des Paracelsus: „Alle Nahrungsmittel sollen Heilmittel und alle Heilmittel sollen Nahrungsmittel sein", ist hier recht zutreffend. An der Brombeere wirkt alles gesund, speziell bei Magenleiden und Durchfall. Wer an Durchfall leidet, wird einen Brombeertee oder einen Löffel Brombeermarmelade schätzen: Aber auch Leute mit überempfindlichem Magen werden Brombeermarmelade bestens vertragen. Im Frühjahr pflückt man die Blattspitzen und verwendet sie als Tee, der auch als Ersatz für den russischen Tee verwendet werden kann.

BRUNNENKRESSE (Bachkresse, Wassersenf)

Aussehen: Blatt- und sprosshafte Pflanze mit rundlichen Blättern, die eiförmig zu Federn zusammengesetzt sind.

Vorkommen: Im Garten angebaut, auf feuchten Wiesen, in Bächen, Quellen.Verwendbarer Pflanzenteil: Blätter samt Stängel.

Verwertbarer Pflanzenteil: Junge Triebe.

Anwendung: Besonders ihre jungen Triebe, die sehr reich an Vitamin C, Spurenelementen, Senföl und Bitterstoffen sind, eignen sich als Salat bei Frühjahrskuren bestens. Aber auch bei Stoffwechselstörungen erzielen wir damit recht gute Wirkungen. Die blutreinigende Wirkung bewährt sich bei Akne oder Hautekzemen. Man nimmt am besten täglich vier Wochen lang eine Schüssel Brunnenkresse mit einigen zarten Brennnessel- und Löwenzahnblättern. Als Dressing empfiehlt sich Joghurt oder Kefir, mit einigen Tropfen Leinöl vermengt. Fein gehackt mit Topfen (Quark) verarbeitet, ergibt Brunnenkresse einen guten Frühlingskäse. Auch auf Suppen ist sie eine gute Würze. Schwangere sollten wegen des Anteils an Senföl besser darauf verzichten.

FENCHEL

Aussehen: Bis zu 2 Meter hoch, ähnlich wie Dille, aber Blattscheiden hängen.

Vorkommen: Er wird zumeist im Garten gezogen, im September ist es an der Zeit, die Samen der ein bis zwei Meter hohen Pflanze zu ernten.

Verwendbarer Pflanzenteil: Früchte.

Anwendung: Besonders jene, die unter Blähungen zu leiden haben, werden ihn binnen kürzester Zeit schätzen lernen.

Rezept: 1 EL zerstoßenen, frischen Fenchel mit einem $^1/_4$ l siedendem Wasser aufgießen, nicht kochen. 5 Minuten ziehen lassen und mit Honig süßen. Danach schluckweise trinken.

FRAUENMANTEL (Marienmantel, Silberkraut)

Aussehen: Grünliche behaarte Rispenblätter, die jungen Blätter sind stark gefaltet, Stängel behaart.

Vorkommen: Auf Wiesen, Feld- und Waldrändern, Hängen und Rainen.

Verwendbarer Pflanzenteil: Das ganze Kraut.

Anwendung: Der Frauenmantel eignet sich bei Durchfall, Regelbeschwerden, aber auch bei Entzündungen (Bäder bzw. Mundspülungen). Angeblich soll er auch, wenn man regelmäßig Bäder damit macht, muskelkräftigend sein.

Rezept: Tee: 2 EL Kraut mit 1/4 l Wasser aufgießen und 10 Minuten ziehen lassen. Davon zweimal täglich 1 Tasse ungesüßt trinken. – Bad: 1/2 kg frisches Kraut in einem Eimer über Nacht ansetzen. Vor dem Bad anwärmen, dem Wasser beimengen. 20 Minuten baden. Auch für Umschläge ist dieses angesetzte Kraut verwendbar.

GOLDRUTE (Wundkraut)

Aussehen: Höhe bis zu 1 m. Die Blütenköpfe sind goldgelb, stehen in aufrechten Trauben, riechen schwach. Die unteren Blätter sind eiförmig gesägt, gestriegelt und gegenständig sitzend. Sammelzeit: Juli bis Oktober.

Vorkommen: Feldwege, Raine, Gebüsche.

Verwendbarer Pflanzenteil: Der obere Pflanzenteil.

Anwendung: Die Hauptwirkstoffe sind blutreinigend, krampfstillend und harntreibend. Aber auch bei schlecht heilenden Wunden ist die Goldrute gut anwendbar.

Rezept: Tee: 2 TL zerkleinertes Kraut mit einer Tasse kochendem Wasser überbrühen, 5 bis 10 Minuten ziehen lassen; davon in der Früh und am Abend je 1 Tasse trinken. Bei schlecht heilenden Wunden wird der Tee genauso zubereitet. Wunde damit mehrmals waschen oder Teekompressen auflegen.

HECKENROSE

Aussehen: Jeder kennt ihre leuchtenden, roten Früchte – die Hagebutten.

Vorkommen: Waldränder, Feldhecken. Blütezeit: Juni–Juli.

Verwendbarer Pflanzenteil: Am besten pflückt man die roten Früchte im Oktober.

Anwendung: Man sollte sich einen entsprechenden Vorrat von diesem Vitamin-C-Spender anlegen. Die Kerne und Härchen entfernen (als Kinder verwendeten wir die Härchen als Juckmittel, zum Leidwesen unserer Lehrer).

Rezept: Das Fruchtfleisch wird entweder getrocknet und für Tee aufbewahrt oder mit Honig und Zitronensaft zu einer Hagebutten-Marmelade verkocht. Gute Mischtees ergibt das Mischen mit Apfelschalen, Käsepappel oder Malvenblüten.

HOLUNDER (Holler)

Aussehen: Der bis zu 6 Meter hohe Strauch ist praktisch überall zu finden und sicherlich auch jedem bekannt: Sammelzeit: Blätter von Mai bis Juni; Blüten von Juni bis Juli; Beeren von September bis Oktober.

Vorkommen: Wälder, Gebüsche, Gärten.

Verwendbarer Pflanzenteil: Blätter, Blüten und Beeren.

Anwendung: Blattspitzen: bei Wasseransammlung und mangelhafter Harnausscheidung. Blüten: bei Erkältungskrankheiten, Grippe, Husten, Gicht; Beeren: als Mus bei Verdauungsbeschwerden, Leber und Magenleiden. Die Blattspitzen: wirken harntreibend, die Blüten schweißtreibend und auswurffördernd, die Beeren leicht abführend und blutreinigend.

Rezept: Blätter: 1 TL zerkleinerte Blätter in eine Tasse geben; kurz aufwallen und 10 Minuten ziehen lassen. Empfohlen werden täglich 2 Tassen Tee. – Blüten: 1 EL Blüten für eine Tasse Tee; mit kochendem Wasser überbrühen, 10 Minuten ziehen lassen. 3-mal täglich eine Tasse.

HOPFEN

Aussehen: 2–6 Meter hohe Schlingpflanze, Blätter rau.

Vorkommen: Er wächst an feuchten Orten wie Auwäldern, Bach- und Flussufern. Hauptsächlich aber werden die weiblichen Blüten in Kulturen angebaut.

Verwendbarer Pflanzenteil: Gesammelt werden die Hopfenzapfen im September.

Anwendung: Menschen, die an Nervosität und Schlaflosigkeit leiden, sollten sich im September einen entsprechenden Vorrat davon anlegen.

Rezept: 1 bis 2 TL zerkleinerte, getrocknete Zäpfchen mit einer Tasse kochendem Wasser überbrühen, 10 Minuten ziehen lassen und abends vor dem Schlafengehen warm trinken.

JOHANNISKRAUT

Aussehen: Blüte gelb, zahlreiche Staubblätter; Blätter länglich-eiförmig, ungestielt, Stängel oben verästelt, Höhe ca. 30 bis 70 cm.

Vorkommen: Besonders auf sonnigen Waldwiesen, an Berghalden und Waldrändern.

Verwendbarer Pflanzenteil: Knospen und das blühende Kraut.

Anwendung: Als Tee wird das Johanniskraut bei Depressionen angewandt; für Umschläge auf schlecht heilenden Wunden. Das Johanniskrautöl findet besonders bei Brandwunden, sonstigen Wunden; aber auch als Einreibmittel bei Gicht und Rheumabeschwerden sowie Sonnenbrand Anwendung. Es wirkt wundheilend; entzündungshemmend, leicht wassertreibend und leicht antidepressiv. Fotosensibilisierend.

Rezept: Johanniskrautöl: 2 Hand voll Blüten mit 1 l kalt gepresstem Olivenöl in eine Flasche füllen und in die Sonne stellen: Nach vier Wochen hat sich der Inhalt tief rot verfärbt – nun abfiltern und lichtgeschützt aufbewahren.

KÄSEPAPPEL (Wegmalve)

Aussehen: 30–50 cm hoch, Kronblätter 8–13 cm lang, blassrosa.

Vorkommen: An Wegrändern und Schutthalden.

Verwendbarer Pflanzenteil: Blätter und Blüten.

Anwendung: Als Tee innerlich bei Blasenleiden, Magen- und Darmkatarrh, äußerlich zum Baden von Geschwüren, Furunkeln etc. Die Käsepappel wirkt beruhigend, reizmildernd, entzündungshemmend und schleimlösend.

Rezept: Tee: 1 El in $^1/_4$ l kaltem Wasser nachts stehen lassen, am Morgen erwärmen und schluckweise trinken. – Bad: 1 Hand voll Kraut mit 1/2 l Wasser aufkochen, 15 Minuten ziehen lassen, danach die erkrankte Stelle darin baden oder Kompressen auflegen.

KATZENPFÖTCHEN (Himmelfahrtblümchen)

Aussehen: Eine kleine, ausdauernde, 6 bis 20 cm hohe Pflanze mit kriechendem Wurzelstock, aus dem die bewurzelten Ausläufer treiben, mit einfachem weißfilzigen Stängel und zungenförmigen, schmal lanzettartigen Blütenköpfen. Blüht meist rot bis rosa.

Vorkommen: Auf sandigem Heideboden und trockenen Kieferwäldern.

Verwendbarer Pflanzenteil: Blütenköpfe.

Anwendung: Allen Leber- oder Gallenkranken kann ich das Sammeln empfehlen.

Rezept: 1 EL getrocknete Blütenköpfe mit 1/4 l kochendem Wasser überbrühen und 10 Minuten ziehen lassen. Die erste Tasse trinkt man am besten morgens auf nüchternen Magen. Zwei weitere Tassen im Laufe des Tages schluckweise trinken.

LABKRAUT

Aussehen: Der runde, 10 bis 60 cm hohe Stängel hat vier hervortretende Linien. Die linealischen, stachelspitzen Blätter sind am Rand *ungerollt,* unterseits weichlich und weißhaarig, oberseits grün und einfärbig; 6 bis 12 Blätter stehen am Stängel in Quirlen. Die kleinen, zitronengelben Blätter bilden Rispen an den Stängelspitzen und Seitentrieben. Sie riechen stark nach Honig.

Vorkommen: Auf trockenen Wiesen und Hängen.

Anwendung: Das Labkraut findet in erster Linie als harntreibendes Mittel bei allen Nieren- und Harnerkrankungen Verwendung, aber es dient auch zu Waschungen bei Hauterkrankungen und -entzündungen. Auch allen Magen- und Darmempfindlichen bringt der Labkrauttee Hilfe.

Rezept: 2 TL zerkleinertes Kraut mit einer Tasse kochendem Wasser überbrühen, $^{1}/_{2}$ Stunde vor dem Frühstück schluckweise trinken – tagsüber noch zwei Tassen.

LINDE

Aussehen: Bis zu 30 Meter hoher Baum, herzförmige Blätter, hellgelbe Blüten, intensiver Duft.
Vorkommen: Berg- und Schluchtwälder, Alleebaum. Blütezeit: Juni.
Verwendbarer Pflanzenteil: Blütenstände.
Anwendung: Bei allen Erkältungskrankheiten, Katarrhen der Luft- und Harnwege: Die Wirkung der Linde ist harn- und schweißtreibend, krampfstillend und beruhigend.
Rezept: l bis 2 TL Lindenblüten mit einer Tasse kochendem Wasser überbrühen, 10 Minuten ziehen lassen, danach mit Honig gesüßt schluckweise trinken.

LÖWENZAHN **(Butterblume, Kuhblume, Wiesenlattich)**

Aussehen: Goldgelbe, große, einzelne Blütenköpfe auf einem hohen Schaft. Die Blätter sind grundständig, lanzettartig, tief gezahnt. Eine lange milchführende Wurzel.
Vorkommen: Wiesen, Wegränder, Ödland, Dämme.
Verwendbarer Pflanzenteil: Ganzes Kraut, Blätter, Wurzel.
Anwendung: Genau wie die Brennnessel findet auch der Löwenzahn viel zu wenig Beachtung: Allerdings muss man sich, wegen der großen Umweltverschmutzung und der immer größeren Verwendung von Kunstdünger, die Sammelplätze gut aussuchen. Die B. hat zwei überaus wichtige Eigenschaften, die sie bei Lebererkrankungen und Gallenleiden empfehlenswert. erscheinen lassen. Sie fördert die Gallenbildung und bewirkt eine Entwässerung des Organismus. Wegen des reichen Vitamingehaltes und der harntreibenden Wirkung eignen sich die frischen Blätter zu Frühjahrskuren.
Rezept: Tee: 2 TL getrocknetes und zerkleinertes Kraut mit $^{1}/_{4}$ l sie-

dendem Wasser aufgießen und ein bis zwei Tassen pro Tag trinken. – Salat: So oft wie nur möglich frische Blätter den Salaten beimengen.

MAJORAN

Aussehen: 20 bis 40 cm hoch. Er verfügt über einen aromatischen Geruch und Geschmack.

Vorkommen: Er wird hauptsächlich in Gärten oder Blumentöpfen gezogen. Trotzdem sollte er wegen seiner vielseitigen Heilkräfte in keinem Haushalt fehlen!

Verwendbarer Pflanzenteil: Blühendes Kraut.

Anwendung: Hauptanzeigen: Als appetitanregendes, krampflösendes, schleimlösendes Gewürzkraut, welches praktisch jeder Gemüsespeise als Würze beigefügt werden kann. Als Tee getrunken wirkt er bei Appetitlosigkeit, Darmkoliken, Magenkrämpfen, Krampfhusten, Nervenschwächen, Migräne und Menstruationsbeschwerden.

Rezept: Tee: 2 TL zerkleinertes, frisches Kraut mit $^1/_4$ l siedendem Wasser aufgießen. Ein altes Hausmittel ist Majoranöl. Bei Nervenschmerzen die Stelle damit einreiben und warme Kompressen auflegen.

MELISSE (Frauenkraut, Bienenkraut)

Aussehen: 4-kantiger, oft stark verästelter Stängel, an dem sich ei- oder herzförmige, gekerbte Blätter paarweise übereinander türmen. In den Achseln der oberen Laubblätter stehen meist 3 bis 6 weiße Lippenblüten.

Vorkommen: Meist in Gärten angepflanzt.

Verwendbarer Pflanzenteil: Blätter, Kraut.

Anwendung: Melisse hat auf den Verdauungstrakt universelle Wirkung, daher ist sie als Melissen- oder Karmelitergeist sehr beliebt. Sie wirkt nämlich beruhigend, krampflösend, ausgleichend, also gegen Erregung, Spannungskopfschmerzen, aber auch bei Müdigkeit und Übelkeit. Aber sie dient auch als

Gewürz in der Küche. z. B. zu Omeletts, als Topfen-(Quark-) aufstrich oder als Melissenessig und Melissenlimonade.

Rezept: Tee: 2 TL zerkleinertes Kraut für 1 Tasse Tee, mit kochendem Wasser übergießen und 10 Minuten ziehen lassen. – Alkoholischer Auszug: 5 Hand voll Melisse, 1 Hand voll Birkenblätter, 2 Hand voll Pfefferminz und 1 l Alkohol ansetzen, 14 Tage in der Sonne lassen und dann filtern. Wirkt als Einreibung erfrischend, bei neuralgischen Schmerzen und Rheumatismus schmerzlindernd.

MISTEL

Aussehen: Kugeliger Halbstrauch, ca. 1 Meter hoch, „Parasit". Sie ist eine der mystischsten und umstrittensten Heilpflanzen. Im Altertum wurde sie sehr geschätzt (eine Sage erzählt, dass sie zu besonderen Zeiten mit eigenen Sicheln geschnitten wurde), verschwand aber einige Zeit und wird nun wieder als blutdrucksenkendes Mittel in der Naturheilkunde geschätzt.

Vorkommen: Hoch oben auf den Wirtsbäumen wächst sie von September bis Oktober.

Verwendbarer Pflanzenteil: Der ganze gelb-grüne Strauch.

Anwendung: Einige Ärzte sprechen ihr neben der blutdrucksenkenden und kreislauffördernden auch eine krebshemmende Wirkung zu.

Rezept: 3 EL der getrockneten und zerkleinerten Pflanze in $^3/_4$ l Wasser abends ansetzen, am Morgen kurz erhitzen und über den Tag verteilt trinken.

Achtung: Der Blutdruck muss vom Arzt kontrolliert werden. Mistelsaft ist auch in der Apotheke erhältlich.

ODERMENNIG (Leberklette)

Aussehen: Seine Blüten sind klein, gelb, duften und stehen in reich blühenden Trauben. Höhe: 30 cm bis 1 m. Der Stängel ist rund und rauhaarig, die Blätter sind unpaarig gefiedert, wechselständig und bestehen aus großen und kleinen Teilblättern. Sammelzeit: Juli bis August.

Vorkommen: An sonnigen Waldhängen, im lichten Gebüsch, auf unbebauten Plätzen, an Hängen und Magerrasen.

Verwendbarer Pflanzenteil: Das blühende Kraut.

Anwendung: Hauptanzeigen: Stoffwechselanregend und zusammenziehend. Innerlich wird Odermennig als Tee angewendet, besonders bei Leberleiden, Magen- und Darmkatarrh, Durchfall und Blasenleiden. In der Volksheilkunde wird ihm außerdem bei oftmaliger Anwendung eine krebsvorbeugende Wirkung nachgesagt. Unbestritten ist allerdings seine Wirkung beim Katarrh der Luftwege: Ich habe einen Sänger erlebt, der seine Stimme beinahe verloren hatte; nach einem Tag schluckweisen Teetrinkens war die Stimme wieder vollständig hergestellt!

Rezept: Eine Hand voll Kraut mit 1 l Wasser kalt ansetzen, zum Kochen bringen und 10 Minuten ziehen lassen. Tagsüber schluckweise trinken. Zum Gurgeln nimmt man drei Hand voll Kraut auf 1 l Wasser. Zum Kochen bringen, 2 bis 3 Minuten ziehen lassen und dann warm zum Gurgeln verwenden.

QUENDEL (**Feldthymian, Alpenthymian, Liebfrauenbettstroh**)

Aussehen: Er wird mit seinem behaarten, runden oder kantigen, unten holzigen Stängel 5 bis 20 cm hoch. Die Blätter sind klein linealisch oder elliptisch flach, kurz gestielt. Sie stehen gekreuzt gegenständig. Die rosa bis purpurroten Lippenblüten stehen entwirrt an den Stängelspitzen. Sammelzeit: Juli und August.

Vorkommen: An sonnigen Hängen, Wald- und Wegrändern.

Verwendbarer Pflanzenteil: Das ganze blühende Kraut.

Anwendung: Hauptwirkstoffe sind ätherische Öle. Die Wirkung ist erfrischend, desinfizierend, schmerzlindernd, schleimlösend, hustenreizstillend und nervenstärkend.

Innerlich wird er als Tee bei Husten (Keuchhusten, Asthma), Magen- und Darmkatarrh angewandt. Früher haben die Bäuerinnen bei Kopfschmerzen ein Stück Quendel unter das Kopftuch gesteckt. Heute noch ist der Quendel bei Schlafstörungen beliebt. Quendel im Schlafkissen verbessert den Schlaf.

Rezept: Tee: 1 bis 2 TL Kraut mit $^1/_4$ l Wasser (eine Tasse) zum

Kochen bringen, danach 2 bis 3 Minuten ziehen lassen. Pro Tag 1 bis 2 Tassen trinken. Hervorragend bewährt hat sich der Quendel auch als Badezusatz bei beginnender Verkühlung oder starkem Husten. Bad: 2 Hand voll Quendel in 1 l Wasser kurz aufkochen; alles in die Badewanne gießen und diese mit heißem Wasser auffüllen. Danach das Bad auf 20 Minuten ausdehnen und dabei gut durchatmen.

RINGELBLUME (Calendula, Ringelrose)

Aussehen: Orangegelbe Blütenköpfe, Stängel filzig und behaart. Die Blätter sind wechselständig. Höhe etwa bis zu 60 cm. Sammelzeit: Juli bis Oktober.

Vorkommen: Ursprünglich in Südeuropa beheimatet, heute in jedem Garten gezogen.

Verwendbarer Pflanzenteil: Blüten.

Anwendung: Hauptwirkung: Stoffwechselanregend; kreislaufanregend, sekretions- und krampflösend, fieberwidrig und schweißtreibend. Ihren besonderen Ruf hat die R. wegen ihrer Hautfreundlichkeit. Sie wird daher gerne als Öl-, Wund- oder Heilsalbe verwendet. Äußerlich verwendet man sie bei Quetschungen, Blutergüssen, als Tinktur für Umschläge. Salbe: bei Biss- und Brandwunden; Schrunden, Ekzemen. Innerlich: als Tee gegen Leber-, Gallen- und Magenbeschwerden.

Rezept: Ringelblumensalbe: 2–3 Hand voll Blumenblüten zerstoßen, 1 Stunde lang bei schwacher Hitze in Schweinefett kochen, anschließend etwas reines Bienenwachs hinzufügen; das Ganze verrühren, in Gläsern erkalten lassen, kühl aufbewahren. Einreibung: 2 Hand voll Blüten, die in 1 l Alkohol angesetzt werden und dann 5 bis 6 Wochen in einem Zimmer stehen und ziehen lassen. Der Auszug wird, ehe er zu Umschlägen verwendet wird, mit gekochtem Wasser zur Hälfte verdünnt. Tee: 1 bis 2 TL Blüten mit $^1/_2$ l kochendem Wasser überbrühen, 10 Minuten ziehen lassen, tagsüber schluckweise trinken

ROSSKASTANIE

Aussehen: Bis zu 25 Meter hoher Baum, Blätter gegenständig gefingert, weiße Blüten: Mai–Juni.

Vorkommen: Alleen, Zierbaum.

Verwendbarer Pflanzenteil: Man sammelt die Früchte im September und Oktober, zerkleinert und trocknet sie.

Anwendung: Vor allem jene Menschen, die von Krampfadern und Hämorrhoiden geplagt werden, sollten die Rosskastanie schätzen.

Rezept: Für ein Vollbad nimmt. man 1 kg zerkleinerte Früchte, kocht sie ein bis zwei Minuten auf und lässt sie 10 Minuten ziehen. Danach den Absud in das Badewasser gießen.

Wichtig: Bei allen venösen Störungen sollen nur kühle Bäder verwendet werden, da warmes Wasser die Venen erweitert und die Stauung erhöht. Rosskastaniensalben und -tinkturen sind in Apotheken erhältlich.

SALBEI (Gartensalbei oder echter Salbei)

Aussehen: Blauviolette Lippenblütler, 4-kantiger Stängel, lanzettartige, feingekerbte, am Grund verschmälerte Blätter.

Vorkommen: Auf trockenen und sonnigen Kalkhängen und -felsen bzw. im Garten.

Verwendbarer Pflanzenteil: Blätter.

Anwendung: S. kann man innerlich und äußerlich anwenden. Innerlich: Gurgeln bei Mund- und Halsentzündungen. Äußerlich: Als Umschlag bei Entzündungen oder Waschungen bei Schweiß. S. wirkt desinfizierend, entzündungs- und schweißhemmend.

Rezept: In Lake Placid begegneten wir der Grippe- und Schnupfenepidemie mit Salbeitee: 1 EL zerkl. Blätter für 1 Tasse Tee; mit Wässer überbrühen, den Saft einer halben Zitrone beimengen und mit Honig süßen. Mehrmals am Tag haben wir schluckweise diesen Tee getrunken. Die Franzosen verwendeten zur Stärkung Salbeiwein: 3 Hand voll Blätter in 1 l Weißwein ansetzen und eine Woche lang ziehen lassen. Dann täglich ein kleines

Glas vor dem Schlafengehen trinken – dieser Wein nützt auch gegen Nachtschweiß.

SANDDORN

Aussehen: Ein bis zu sechs Meter hoher Strauch, mit sparrig abstehenden Zweigen und dornigen Seitentrieben, dessen Blätter weidenartig, unterseits filzig behaart sind, die Blüten unscheinbar grünlich vor den Blättern erscheinend.

Vorkommen: Kiesbänke, Ufer, Meeresküste. Blüte: April–Mai.

Verwendbarer Pflanzenteil: Beeren (orange-rote, eiförmige Beeren, die weithin leuchten). Der Geschmack ist etwas sauer und herb.

Anwendung: Innerlich als Marmelade – Vitaminspender!

Rezept: Man mischt die gleiche Menge Frucht und Honig, 1 kg Sanddornbeeren und 1 kg Honig, kocht alles kurz auf und füllt es dann in Marmeladegläser ab. Damit hat man nicht nur eine gute Marmelade, sondern auch einen hervorragenden Vitamin-C-Spender für den ganzen Winter. Wenn man bedenkt, dass bereits 10 g frische Sanddornbeeren den Vitamintagesbedarf eines Menschen decken, so erkennt man, wie wichtig diese Pflanze ist.

SCHACHTELHALM (Zinnkraut)

Aussehen: Sommertrieb grün, 10–60 cm, durch Knoten gegliederte Stängel.

Vorkommen: Sandige, lehmige Wege, Bahndämme, Äcker, Böschungen.

Verwendbarer Pflanzenteil: Ganzes. Kraut, wenn es grün ist.

Anwendung: Hauptwirkstoff ist die Kieselsäure. Ihre Heilwirkung ist blutstillend, lungengewebsfestigend und harntreibend. In früheren Zeiten galt der Schachtelhalm als eines der wenigen Mittel gegen Tuberkulose. Heute wird er in erster Linie gegen Nieren- und Blasenleiden und als entzündungshemmendes Bad verwendet.

Rezept: Tee: 1 TL fein gehacktes Zinnkraut. mit einer Tasse kaltem

Wasser zum Kochen bringen, 2 bis 3 Minuten ziehen lassen und schluckweise trinken. 2 bis 3 Tassen pro Tag. Bad: Man verwendet einen halben Eimer Zinnkraut, mit kaltem Wasser aufgefüllt; über Nacht stehen lassen, am Morgen das Ganze bis zur Badetemperatur erhitzen. Der Inhalt wird in die Badewanne gegossen, mit heißem Wasser aufgefüllt. Sitzbad von 15 bis 20 Minuten – besonders bei Kreuz- und Rückenschmerzen.

SCHAFGARBE

Aussehen: Schmutzig weiße bis rötliche Scheibenblüten in Trugdolden, Blätter lanzettartig, doppelt fiedrig, stachelige Zipfel. Jede Blüte hat 4 bis 5 zungenförmige Blütenblätter. Die Pflanze selbst ist kahl und wollig behaart, riecht leicht würzig. Sammelzeit: Juli und August.

Vorkommen: Wiesen, Weiden, Haine und Wegränder.

Verwendbarer Pflanzenteil: Blühendes Kraut und Blüten.

Anwendung: Hauptanzeigen: Magen- und Darmbeschwerden, Appetitmangel. In erster Linie wird der Teeaufguss verwendet.

Rezept: Tee: 1 EL Kraut mit 1 Tasse kochendem Wasser, überbrühen, 5 Minuten ziehen lassen. – Sitzbäder: 3 bis 4 Hand voll Kraut in 1 l Wasser aufkochen, 1/2 Stunde ziehen lassen. Den Absud in die Badewanne leeren. Badedauer etwa 20 Minuten.

SPITZWEGERICH

Aussehen: Lanzettartige, 10 bis 20 cm lange Blätter, bräunlich, unscheinbare Blüten, mit langen gelblich-weißen Staubfäden.

Vorkommen: Wegränder, Wiesen, an Feldwegen – allgemein verbreitet. Blütezeit: Mai bis Oktober.

Verwendbarer Pflanzenteil:. Blätter.

Anwendung: Der Spitzwegerich ist eine der bekanntesten Heilpflanzen und wird innerlich bei Katarrh der oberen Luftwege (Husten) angewendet. Äußerlich bei Insektenstichen.

Rezept: Tee (Hustentee): 1 EL zerkleinertes Kraut mit 1 Tasse kochendem Wasser übergießen, 5 Minuten ziehen lassen und täglich zwei Tassen trinken. Der Spitzwegerichsaft ist auch in Apotheken erhältlich.

Nun noch ein Tipp: Bei Insektenstichen die Stelle mit einem Spitzwegerichblatt abreiben.

TAUSENDGULDENKRAUT **(Gotteskraut)**

Aussehen: Die Blüten sind rosa bis fleischrot in Trugdolden, die Blätter am Grund rosettenartig, verkehrt eiförmig, am Stängel kleiner und länglicher. Der Stängel ist vierkantig und verästelt. Höhe der Pflanze: 20–40 cm. Sammelzeit: Juni bis September.

Vorkommen: Sandige, kalkarme Böden, Waldränder, Waldwege, Kahlschläge.

Verwendbarer Pflanzenteil: Blühendes Kraut.

Anwendung: Die Hauptwirkstoffe sind Bitterstoffe. Heilwirkung: appetitanregend, blutbildend, magenstärkend, blähungs- und fieberwidrig. Das Tausendguldenkraut gehört zu den ältesten bekannten Heilpflanzen. Angewendet wird es bei Magenkatarrh, Magengeschwür, Sodbrennen, Appetitlosigkeit und Erschöpfung.

Rezept: Tee: 1 bis 2 TL Kraut mit 2 Tassen Wasser kalt ansetzen und bis zum Siedepunkt erhitzen. Anschließend schluckweise trinken. Der Tee sollte nicht gesüßt werden. Er wird zumeist mit anderen Heilkräutern als Mischtee getrunken.

WEISSDORN **(Mehlbeere, Hagedorn, Saurauch)**

Aussehen: Strauch, Blüten weiß, Staubblätter rot, in aufrechter Doldenrispe (unangenehmer Geruch). Blätter kurz gestielt, drei- bis fünflappig, fast lederartig, dunkelgrün. Die Früchte sind rot und kugelig, mit zwei oder drei Samen.

Vorkommen: Auwälder, Gebüsche, Hecken, Zäune, Laubwälder. Blütezeit: Mai und Juni. Erntezeit: Mai und Juni (Blüten), Juli und August (Früchte).

Verwendbarer Pflanzenteil: Blüten und Früchte.

Anwendung: Die Heilpflanze wirkt kreislaufregulierend und kreislaufstützend. In der Medizin wird Weißdorn in verschiedenen Präparaten verwendet.

Rezept: Tee: 1/2 bis 1 EL Blüten mit 1 Tasse kochendem Wasser überbrühen, 5 Minuten ziehen lassen und täglich 1 Tasse trinken.

WIESENGEISSBART (Mädesüß)

Aussehen: Der Wiesengeißbart wird 1 bis 2 m hoch, die Blüten sind gelblich-weiß in rispigen Trugdolden und haben einen bittermandelartigen Geruch. Die Blätter sind unterbrochen gefiedert, oberseits dunkelgrün, unterseits silbergrau. Der kriechende Wurzelstock ist schuppig.

Vorkommen: Feuchte Wiesen, Waldränder und Ufer.

Verwendbarer Pflanzenteil: Blüten und Blätter (von Juni bis August), die Wurzel wird von Oktober bis November gesammelt.

Anwendung: Die Hauptanzeigen sind Grippe (Fiebersenkung), Katarrh der Luftwege; schweißtreibend, aber auch bei Rheumatismus und rheumatischen Beschwerden. Der W. könnte genauso gut Aspirinkraut heißen, so gleichartig ist seine Wirkung. Blüten; Kraut und Wurzel enthalten nämlich sehr viel Salizylsäure.

Rezept: Tee: 2 EL zerkleinertes Kraut und Blüten werden mit 1 l kochendem Wasser aufgegossen; anschließend ziehen lassen. – 2 EL fein zerkleinerte, getrocknete Wurzel in heißem Wasser ansetzen, acht Stunden ziehen lassen, nochmals auf Siedehitze bringen, abseihen und 2 Tassen täglich schluckweise, über den Tag verteilt, trinken. Es gibt auch Tinkturen von Mädesüß oder Wiesengeißbart in der Apotheke.

WURMFARN

Aussehen: 30–130 cm lange Wedel, dunkelgrün, trichterförmig angeordnet.

Vorkommen: Er wächst in allen schattigen und feuchten Wäldern und ist jedermann bekannt. Seine bis 1 m langen Blätter (Wedel) werden von Juli bis Oktober gesammelt, der Wurzelstock im November.

Verwendbarer Pflanzenteil: Wurzel, Blätter.

Anwendung: Die Hauptanzeigen sind Rheuma, Muskelschmerzen und Krampfadern. Als Wurmmittel sollte der Wurmfarn nur auf ärztliche Verordnung angewandt werden, da sonst sehr leicht Vergiftungserscheinungen auftreten können.

Rezept: Sehr zu empfehlen ist das Farnbad. Hiezu nimmt man $^1/_2$ kg getrocknete, fein geschnittene Wurzel und Wedel, die in einem halben Eimer kaltem Wasser angesetzt und eine Nacht stehen gelassen werden. Anschließend 5 Minuten aufkochen und 10 Minuten ziehen lassen. Mit dem Absud die schmerzenden Glieder baden oder Umschläge machen. Eine noch immer übliche Bauernmethode ist, bei Glieder- und Kreuzschmerzen frische Farnwedel in das Bett zu legen (einfacher ist es, ein Kräuterkissen mit Farnwedel zu füllen) und mit der schmerzenden Körperstelle darauf zu schlafen. – Einreibung: Man nimmt je 1 kg zerkleinerte Wurzel und gießt so lange Apfelessig zu, bis alles bedeckt ist, und lässt das Ganze vier Tage ziehen. Anschließend abseihen, die Tinktur lichtgeschützt aufbewahren und als Einreibung für Muskel- und Gelenkschmerzen verwenden.

Erwarten Sie von den Kräutern keine Wunder! Sie können zwar zur Verbesserung des Zustandes viel beitragen, aber keineswegs eine falsche Lebensweise ausgleichen. Zum Beispiel: Wenn mir die Galle weh tut, hilft der beste Tee nichts, wenn ich nicht die richtige Diät einhalte. Der beste Nerventee ist machtlos, wenn Sie nicht den Stress abbauen und versuchen, innerlich ruhig zu werden. Auch muss nicht jedes Symptom die eigentliche Krankheit sein. Oft täuscht es; nur der Arzt kann die richtige Diagnose stellen und letztlich den Einsatz der richtigen Kräuter bestimmen.

Nun zur Wirkung der Kräuter:

- Abführend wirken: Faulbaumrinde, Leinsamen, Sennesblätter.
- Augenkatarrh: Augentrost, Kamille (Augenbäder u. -bauschen).
- Kräftigende Bäder: Fenchel und Kalmus.
- Nervenstärkend und erfrischend: Heublumen, Lavendel, Rosmarien.
- Blähungen: Anis, Fenchel, Kümmel, Pfefferminze, Liebstöckel.
- Für den Blutkreislauf: Knoblauch, Weißdom.
- Blutreinigung: Birkenblätter, Brennnessel, Brunnenkresse, Faulbaumrinde, Löwenzahn, Tausendguldenkraut.
- Durchfall: Brombeerblätter, Enzianwurzel, Frauenmantel, Walnußblätter.
- Erkältungen: Holunderblüten, Lindenblüte, Salbei, Schafgarbe.
- Frostbeulen: Eichenrindenblätter, Eichenrindenbäder, Auflegen von Huflattichblättern.
- Bei Gicht und Rheuma empfiehlt sich ein Tee aus folgender Mischung: Schachtelhalm, Weide, Wacholderbeeren und Birkenblätter zu gleichen Teilen mischen und in der üblichen Weise ein EL pro Tasse kochendes Wasser aufgießen, gut ziehen lassen. – Ein Alternativ-Rezept: 2 Teile Birkenblätter, 1 Teil Schafgarbe, l Teil Schachtelhalm, 1 Teil Brennnessel. Wie zuvor mischen, überbrühen und schluckweise trinken.
- Bei hohem Blutdruck und Arterienverkalkung wird folgender Tee empfohlen: 2 Teile Weißdorn-Blüten, 2 Teile Misteln, 1 Teil Schachtelhalm, 1 Teil Baldrianwurzel.
- Gegen Blutarmut nimmt man 3 Teile Brennnessel, 2 Teile Löwenzahnbätter, 1 Teil Kamille, 1 Teil Tausendguldenkraut, l Teil Schafgarbe, 1 Teil Waldmeister. Diesen Tee leicht süßen und, über den Tag verteilt, schluckweise trinken.
- Gegen Krampfadern helfen besonders Umschläge mit dem Abguss von Kastanienblättern und -früchten. Auch Absud der Kalmuswurzel, als Umschlag verwendet, kann hier sehr gute Dienste leisten.
- Bei offenen Beinen helfen am besten Bäder und Packungen mit Beinwell-Abgüssen.
- Ein beliebter fiebersenkender Tee besteht aus: 1 Teil Lindenblü-

ten, 1 Teil Kamille, 2 Teilen Mädesüß, 1 Teil Hagebutten, davon 2 bis 3 Tassen täglich schluckweise trinken.

- Ein schweißtreibender Tee: 2 Teile Lindenblüten, 2 Teile Holunder, l Teil Kamille, l Teil Pfefferminze. Diesen Tee trinkt man am besten heiß und im Bett, anschließend ist eine Bettruhe von zwei Stunden erforderlich.
- Harntreibender Tee: Bärentraubenblätter, Birkenblätter, Quecke, Vogel-Knöterich und Schachtelhalm. Alles wird zu gleichen Teilen gemischt, mit kochendem Wasser überbrüht; mindestens $^1/_4$ l schluckweise trinken.
- Eine hervorragende Mischung bei allen Nieren- und Blasenleiden ist aus gleichen Teilen Goldrute, Labkraut und weißer Taubnessel. 5 Minuten ziehen lassen, möglichst ungesüßt trinken.
- Hustentee: Gleiche Teile Huflattich, Königskerze, Bibernellwurzel, Eibischwurzel und Süßholz. Hievon trinkt man täglich drei bis vier Tassen.
- Gegen hohen Blutdruck wirkt auch eine Mischung aus Mistel, Schachtelhalm, Knoblauch und Weißdornblüten. Täglich zwei Tassen Tee davon trinken.
- Schlaftee: Er besteht aus 2 Teilen Baldrianwurzel, 1 Teil Lavendelblüten, 1 Teil Melisse und 1 Teil Hopfen. Davon am Abend ein bis zwei Tassen schluckweise trinken. Wer den Tee besonders wirksam machen will, setzt die Baldrianwurzel bereits am Morgen in kaltem Wasser an, lässt sie tagsüber ziehen, erhitzt das Ganze und gießt dann die restlichen Blüten mit dem kochenden Wasser auf.
- Galle treibend: Schöllkraut, Löwenzahn, Melisse, Pfefferminze.
- Gicht (harnsäurelösend): Wacholderbeeren, Birkenblätter, Brennnessel, Bibernelle, Zinnkraut.
- Mund- und Rachenentzündungen: Gurgeltees aus Eibisch, Salbei, Veilchen, Blutwurz.
- Hämorrhoiden: kühle Eichenrindebäder, Rosskastanienbäder.
- Halsentzündungen: Eibisch, Lindenblüte, Salbei, Malve.
- Hautpflege: Waschungen: Kamille, Lavendel, Rosmarin.
- Heiserkeit: Bibernelle, Königskerze, Malve, Salbei.
- Husten (schleimlösend): Eibisch, Ehrenpreis; Fenchel, Huflattich; Isländisches Moos; Königskerze, Spitzwegerich, Thymian.

- Magen und Darm (krampflösend): Fenchel; Kamille, Kümmel, Melisse, Pfefferminze.
- Leber und Galle (anregend): Wegwarte.
- Appetitanregend: Brunnenkresse, Ehrenpreis, Enzian, Kalmus, Kümmel, Tausendguldenkraut, Wermut.
- Migräne: Baldrian, Melisse.
- Nervosität: Baldrian; Fenchel, Melisse, Pfefferminze.
- Nieren und Blase (harntreibend): Birkenblätter, Brunnenkresse, Hauhächel, Liebstöckl, Laabkraut und Goldrute.
- Quetschungen: Arnika-Umschläge, Calendula- oder Ringelblumenschmalz.
- Rheuma: Birkenblätter, Holunderblütentee, Weidenrinde und Mädesüß.
- Schlaffördernd: Baldrian, Hopfen, Melisse, Pfefferminze.
- Schweißhemmend: Salbei, Zinnkraut, Eichenrinde.
- Schweißtreibend: Holunderblütentee, Lindenblüten.
- Sodbrennen: Kalmus, Leinsamen, Tausendguldenkraut.

Tees

Ein sehr beliebter Frühstückstee besteht aus 2 Teilen Johannisbeerblättern, 1 Teil Brombeerblättern, 1 Teil Himbeerblättern. Pro Tasse übergießt man 1 EL dieser Mischung mit kochendem Wasser und lässt dies alles 5 Minuten ziehen. Danach mit Honig leicht süßen.

Aber auch eine Mischung aus Hagebutten, Brombeerblättern, Erdbeerblättern und Pfefferminze ergibt einen sehr guten Frühstückstee. 1 EL mit einer Tasse kochendem Wasser übergießen und ziehen lassen. Auch diesen Tee kann man mit Honig süßen.

Für Magenempfindliche empfiehlt sich folgender Frühstückstee:

Eine Mischung aus 2 EL Käsepappel, 1 EL Hagebutten, 1 EL Melissenblättern. Dies alles mischen, wie üblich 1 EL pro Tasse Tee, überbrühen, aufgießen, 5 bis 10 Minuten ziehen lassen, leicht mit Honig süßen, langsam schluckweise trinken.

Für Frühjahrskuren empfiehlt sich ein Tee, der zu gleichen Teilen zusammengesetzt ist aus: Schlüsselblumen, Birkenblättern, Brennnessel und Löwenzahnwurzeln: Von dieser Mischung nimmt man 1 EL pro Tasse, überbrüht alles mit heißem Wasser. 10 Minuten ziehen lassen und tagsüber schluckweise trinken.

Was wir von Willi Dungls Lebensweg lernen können

1. Erinnern Sie sich in der Erarbeitung Ihrer persönlichen Vision in Ruhe zurück an Ihre Kindheit.
   - Welche Schlüsselerlebnisse, Wünsche und Träume hatten Sie damals?
   - Welche Vorbilder und Leitpersonen?
2. Oft entstehen große Lebenswege aus Mangel-Erlebnissen in der Kindheit oder Jugend (z. B. das Kind, das kein Instrument spielen konnte, wird später unter großem Aufwand Musiker):
   - An welche Entbehrungen, Benachteiligungen und Defizite können Sie sich in Ihrer Kindheit erinnern?
   - Ist dieser Mangel schon befriedigt? Es ist nie zu spät für eine glückliche Kindheit – vielleicht steckt in Ihrer Zukunftsvision noch ein Teil Ihres inneren Kindes, dem Sie noch zum Glück verhelfen wollen.
3. Immer wieder erlebte Prof. Willi Dungl unbefriedigende Zustände in der Kur-Organisation und entwickelte dann sein eigenes Konzept dafür.
   - Worüber haben Sie sich in den Jahren Ihrer bisherigen Berufstätigkeit immer wieder gewundert? Geärgert? Was wollten Sie schon immer anders, besser lösen?
   - Für welche Idee, welches Konzept würden Sie durchs Feuer gehen?
4. Welche großen Ideen und Philosophien, welche großen Menschen haben Sie mit welchen Gedanken geprägt und beeinflusst?
   - Die großen Triebfedern von Prof. Willi Dungl in den schweren Zeiten der Krankheit und der beruflichen „Mega-Belastung" waren sein Glaube an Ziele und seine Vision.
5. Vision mit anderen erreichen:
   - Wen wollen Sie für Ihren Lebenstraum gewinnen?
   - Wie wollen Sie Ihre Vision verkünden, Ihre Partner informieren?

Willi Dungl – Eine Chronologie

Geboren:	17. Juli 1937 in Wien
Vater:	Josef Dungl, Hufschmied, Kfz-Schlosser
Mutter:	Anna Dungl, geb. Brenner, Weißnäherin
Schulen:	4 Klassen Volksschule, 4 Klassen Hauptschule
1951	Lehre als Eisengroßhändler
1956	Einberufung zum Bundesheer-Sanitäter, OPD, bereits nach zwei Monaten Dienstführender in verschiedenen Krankenabteilungen
1958	Sanitäts-Unteroffiziersschule
1960	Verehelichung mit Gustavine Bartak
1961	Geburt der Tochter Andrea, 1964 Geburt der Tochter Claudia
1961	Betreuung aller zum Bundesheer eingezogenen österreichischen Spitzensportler
1962/63	Einsatz als Sanitätsunteroffizier der UNO im Kongo
1964	Einsatz als Sanitätsunteroffizier der UNO in Zypern
seit 1965	selbständig als Fußpfleger, später zusätzlich als Masseur – stufenweise Vergrößerung des Betriebes bis zu 10 Mitarbeitern
1970-1993	Berufsausbildungskurs für Masseure am WIFI Wien
1972	Berufung in das internationale physikalische Betreuungsteam der Olympischen Sommerspiele in München
1973	Gründung des Gesundheitsservice für Spitzensportler in Bad Vöslau, seither Betreuung österreichischer Spitzensportler im Rahmen des Gesundheitsservice der österreichischen Sporthilfe
1974	Betreuer des österreichischen Nationalteams bei der Gewichtheberweltmeisterschaft in Manila/Philippinen
1975	Betreuer des österreichischen Nationalteams bei der Schwimmweltmeisterschaft in Cali/Columbien

1975–1980	Betreuung der österreichischen Schispringernationalmannschaft
1976	Betreuer des österreichischen Olympiateams in Montreal Beginn der Betreuung von Niki Lauda
1977	Betreuer des österreichischen Nationalteams bei der Eiskunstlaufweltmeisterschaft in Tokio/Japan Betreuer des österreichischen Nationalteams beim Schispringercup in Sapporo/Japan Studienaufenthalt in Bangkok/Thailand bei den buddhistischen Mönchen auf Einladung des thailändischen Gesundheitsministers
1978	Betreuer des österreichischen Nationalteams bei der Nordischen Weltmeisterschaft in Lahti/Finnland
1980	Betreuer des österreichischen Olympiateams in Lake Placid/USA Betreuer des österreichischen Olympiateams in Moskau/UdSSR Beginn der Vortragstätigkeit zu den Themen „Gesundheitsbewusstsein", Bedeutung der Eigenverantwortung im Rahmen der Prävention, positives Denken, Ernährungsgewohnheiten
1981	Begründung des „BIO-TRAINING" in 18 österreichischen Kurorten, seither laufend Ausbildungskurse zum Bio-Trainer mehrwöchiger Studienaufenthalt in China
1982	Beginn der Planungsarbeiten für das Biotrainingszentrum in Gars am Kamp Aufbau des Comebacks von Niki Lauda Gründung der 1. Schule für TUINA (mit den Brüdern Dr. A. und Dr. G. Meng)
1983–1985	Exklusivvertrag für die gesundheitliche Betreuung des Mc Laren-Teams
1985	Betreuer des österreichischen Nationalteams bei der Nordischen Weltmeisterschaft in Seefeld Initiative „Gesundes Österreich"
1986	Eröffnung des BIO-TRAININGSHOTEL GARS

	Verleihung des goldenen Verdienstzeichens des Landes Wien
1987	Verleihung des Berufstitels Professor durch den Bundespräsidenten
1987	Gründung der Willi Dungl-Stiftung
1992	Ehrenbürgerschaft der Marktgemeinde Gars
1993	Verleihung des Stier der Hohensalzburg
1994	Initiative Hoffnung für die Kinder dieser Welt
1995	Verleihung des Silbernen Ehrenzeichens der Wirtschaftskammer Wien
Dez. 1995	Verleihung des Silbernen Ehrenzeichens der Republik Österreich
1997	Verleihung des Silbernen Ehrenzeichens des Landes Niederösterreich
2002	11. April: Eröffnung des China-Zentrums
2002	1. Mai: Willi Dungl stirbt nach einem Herzinfarkt im Krankenhaus Horn.

Publikationen von Willi Dungl (Auswahl)

1981	Schmerzfrei ohne Gift (Dungl/Exel, Orac Verlag)
1982	Naturheilmittel Wasser (Dungl/Exel, Orac Verlag)
1983	Willi Dungl's Gewürz- und Kräuterküche (Dungl/Exel, Orac Verlag)
1984	Zerrung, Prellung, Tennisarm (Dungl/Exel, Orac Verlag)
	Dungls Vollwertbackbuch (Dungl/Gradwohl, Orac Verlag)
1995	Top in Form (Dungl/Exel, Orac Verlag)
Seit 1981	zahlreiche Zeitungsartikel zur Förderung des Gesundheitsbewusstseins, positivem Denken, Prävention und Regeneration, Anwendungsmöglichkeiten von Naturheilmitteln in der „Kronen-Zeitung", in der „Schiwelt/Tenniswelt" und „Gewinn"
	Vorträge zu den gleichen Themen bei Kongressen und Tagungen ebenso, wie für Schulkinder, verschiedene Vereine (Kneipp, ...), Firmen und Manager

SUSANNE TILL

Die sinnliche Welt der Gewürze

Vom Abenteuer des guten Geschmacks

Fotografiert von **Paul Landl**

160 Seiten
Format 17 x 24 cm
durchgehend vierfarbig illustriert
mattfolienkaschierter Pappband
ISBN: 3-7015-0467-9

Im Verlag Orac, 2004

Herausragende Fotografien, Geschichten und Legenden verleihen diesem Buch sein einzigartiges Flair. Zauberhafte Gewürzmärchen und Aquarelle der Autorin bereichern es und schenken den LeserInnen ein (be)rauschendes Fest der Sinne. Die erfahrene Biologin, Dr. Susanne Till, verführt anhand aktueller wissenschaftlicher Erkenntnisse.